Grammat
inglese
FOR DUMMIES®

Seconda edizione

Grammatica inglese FOR DUMMIES®

Seconda edizione

di Geraldine Woods

EDITORE ULRICO HOEPLI MILANO

Titolo originale: *English Grammar For Dummies, 2nd Edition*

via Hoepli 5, 20121 Milano (Italy)
tel. +39 02 864871 – fax +39 02 8052886
e-mail hoepli@hoepli.it

www.hoepli.it

ISBN 978-88-203-5902-7

Ristampa:

4 3 2 1 0 2013 2014 2015 2016 2017

Traduzione: Manuela Vittorelli
Realizzazione: Maurizio Vedovati – Servizi editoriali (info@iltrio.it)
Impaginazione: Sara Taglialegne

Stampa: L.E.G.O. S.p.A., stabilimento di Lavis (TN)

Printed in Italy

L'autrice

Geraldine Woods, insegnante di inglese, ha cominciato ad andare a scuola quando si usavano ancora i calamai. Attribuisce il merito dei suoi 35 anni di carriera a un manipolo di suore severissime armate di pesanti volumi di grammatica. Vive a New York, dove si trattiene a fatica dal correggere insegne con su scritto "Bagel's for sale". Ha scritto più di 40 libri, tra i quali *English Grammar Workbook For Dummies*, *Research Papers For Dummies*, *College Admission Essays For Dummies* e *The SAT 1 Reasoning Test For Dummies*.

Dedica

Ho dedicato la prima edizione di English Grammar For Dummies *a mio marito e a mio figlio che erano, allora come oggi, gli affetti della mia vita. Dopo quella prima edizione si sono aggiunte altre due persone importanti: mia nuora e la mia nipotina. Questo libro è dedicato con immenso amore a tutti loro.*

Ringraziamenti

Devo ringraziare i miei colleghi del Dipartimento di lingua inglese dell'Horace Mann School, sempre disponibili a discutere con me le questioni più sottili della grammatica. Per tenermi aggiornata su linguaggio e tecnologia ho potuto contare su Gresa Matoshi, Eliza Montgomery, Sam Schalman-Bergen. Ringrazio le editor Susan Hobbs e Martha Payne, che con estrema cura e intelligenza hanno guidato la stesura di questo libro; grazie anche a Lisa Queen, il mio agente, e a Stacy Kennedy, scout editoriale presso Wiley.

A colpo d'occhio

Indice

Introduzione

Gli studiosi di grammatica suscitano spesso reazioni contrastanti, per non dire bizzarre. Quando è uscita la prima edizione di questo libro, nel 2001, un signore di una certa età mi ha fatto una domanda che lo tormentava da ottant'anni: perché il nome della sua chiesa, St. Paul's, voleva l'apostrofo? Mio nipote invece mi ha chiamata per sapere se l'insegna della sua compagnia a Times Square dovesse contenere un punto e virgola. Gli ho detto di no, anche se ammetto che quel punto e virgola al neon alto due piani mi tentava. Molte persone sono diventate improvvisamente reticenti in mia presenza, convinte che le stessi giudicando dall'uso dei pronomi. Preoccupazione inutile: quando non sono impegnata a scrivere o a insegnare mi considero in libera uscita.

Questa *Grammatica inglese for Dummies* è una guida moderna e aggiornata all'uso dell'inglese. La grammatica cambia nel tempo, anche se una vecchia lumaca è più veloce di uno studioso intento a valutare se si possa fare a meno di una virgola. In questi tempi d'incertezza economica servono tutti i vantaggi possibili, e una grammatica corretta è sempre un vantaggio. Perché perdere tempo a valutare la correttezza grammaticale di una frase quando potete usare quelle energie per chiedere un aumento? E anche se non vi pagano per stare seduti, avete comunque bisogno di conoscere bene la grammatica: quale che sia la vostra materia di studio, gli insegnanti hanno un debole per il buon inglese. Questo libro spiega i trucchi della grammatica, le strategie da adottare quando vi trovate di fronte a dilemmi grammaticali come la scelta tra *I* e *me*, *had gone* e *went* (rispettivamente il present perfect e il simple past del verbo to go) e via dicendo. Vi spiego *cosa* ci si aspetta da voi ma vi dico anche *perché* una data forma è giusta o sbagliata. Non dovrete memorizzare un elenco di regole prive di senso (be', a parte un paio, nel capitolo sulla punteggiatura!) perché una volta compresa la ragione di una determinata scelta, azzeccherete automaticamente la soluzione corretta.

A proposito di questo libro

Questa *Grammatica inglese for Dummies* si concentra su quelli che gli insegnanti di inglese definiscono "errori comuni". Non siete tenuti a leggere il libro nell'ordine in cui è impaginato, anche se potete farlo, né a leggerlo tutto. Scorrete il sommario e cercate i punti su cui vi sentite più traballanti. Per esempio, se sapete che le vostre bestie nere sono i verbi, andate ai Capitoli 2 e 3. Il Capitolo 8 invece vi insegnerà a non sbagliare le concordanze. Decidete voi che cosa approfondire.

Come usare questo libro

Ciascun capitolo introduce alcune nozioni fondamentali e poi indica come scegliere la frase giusta tra due o tre alternative. Se definisco un elemento – i verbi copulativi, per esempio – mostro anche una situazione pratica in cui è importante identificarlo: magari, sempre nel caso dei verbi copulativi, per la scelta del pronome corretto. Gli esempi sono centrati all'interno del testo per permettervi di individuarli facilmente. Per mettere alla prova la vostra padronanza di una determinata sezione, cimentatevi nelle domande a sorpresa disseminate in ogni capitolo. Se azzeccate la risposta, passate oltre. Se vi sentite insicuri, rivedete quella parte. Fate anche attenzione all'icona del diavoletto, che sottolinea dettagli come la differenza tra due parole simili, i termini solitamente usati in maniera impropria e tutte le altre trappole dell'inglese scritto.

Quello che non troverete

Ho cercato di resistere, ma qua e là ho comunque disseminato un po' di terminologia grammaticale avanzata. Nessun essere umano, da che mondo è mondo, ha mai avuto la necessità di conoscere quel linguaggio per parlare e scrivere un inglese corretto. Anzi, vi consiglio di saltare quelle parti e di andare a farvi un giro in bicicletta. Chi di voi vuole dilettarsi con una terminologia oscura, magari per creare il vuoto attorno a sé in dieci secondi netti, si senta libero di sperimentare eccitanti formule grammaticali come "complemento predicativo del soggetto" e "proposizione participiale". Tutti gli altri non devono temere: questi termini sono chiaramente segnalati e perfettamente ignorabili.

Ipotesi azzardate

Ho scritto la *Grammatica inglese for Dummies* pensando a una persona specifica. Suppongo che tu, lettore, parli già in una certa misura l'inglese e che desideri parlarlo meglio. Immagino anche che tu sia una persona molto impegnata: hai di meglio da fare che badare ai pronomi. Vuoi scrivere e parlare bene, ma non conseguire un dottorato in grammatica inglese (Come darti torto? Un dottorato in inglese ti farebbe guadagnare meno di qualunque altra specializzazione, con l'eccezione forse di un dottorato in filosofia).

Questo libro fa per te se:

- ✓ vuoi migliorare i tuoi voti in inglese;
- ✓ vuoi poter comunicare esattamente ciò che intendi dire;
- ✓ vuoi un lavoro pagato meglio o più gratificante;
- ✓ vuoi presentarti, attraverso l'espressione scritta e parlata, come una persona istruita e intelligente;
- ✓ vuoi perfezionare l'inglese come seconda lingua.

Organizzazione del libro

Le prime due parti del libro trattano i princìpi fondamentali, il minimo indispensabile per praticare un inglese relativamente corretto. La terza parte affronta quelli che gli insegnanti di inglese definiscono *i meccanismi*, cioè i dettagli pratici della scrittura: la punteggiatura, per esempio. La quarta parte si concentra sugli aspetti grammaticali più delicati. La quinta parte vi aiuterà a individuare e a correggere gli errori in un compito scritto e a farvi notare dal vostro capo, dall'insegnante di inglese, dall'istruttore di badminton, da chi vi pare.

Ecco una guida più precisa per orientarsi nella *Grammatica inglese for Dummies*.

Parte I: I fondamentali: le parti della frase

Questa parte insegna come distinguere i tre tipi di inglese: lo slang spigliato della chiacchierata tra amici, il linguaggio colloquiale e l'inglese formale. Vi spiego gli elementi strutturali di una frase, il soggetto e i verbi, e vi indico come assemblarli correttamente. Inoltre, definisco il complemento oggetto, i complementi dei verbi copulativi e il loro uso corretto.

Parte II: Evitare gli errori più frequenti

Questa parte descrive gli altri membri della squadra grammaticale, le parole che possono rendere più bella la vostra frase o al contrario rovinarla. Contiene suggerimenti per correggere gli errori più frequenti ed evitare i piccoli passi falsi che fanno deragliare la scrittura. Vi spiego come assemblare frasi brevi per formare frasi più lunghe e fluide. Vi presento anche i due tipi di parole descrittive (gli aggettivi e gli avverbi) e vi mostro come la posizione di una descrizione possa modificare il senso di una frase. Infine, vi insegno ad abbinare parole singolari e plurali, evitando gli errori di concordanza più frequenti nella lingua parlata e scritta.

Parte III: I meccanismi

Se vi è capitato di interrogarvi su una virgola o vi siete persi in mezzo alle virgolette e ai punti e virgola, la terza parte fa per voi. Qui si trovano anche tutte le regole che governano la peggiore invenzione della storia della comunicazione umana: l'apostrofo.

Parte IV: Levigare la frase: le questioni grammaticali più delicate

Sulla scala delle scelte linguistiche, la quarta parte è un gradino più su: non entra nel Paradiso della Grammatica ma arriva almeno fino alle sue porte. Qui vi spiego come distinguere i pronomi soggetto dai pronomi oggetto e vi mostro in cosa si differenziano dai pronomi possessivi. Indico alcuni degli errori più frequenti nella struttura della frase, insegno a scegliere la giusta forma verbale e tratto le comparazioni, spiegando come renderle logiche e complete.

Parte V: I dieci metodi

La quinta parte vi offre qualche rapido consiglio per migliorare la vostra competenza grammaticale e propone dieci metodi per affinare le vostre capacità di correzione e revisione. Infine, qui suggerisco alcune letture che vi aiuteranno a "sentire" l'inglese corretto.

Icone utilizzate nel libro

Questa icona contrassegna i trucchi e le strategie utili a comprendere la struttura della frase e a scegliere le forme corrette.

Non tutti gli aspetti grammaticali nascondono trappole, ma alcuni sì. Questa icona indica come evitare gli errori più frequenti nella costruzione di una frase.

Sapete riconoscere il soggetto di una frase o scegliere il giusto tempo verbale? Risolvete i quiz sparsi in tutto il libro per determinare se avete imparato la lezione o se dovete ripassarla.

Fate attenzione a questi diavoletti: segnalano i falsi amici, come la differenza tra parole che possono facilmente essere confuse, e mostrano come far sì che la vostra frase esprima davvero quello che volete dire.

E adesso?

Ora che conoscete gli argomenti trattati in questo libro e sapete come trovarli, possiamo cominciare. Prima, però, un'ultima parola. Anzi, cinque: *abbiate fiducia in voi stessi*. Sapete già molte cose. Avete già imparato una buona parte del lessico e della grammatica inglese, anche se non conoscete i termini tecnici. Per esempio, sapete già che differenza c'è tra

The dog bit Agnes

e

Agnes bit the dog

Non avete bisogno di me per sapere quale frase spedisce il cane nella sua cuccia e quale fa finire Agnes in una stanza con le pareti imbottite. E allora, coraggio! Sfogliate il sommario, date un'occhiata al primo capitolo e provate a immergere la punta del piede nel Mare della Grammatica. Fidatevi: l'acqua è magnifica.

Parte I

I fondamentali: le parti della frase

Ronny possedeva la stazza e la velocità ma non non conosceva struttura corretta della frase per guidare con successo la squadra.

Così per correre non guardate a non fate una finta quando penso che vogliano a destra andate a sinistra seguendo lungo andare.

Andare dove? Uh? Cosa? ???

In questa parte...

Avete presente, tipo, comunicare?

Potete formulare una frase come questa senza finire inseguiti da una folla inferocita di grammar nazi? Forse. Nel Capitolo 1 scoprirete la distinzione tra linguaggio formale e linguaggio informale e imparerete a capire quale usare quando parlate, componete sms o maneggiate penna d'oca e calamaio. La parte restante del capitolo analizza i materiali di costruzione della frase. Il Capitolo 2 insegna a trovare il verbo e il Capitolo 3 dice cosa farci quando l'avete trovato. Il Capitolo 4 spiega come identificare il soggetto della frase e come associare correttamente soggetti e verbi. Il Capitolo 5 indica come ottenere una frase completa. Il Capitolo 6 esplora un altro elemento di costruzione della frase, il complemento.

Capitolo 1

So già parlare. Perché studiare la grammatica?

In questo capitolo

- Distinguere tra i tre tipi di inglese: colloquiale, formale e gergale
- Scegliere il linguaggio in base all'ascoltatore, al messaggio e al mezzo
- Usare bene i correttori ortografici

Nel Medioevo, *grammar* si riferiva allo studio del latino, la lingua d'elezione della gente istruita. Anzi, il termine era così strettamente associato al latino che veniva esteso a tutti i tipi di insegnamento. Ancora oggi le persone di una certa età dicono *grammar school* quando parlano dei tempi in cui andavano alla scuola elementare. L'espressione è un residuo dei tempi passati. Molto passati. Oggi la grammatica è lo studio del linguaggio, del modo in cui le parole vengono messe insieme. Grazie all'ossessione degli insegnanti per le regole, la grammatica è anche una serie di criteri da seguire per parlare e scrivere meglio. La definizione di "meglio" dipende però dalla situazione, dallo scopo e dall'ascoltatore. Questo capitolo vi mostra la differenza tra l'inglese formale e l'inglese informale, spiegando quando vanno usati. Vi dirò quello che il vostro computer può fare e quello che non può fare per aiutarvi a scrivere correttamente e vi darò alcuni suggerimenti sul giusto linguaggio da usare negli sms, su Twitter e in altri contesti tecnologici.

Decidere quale grammatica studiare

Già vi sento gemere. *Quale grammatica*? Significa che ce n'è più d'una? Sì, in effetti esistono diversi tipi di grammatica, compresa quella storica (che studia come la lingua è cambiata nei secoli) e quella comparativa (che indaga le differenze e le somiglianze tra lingue diverse). Non disperate:

nella *Grammatica inglese for Dummies* ne tratto solo due, quelle che dovete conoscere per migliorare la vostra lingua parlata e scritta.

La grammatica descrittiva dà nomi alle cose: le parti del discorso e le parti di una frase. Studiando la grammatica descrittiva si impara che cos'è una parola (la sua parte nel discorso) e a che cosa serve (la sua funzione nella frase). Se non si sta attenti, lo studio della grammatica descrittiva tende presto a degenerare, e in men che non si dica si finisce per dire cose come *"balloon" is the object of the gerund, in a gerund phrase that is acting as the predicate nominative of the linking verb "appear"*. ("Balloon" è l'oggetto del gerundio, in una locuzione gerundiva che funge da predicato nominale del verbo copulativo "appear".) Non abbiate paura: non mi sognerei mai di tediarvi con questo tipo di terminologia. C'è però una ragione importante per imparare alcuni termini grammaticali: capire *perché* una parola o una frase sono corrette o scorrette.

La grammatica funzionale rappresenta la parte più consistente della *Grammatica inglese for Dummies*. Essa spiega come si comportano le parole quando svolgono bene il loro lavoro e vi orienta verso la giusta espressione – quella adatta a ciò che volete dire – facendo in modo che la frase sia costruita correttamente. Quando siete indecisi tra *I* e *me*, state di fatto risolvendo un problema di grammatica funzionale.

Eccola qui, allora, la formula del successo: un pizzico di grammatica descrittiva + una dose massiccia di grammatica funzionale = una migliore grammatica complessiva.

Distinguere tra i tre tipi di inglese

Una grammatica migliore: che bella idea! Meno facile è stabilire in cosa consista quel *migliore*. Perché? Perché la lingua da usare dipende dalla situazione. Facciamo un esempio. Poniamo che io abbia fame. Che cosa mi dite?

> *Wanna get something to eat?* Vuoi mettere qualcosa sotto i denti?
>
> *Do you feel like getting a sandwich?* Ti andrebbe di mangiare un panino?
>
> *Will you accompany me to the dining room?* Vuole accompagnarmi in sala da pranzo?

Queste tre frasi illustrano i tre registri usati nella vita di tutti i giorni. Li chiameremo *friendspeak*, inglese colloquiale e inglese formale.

Prima di scegliere, dovete sapere dove siete e cosa sta accadendo. Ma, soprattutto, dovete conoscere il vostro ascoltatore.

Grammatica cool

Volete essere *cool*? Facile. Createvi un gruppo di amici tutto vostro. Inventatevi un linguaggio speciale (*slang*) che nessun altro capisce, almeno finché non lo riprendono i media, e siete a posto. È il *friendspeak* definitivo. Ma potete usare lo *slang* anche quando scrivete? Probabilmente no, a meno che il destinatario non sia un caro amico. L'obiettivo dell'espressione scritta e parlata è la comunicazione, e lo *slang* può rappresentare un enigma per il vostro interlocutore. E poi lo *slang* cambia così in fretta che ben presto il senso può risultare oscuro, facendovi apparire datati proprio quando volete mostrarvi moderni. Inoltre, quando scrivete o parlate in *slang* rischiate di sembrare poco istruiti. Lo *slang* mira proprio a infrangere le regole. Ma, tutto sommato, prima di infrangerle è meglio accertarsi che chi vi legge sappia che le conoscete.

Wanna get something to eat? Il friendspeak

Il *friendspeak* è informale e ricco di elementi gergali. La struttura delle frasi infrange tutte le regole venerate dagli insegnanti di inglese. È la lingua dell'"io conosco te, tu conosci me, non formalizziamoci". Nel *friendspeak* gli interlocutori si trovano allo stesso livello. Non hanno niente da dimostrare e gli errori reciproci non li disturbano. Anzi, commettono errori di proposito, solo per distinguere il loro "codice" privato da quello che dicono in altre occasioni. Ecco una conversazione in *friendspeak*:

> *Me and him are going to the gym. Wanna come?*
>
> *He's like, I did 60 push-ups, and I'm like, no way.*
>
> Io e lui andiamo in palestra. Vuoi venire?
>
> Lui dice, tipo, ho fatto 60 flessioni. Sì, come no, dico io.

Dubito che molte persone trovino perfettamente comprensibile questa conversazione, ma i partecipanti la capiscono benissimo. Dato che entrambi conoscono la situazione (al tizio di cui parlano vengono i crampi dopo 4 secondi) possono parlare in codice. In questo libro non mi occupo di *friendspeak*. Lo conoscete già. Anzi, probabilmente ne avete già creata una versione con i vostri amici.

Do you feel like getting a sandwich? L'inglese colloquiale

L'inglese colloquiale è un gradino più su rispetto al *friendspeak*. Benché differisca dal *friendspeak*, l'inglese colloquiale conserva un certo grado di cordialità. Non si allontana troppo dalle regole del vostro corso di inglese, ma ne infrange alcune. Vi permette di rilassarvi, ma non completamente. Prevale nella maggior parte degli scambi quotidiani, soprattutto tra persone alla pari. È un inglese evidentemente fatto per conversare, non per scrivere. Più precisamente, l'inglese colloquiale è adatto a queste situazioni:

- ✓ chiacchierate con familiari, vicini, conoscenti;
- ✓ conversazioni amichevoli con professori o colleghi;
- ✓ note, e-mail, sms indirizzati ad amici;
- ✓ commenti in rete, nei gruppi di discussione ecc. ;
- ✓ lettere cordiali a parenti.

L'inglese colloquiale è rapido e disinvolto, con frequenti contrazioni (*don't*, *I'll*, *would've* invece di *do not*, *I shall/will*, *would have*). Spesso si possono omettere intere parole (*Got a minute? Be there soon!*, "Hai un minuto? Vengo subito!", ed espressioni simili), soprattutto se si scrive in rete e lo spazio a disposizione è ridotto. (A proposito della comunicazione elettronica, leggetevi "La grammatica a portata di polpastrello", più avanti in questo capitolo.) Nella forma scritta, l'inglese colloquiale si prende delle libertà anche con la punteggiatura. Le frasi si aggregano, i trattini uniscono praticamente di tutto e le mezze frasi sono frequenti. Io sto usando l'inglese colloquiale in questo libro perché fingo di chiacchierare con voi lettori, invece di insegnare la grammatica tra le quattro mura di un'aula scolastica.

Will you accompany me to the dining room? L'inglese formale

Siamo all'estremo più esigente e raffinato dello spettro linguistico: l'inglese scritto e parlato che consideriamo formalmente e grammaticalmente corretto. L'inglese formale indica che chi lo usa dispone di un lessico avanzato, di una buona conoscenza dell'etichetta e di un'ottima padronanza delle regole della lingua. Potete utilizzarlo con un interlocutore più importante di voi: l'inglese formale gli farà capire che state sfoderando in suo onore le vostre migliori maniere. Potete usare questo registro anche quando siete più importante del vostro interlocutore. L'uso dell'inglese formale serve a impressionare, a dare un tono di decoro o a fornire un modello di comportamento appropriato a chi sta ancora imparando. Ecco alcune situazioni che richiedono l'inglese formale:

- ✓ lettere o e-mail d'affari (nelle comunicazioni tra le imprese e tra i singoli e le imprese);
- ✓ lettere o e-mail indirizzate alle amministrazioni;
- ✓ note o e-mail professionali;
- ✓ rapporti, documenti ecc.;
- ✓ compiti scolastici;
- ✓ note o e-mail indirizzate a professori;
- ✓ discorsi, presentazioni, relazioni orali;
- ✓ conversazioni importanti (colloqui di lavoro, colloqui d'ammissione all'università, udienze giudiziarie, incontri con il preside per spiegare lo sfortunato incidente con la spillatrice, e via dicendo).

Considerate l'inglese formale come un tailleur o un completo doppiopetto: quando dovete apparire al meglio, contano anche le parole. Nella vita professionale, nello svolgimento dei compiti scolastici e in ogni situazione in cui verrete giudicati, usate l'inglese formale.

L'inglese giusto al momento giusto

Che tipo di inglese parlate? *Friendspeak*, inglese colloquiale o inglese formale? Probabilmente tutti e tre. La maggioranza delle persone passa dall'uno all'altro decine di volte al giorno senza pensarci. È verosimile che il terzo tipo di inglese, quello formale, sia quello che vi mette più in difficoltà. Anzi, è probabilmente il motivo per cui avete acquistato questo libro. (D'accordo, c'è un'altra possibilità: magari lo zio pedante, quello con le dita macchiate d'inchiostro, vi ha regalato la *Grammatica inglese for Dummies* e vi ha fregati. Ma se ora non siete impegnati a giocare a freccette o ad ascoltare il vostro gruppo preferito, significa che state leggendo questo libro e vi siete ormai accorti che c'è qualcosa che vi preoccupa: scommetto che è proprio l'inglese formale.) Tutte le lezioni di grammatica di questo libro riguardano l'inglese formale perché è lì che i problemi sono più ardui e le ricompense maggiori.

Qual è la forma corretta?

A. *Hi, Ms. Sharkface! What's up? Here's the 411. I didn't do no homework last night — too much going on.*

Ttyl. Love, Ralph

Salve, signorina Sharkface! Come butta? Qua è l'ufficio informazioni. Ieri sera non ho fatto i compiti, ero troppo incasinato.

C vd dp, Ralph.

B. *Dear Ms. Sharkface,*

Just a note to let you know that I've got no homework today. Had a lot to do last night! I'll explain later!

Your friend,

Ralph

Cara signorina Sharkface,

solo due righe per dirle che non ho fatto i compiti per oggi. Ieri sera ho avuto un sacco da fare! Le spiegherò.

Saluti,

Ralph.

C. *Dear Ms. Sharkface:*

I was not able to do my homework last night because of other pressing duties. I will speak with you about this matter later.

Sincerely,

Ralph

Cara signorina Sharkface,

ieri sera a causa di improrogabili impegni non sono riuscito a fare i compiti. Le spiegherò meglio più tardi.

Distinti saluti,

Ralph.

Risposta: la risposta corretta dipende da alcuni fattori. Volete meritarvi tre giorni di sospensione? Se sì, mandate il messaggio A, scritto in *friendspeak*. (A proposito, *ttyl* significa *talk to you later*, "ci si vede".) La vostra prof si presenta a scuola in jeans e scarpe da ginnastica? Allora è accettabile il messaggio B, scritto in inglese colloquiale. La vostra insegnante è un tipo compassato e si aspetta che rispettiate le regole? In questo caso puntate sulla C, in inglese formale.

La grammatica a portata di polpastrello

Vivo a New York, circondata da persone che vanno in giro con le dita incollate agli smartphone. Scrivono sms, chattano, twittano o appuntano impegni e idee al volo. Non posso fare a meno di chiedermi quale tipo di grammatica nascerà da queste nuove forme di comunicazione. Forse la nona edizione di questo libro sarà costituita da sole dieci pagine, con "frasi" come *u ok?* e *g2g – bbl.* (Traduzione per i tecnologicamente impediti: *Are you okay?*, "Tutto bene?", e *I have got to go, I'll be back later*, "Devo andare, ripasso dopo".) Per quanto mi riguarda, prima di diventare così, l'inglese dovrà passare *omdb* (*over my dead body*, "sul mio cadavere"). Per il momento, nelle comunicazioni elettroniche, adeguate il livello di formalità alla vostra situazione, al messaggio che volete trasmettere e all'interlocutore. Se avete a che fare con un amico, non esitate ad abbreviare accorciando a piacimento; se state comunicando con un collega, andrà probabilmente bene l'inglese colloquiale, ma più è potente l'interlocutore e più dovete stare attenti. (Per maggiori informazioni sull'inglese colloquiale, tornate alla sezione "Distinguere tra i tre tipi di inglese", in questo stesso capitolo.) Quando non siete certi del vostro interlocutore, o state scrivendo a uno sconosciuto o a un superiore, andate sul sicuro scegliendo l'inglese formale. Una grammatica corretta è adatta a tutti gli strumenti di comunicazione.

I correttori ortografici non bastano

Il vostro migliore amico – quello che si sta fotocopiando il fondoschiena mentre voi leggete la *Grammatica inglese for Dummies* – vi dirà che è inutile studiare la grammatica nel terzo millennio perché i correttori ortografici rendono obsoleta la conoscenza tradizionale. L'amico si sbaglia, e per dirla tutta neanche quella della fotocopiatrice è una genialata. È confortante credere che ogni vostro errore sarà sottolineato da una linea rossa o che un clic del mouse vi guiderà alla perfezione. Confortante, ma poco realistico. L'inglese ha mezzo milione di parole, che potete comporre in un fantastiliardo di modi. Non esistono programmi capaci di individuare tutti i vostri errori, e la maggior parte di quei programmi rileva errori che non sono veramente tali. Anche l'ortografia è un problema. Ogni volta che digito *verbal*, il computer strepita. Ma *verbal* – termine grammaticale che si riferisce a una parola che deriva da un verbo ma non funziona come verbo – esiste, sta nei dizionari. Il computer non sa distinguere tra gli *omofoni*, parole che hanno lo stesso suono ma diversa grafia e diverso significato. Per esempio, se digito:

> *Eye through the bawl at hymn, but it went threw the window pain instead.* Occhio attraverso l'abbaio a inno, ma invece è andato lanciato la finestra dolore.

il computer non sottolinea niente. Ma quello che volevo dire è:

> *I threw the ball at him, but it went through the window pane instead.* Gli ho lanciato la palla, che però è passata attraverso il vetro della finestra.

Insomma, il computer conosce un po' di grammatica e di ortografia, ma voi dovete fare tutto il resto.

Capitolo 2

I verbi: il cuore della frase

In questo capitolo

- Individuare il verbo
- Distinguere tra verbi copulativi e verbi d'azione
- Scegliere i pronomi per le frasi con i verbi copulativi
- Usare correttamente gli ausiliari

Immaginate che la frase sia un camion. Voi caricate tutte le vostre idee sul camion, che trasporta il significato al vostro interlocutore (lettore o ascoltatore). Il verbo è un treno di gomme. Senza il verbo le vostre idee potrebbero magari arrivare a destinazione, ma sarà un viaggio molto accidentato.

In altri termini, ogni frase ha bisogno di un verbo. È dal verbo che dovete sempre cominciare quando agite sulla vostra frase, anche quando la correggete. Esistono verbi di tutte le forme e dimensioni: verbi copulativi e verbi d'azione; regolari e irregolari; al singolare e al plurale; al presente, al passato e al futuro. Questo capitolo spiega come si fa a distinguere tra verbi copulativi e verbi d'azione (*linking verbs* e *action verbs*) e tra ausiliari e principali (*helping verbs* e *main verbs*). Insegna anche a scegliere il verbo giusto per ogni frase e indica quali pronomi usare nelle frasi con i verbi copulativi.

I verbi copulativi: un grande segno di uguale

I verbi copulativi, o *linking verbs*, sono anche chiamati *being verbs* perché esprimono modi di essere, situazioni: cos'è, cosa sarà e cosa fu. Qui l'algebra si interseca con la grammatica: i verbi copulativi sono simili a grandi segni di uguale sganciati nel bel mezzo della frase.

Per esempio, la proposizione:

> *Ralph's uncle* is *a cannibal with a taste for finger food.* Lo zio di Ralph è un cannibale che ha un debole per gli stuzzichini.

(L'inglese qui gioca sul doppio senso di *finger food* = "cibo che si mangia con le dita", ma anche "cibo a base di dita"; è come se dicessimo che lo zio cannibale ha un debole per le orecchiette.)

può essere vista come:

> *Ralph's uncle* = *a cannibal with a taste for finger food.* Lo zio di Ralph = un cannibale che ha un debole per gli stuzzichini.

Oppure, in forma abbreviata:

> *Ralph's uncle* = *a cannibal.* Lo zio di Ralph = un cannibale.

Proprio come in un'equazione algebrica, la parola *is* lega due idee e ci dice che sono la stessa cosa. Per questo motivo è chiamata *linking verb*, in italiano "verbo copulativo" (dal latino *copula*, che significa legame). Ecco altri esempi di verbi copulativi:

> *Lulu* will be *angry when she hears about the missing bronze tooth.* Lulu sarà furiosa quando saprà che il dente di bronzo è scomparso.
>
> *Lulu* = *angry* (*will be* è un verbo copulativo)
>
> *Stan* was *the last surfer to leave the water when the tidal wave approached.* Stan fu l'ultimo surfista a uscire dall'acqua all'avvicinarsi dell'onda anomala.
>
> *Stan* = *last surfer* (*was* è un verbo copulativo)
>
> *Edgar* has been *depressed ever since the fall of the House of Usher.* Edgar è depresso da quando è crollata la Casa Usher.
>
> *Edgar* = *depressed* (*has been* è un verbo copulativo)

Being verbs o linking verbs: che cosa c'è in un nome?

Nella sezione precedente avrete notato che tutti i verbi copulativi contenuti negli esempi sono forme del verbo essere, *to be*. Infatti, il loro nome alternativo è *being verbs*. Un tempo anche in inglese venivano chiamati copulativi, ma l'aggettivo è caduto in disuso (forse anche perché la radice della parola contiene sfumature sessuali). Tra le due espressioni io preferisco *linking verbs* perché non tutti questi verbi sono forme del verbo essere.

Prendete gli esempi:

> *With his foot-long fingernails and sly smile, Big Foot* seemed *threatening.* Con le sue unghie lunghissime e il sorriso sornione, Big Foot aveva un'aria minacciosa.
>
> *Big Foot = threatening* (*seemed* è un verbo copulativo)
>
> *A jail sentence for the unauthorized use of a comma* appears *harsh.* La condanna al carcere per uso non autorizzato di una virgola sembra una pena aspra.
>
> *jail sentence = harsh* (*appears* in questa frase è un verbo copulativo)
>
> *The penalty for making a grammar error* remains *severe.* La punizione per aver commesso un errore di grammatica rimane severa.
>
> *penalty = severe* (*remains* in questa frase è un verbo copulativo)
>
> *Lochness* stays *silent whenever monsters are mentioned.* Lochness se ne resta zitto ogni volta che si parla di mostri
>
> *Lochness = silent* (*stays* in questa frase è un verbo copulativo)

Seemed, *appears*, *remains* e *stays* equivalgono al verbo *to be* nella misura in cui esprimono modi di essere, condizioni. Non fanno che aggiungere sfumature di significato al concetto essenziale.

Per esempio, potete dire:

> *With his foot-long fingernails and sly smile, Big Foot* was *threatening.* Con le sue unghie lunghissime e il sorriso sornione, Big Foot era minaccioso.

Ma così l'affermazione è più precisa. *Seemed* lascia invece spazio al dubbio.

Analogamente, *remains* (nel terzo esempio) aggiunge una dimensione temporale al modo d'essere. La frase ci fa capire che la punizione era severa e lo è ancora.

Indipendentemente da come lo chiamiamo, un verbo che colloca nella frase un segno di uguale è un *linking verb*, un *being verb* o un verbo copulativo.

I verbi sensoriali

Anche i verbi sensoriali – che esprimono cioè le informazioni ricevute attraverso la vista, l'udito, l'olfatto, il gusto, il tatto – possono essere verbi copulativi:

> *Two minutes after shaving, Ralph's double chin* feels *scratchy.* Due minuti dopo la rasatura, il doppio mento di Ralph appare rugoso al tatto.
>
> *Ralph's double chin = scratchy* (*feels* è un verbo copulativo)
>
> *The ten-year-old lasagna in your refrigerator* smells *disgusting.* Le lasagne lasciate nel tuo frigorifero per dieci anni hanno un odore disgustoso.
>
> *lasagna = disgusting* (*smells* è un verbo copulativo)
>
> *The ten-year-old lasagna in your refrigerator also* looks *disgusting.* Le lasagne lasciate nel tuo frigorifero per dieci anni hanno anche un aspetto disgustoso.
>
> *lasagna = disgusting* (*looks* è un verbo copulativo)
>
> *Needless to say, the ten-year-old lasagna in your refrigerator* tastes *great!* Manco a dirlo, le lasagne lasciate nel tuo frigorifero per dieci anni hanno un sapore buonissimo!
>
> *lasagna = great* (*tastes* è un verbo copulativo)

ATTENZIONE!

I verbi che si riferiscono ai cinque sensi sono copulativi solo se svolgono nella frase la funzione del segno di uguale. Se non stabiliscono un'equazione tra due idee non sono verbi copulativi. Nella frase precedente sul doppio mento di Ralph, *feel* è un verbo copulativo. Ma ecco una frase diversa con lo stesso verbo:

> *With their delicate fingers, Lulu and Stan* feel *Ralph's chin.* Lulu e Stan passano le loro dita delicate sul mento di Stan.

In questa frase *feel* non è un verbo copulativo perché non si sta dicendo

> *Lulu and Stan = chin.*

Si sta dicendo invece che Lulu e Stan pensano che Ralph non si sia rasato bene e controllano se il suo mento è ruvido.

Quale frase contiene un verbo copulativo?

A. *That annoying new clock sounds the hour with a recorded cannon shot.* Quel fastidiosissimo orologio nuovo suona le ore con un colpo di cannone registrato.

B. *That annoying new clock sounds extremely loud at four o'clock in the morning.* Alle quattro del mattino quel fastidiosissimo orologio nuovo è estremamente rumoroso.

Risposta: il verbo copulativo sta nella frase B. Nella frase B, *clock* = *extremely loud*. Nella frase A, l'orologio *fa* qualcosa – suona le ore –, non è qualcosa. (Sveglia anche tutto il vicinato, ma la frase non ce lo dice.)

Riproviamo.

In quale frase "*stay*" è un verbo copulativo?

A. *Larry stays single only for very short periods of time.* Larry rimane senza fidanzata solo per brevissimi periodi di tempo.

B. *Stay in the yard, Fido, or I cut your dog-biscuit ration in half!* Resta in giardino, Fido, o ti dimezzo la razione di biscotti!

Risposta: il verbo copulativo sta nella frase A. Nella frase A, *Larry* = *single* (almeno per ora). Nella frase B si dice a Fido di fare qualcosa: restare in giardino è chiaramente un'azione.

Se morite dalla voglia di imparare ancora un po' di terminologia grammaticale, continuate a leggere.

I verbi copulativi collegano il soggetto e il nome del predicato, detto anche aggettivo predicativo. Per ulteriori approfondimenti, andate al Capitolo 6.

Ecco un elenco dei verbi copulativi più frequenti:

- ✓ Forme di *to be*: *am, are, is, was, were, will be, shall be, has been, have been, had been, could be, should be, would be, might have been, could have been, should have been, shall have been, will have been, must have been, must be.*
- ✓ Verbi sensoriali: *look, sound, taste, smell, feel.*
- ✓ Parole che esprimono sfumature di significato rispetto a un modo di essere, a una condizione (*state of being*): *appear, seem, grow, remain, stay.*

DIAVOLETTI

Due to a grammar error

Poniamo che vogliate dire che "il picnic è stato cancellato a causa dell'arrivo di passeri assassini giunti dal loro habitat meridionale". Qual è la frase giusta: *The picnic has been cancelled due to the arrival of killer sparrows from their Southern nesting grounds* oppure *The picnic has been cancelled because of the arrival of killer sparrows from their Southern nesting grounds*? È giusto *due to* o *because of*? La risposta è *because of*. La regola, sempre più spesso ignorata, è questa:

- ✓ *Due to* descrive nomi o pronomi. Può seguire un verbo copulativo se fornisce un'informazione sul soggetto (Per ulteriori informazioni tornate al paragrafo "I verbi copulativi: un grande segno di uguale", in questo capitolo.)
- ✓ *Because of* è la descrizione di un'azione. (Per i verbi d'azione andate al paragrafo "Luci! Motore! Verbo d'azione!", più avanti in questo capitolo.)

Per seguire il ragionamento semi-logico che sta alla base di questa regola dobbiamo addentrarci nei dettagli grammaticali; dunque continuate a leggere solo se siete coraggiosi (o avete tempo da perdere).

Due to, per definizione, significa *owing to* (cioè "dovuto a"). *Owing* appartiene alla famiglia degli aggettivi, e gli aggettivi possono accompagnare solo nomi e pronomi. In una frase con un verbo copulativo, il soggetto (sempre un nome o un pronome) può essere collegato a una elemento descrittivo che segue il verbo:

Lola's mania for fashion is due to her deprived upbringing in an all-polyester household.

La mania di Lola per la moda è dovuta alla sua infanzia di privazioni in una famiglia che conosceva solo il poliestere.

Due to her deprived upbringing si riferisce a *mania*.

Because of e *on account of* descrivono invece un'azione, e di solito rispondono alla domanda *why* (perché):

The bubble-gum gun that George fired is no longer being manufactured because of protests from the dental association.

La pistola di George caricata a palline di chewing-gum non viene più fabbricata a causa delle proteste dell'associazione dei dentisti.

Perché la pistola non viene più fabbricata? A causa delle proteste dell'associazione dei dentisti.

Nella vita reale (vale a dire nell'inglese colloquiale che usiamo tutti i giorni), *due to* e *because of* sono intercambiabili. Ma state attenti a quei due se dovete usare il vostro inglese più corretto e formale! Per non essere costretti a ricordare ogni volta la distinzione tra le due forme, la soluzione più semplice è evitarle entrambe e limitarsi a usare *because* (qui nel senso di "perché") accompagnato da un soggetto e da un verbo.

Costruzione corretta delle frasi con un verbo copulativo

Un verbo copulativo comincia un pensiero, ma per completarlo ha bisogno di un'altra parola. A meno che il vostro interlocutore non possieda doti telepatiche, non potete andare in giro a dire cose come *the president is* ("il presidente è") oppure *the best day for the party will be* ("il giorno migliore per la festa sarà") e aspettarvi di essere capiti.

Avete tre possibilità per completare un verbo copulativo: una parola descrittiva, un nome o un pronome (una parola che fa le veci di un nome). Date un'occhiata ad alcune descrizioni che completano l'equazione introdotta dal verbo copulativo:

> *After running 15 miles in high heels, Renee's thigh muscles are* tired. Dopo una corsa di 15 miglia con i tacchi alti, i muscoli delle cosce di Renee sono stanchi.
>
> *thigh muscles = tired* (*tired* è un aggettivo)
>
> *Renee's high heels are* stunning, *especially when they land on your foot.* I tacchi alti di Renee sono uno schianto, soprattutto quando ti atterrano sui piedi.
>
> *high heels = stunning* (*stunning* è un aggettivo)
>
> *Oscar's foot, wounded by Renee's heels, seems particularly* painful. Il piede di Oscar, ferito dai tacchi di Renee, ha un'aria particolarmente dolorante.
>
> *foot = painful* (*painful* è un aggettivo)
>
> *Lola's solution, to staple Oscar's toes together, is not very* helpful. La soluzione di Lola, che consiste nel saldare gli alluci di Oscar con la spillatrice, non è molto efficace.
>
> *solution = helpful* (*helpful* è un aggettivo. Le altre parole descrittive, *not* e *very*, si riferiscono a *helpful*, non *solution*)

L'equazione di un verbo copulativo può essere completata anche da una persona, un luogo o una cosa: in termini grammaticali, da un sostantivo. Ecco alcuni esempi:

> *The most important part of a balanced diet is* popcorn. La parte più importante di una dieta bilanciata è il popcorn.
>
> *part of a balanced diet = popcorn* (*popcorn* è una cosa, e dunque un nome)

Lulu's nutritional consultant has always been a complete fraud. Il nutrizionista di Lulu è sempre stato un totale ciarlatano.

Lulu's nutritional consultant = *fraud* (*fraud* è un nome)

A volte, una frase con il verbo copulativo può essere completata da un pronome, cioè una parola che si sostituisce al nome di una persona, di un luogo o di una cosa. Per esempio:

The winner of the all-state spitball contest is you! Il vincitore del concorso nazionale di sputo sei tu!

winner = *you* (*you* sostituisce il nome del vincitore, ed è dunque un pronome)

Whoever put glue in the teapot is someone *with a very bad sense of humor.* Chiunque abbia messo la colla nella teiera è una persona con un pessimo senso dell'umorismo.

Whoever put glue in the teapot = *someone* (*someone* è un pronome che sostituisce il nome del simpatico anonimo)

Non rischiate molto se completate con descrizioni o sostantivi le frasi con il verbo copulativo. Il rischio di sbagliare è invece molto alto se usate un pronome. Non temete: il prossimo paragrafo vi mostra come evitare gli errori più frequenti in cui si incorre associando i verbi copulativi ai pronomi.

Mettere il pronome giusto al posto giusto

Come fate a scegliere il pronome giusto per una frase con un verbo copulativo?

Ricordatevi che una frase con un verbo copulativo può essere capovolta. Vale a dire che il pronome messo *dopo* un verbo copulativo deve essere lo stesso tipo di pronome che mettereste *prima* di un verbo copulativo. Innanzitutto, vi propongo un esempio con un nome, dove non potete sbagliare. Leggete queste due frasi:

Ruggles *is a* resident *of Red Gap.* (Ruggles è un abitante di Red Gap.)

A resident *of Red Gap is* Ruggles.

Lulu *was a* resident *of Beige Gap.* (Lulu era un'abitante di Beige Gap.)

A resident *of Beige Gap was* Lulu.

Le due frasi di ciascuna coppia hanno lo stesso significato, e sono entrambe corrette. Adesso passiamo ai pronomi:

The winner of the election is him! (Il vincitore delle elezioni è lui!)

Him *is the winner of the election!*

Qui c'è qualcosa che non va. Non si dice *him is*. Si dice *he is*. Dato che avete un verbo copulativo (*is*), dopo il verbo dovete mettere la stessa parola che mettereste prima del verbo. Riprovate:

The winner of the election is he!

He *is the winner of the election!*

Adesso la frase termina correttamente.

CONSIGLIO

Prestando attenzione ai verbi copulativi sceglierete i pronomi giusti per la vostra frase. I pronomi soggetto sono *I*, *you*, *he*, *she*, *it*, *we*, *they*, *who* e *whoever*.

I pronomi che non possono essere soggetto comprendono *me*, *him*, *her*, *us*, *them*, *whom* e *whomever*. (Questi pronomi svolgono la funzione di oggetto.)

ATTENZIONE!

Ricordate che negli esempi precedenti parlo di inglese formale, non di inglese colloquiale. Nell'inglese colloquiale il seguente dialogo è accettabile:

Who's there? – It is me. (Oppure *It's me.*)

Chi va là? – Sono io.

Nell'inglese formale, il dialogo diventa:

Who is there? – It is I.

A causa del verbo copulativo *is*, dovete utilizzare lo stesso tipo di pronome prima e dopo il verbo. Non potete cominciare una frase con *me*, ma potete cominciare una frase con *I*.

Grazie al vostro leggendario spirito di osservazione avrete notato una falla nel ragionamento. L'ultima frase non può essere invertita dicendo:

I is it.

I vuole una forma diversa, *am*. Sia *is* sia *am* sono forme del verbo *to be*, una delle creature più bizzarre della lingua inglese. Quando rovesciate una frase che contiene una forma del verbo *to be* potrà capitare che dobbiate adattare il verbo. Però l'idea di fondo è la stessa: *I* può essere soggetto, *me* no.

Non siete obbligati a conoscere questa informazione, ma se avete un po' di tempo da perdere eccola: i pronomi si dividono in gruppi chiamati *casi*. Uno di questi, il caso nominativo o del soggetto, comprende tutti i pronomi soggetto. Il pronome che segue il verbo copulativo deve sempre essere al caso nominativo, il caso del soggetto. I pronomi di un altro gruppo, quelli del caso accusativo, si comportano come complementi oggetto. Evitate i pronomi complemento oggetto dopo i verbi copulativi. (Dei pronomi e dei loro casi parleremo nel Capitolo 13.)

Luci! Motore! Verbo d'azione!

I verbi copulativi sono importanti, ma a meno che non viviate in una specie di comune hippy degli anni Sessanta non potete certo starvene tutto il giorno con le mani in mano. Dovete fare qualcosa. È qui che entrano in scena i verbi d'azione. Tutto ciò che non è *being* (essere) è *action* (azione), almeno nel mondo dei verbi. Diversamente dal grande segno di uguale associato ai verbi copulativi (tornate a "I verbi copulativi: un grande segno di uguale", in questo capitolo), nel caso di un verbo d'azione accade qualcosa:

> *Drew* slapped *the offending pig right on the snout.* Drew diede un ceffone sul grugno a quel maiale screanzato. (*slapped* è un verbo d'azione)
>
> *Fred* will steal *third base as soon as his sneezing fit* ends. Fred ruberà la terza base appena gli passerà l'attacco di starnuti. (*will steal* e *ends* sono verbi d'azione)
>
> *According to the teacher, Roger* has shot *at least 16 spitballs in the last ten minutes.* Secondo l'insegnante, negli ultimi dieci minuti Roger ha lanciato almeno 16 palline di carta. (*has shot* è un verbo d'azione)

Non fatevi ingannare dal termine "azione". Alcuni verbi d'azione non sono particolarmente energici: *think*, *sit*, *stay*, *have*, *sleep*, *dream* e via dicendo. Queste parole non solo descrivono la mia vacanza ideale, ma sono anche verbi d'azione. Mettiamola così: se il verbo non è un grande segno di uguale (un verbo copulativo), è un verbo d'azione. (In italiano i verbi non copulativi si chiamano predicativi.)

Aiuto! Chiamate un verbo!

Avete forse notato che alcuni dei verbi identificati in questo capitolo sono parole singole mentre altri sono composti da più parole. Le parole in più sono chiamate *helping verbs*, verbi ausiliari, perché aiutano il verbo principale a esprimere significato, solitamente cambiandone il tempo, in inglese *tense*, dell'azione. (Per ulteriori informazioni sui tempi, vedete il Capitolo 3.)

Ecco alcune frasi con verbi ausiliari:

> *Alice* will have sung *five arias from that opera by the time her recorder* runs *out of tape and her listeners* run *out of patience.* Alice avrà cantato cinque arie di quell'opera quanto il registratore esaurirà il nastro e il pubblico esaurirà la pazienza. (In *will have sung*, *sung* è il verbo principale; *will* e *have* sono verbi ausiliari; *runs* e *run* sono entrambi verbi principali senza verbi ausiliari.)
>
> *Larry* should have refused *to play the part of the villain, but his ego simply* would *not* be denied. Larry avrebbe dovuto rifiutare il ruolo del cattivo, ma il suo ego non poteva semplicemente farne a meno. (In *should have refused*, *refused* è il verbo principale; *should* e *have* sono verbi ausiliari; in *would be denied*, *denied* è il verbo principale; *would* e *be* sono verbi ausiliari.)

CONSIGLIO

Finché siete in grado di riconoscere l'insieme del verbo in una frase, la distinzione tra verbi ausiliari e verbi principali non è particolarmente importante. Se trovate solo una parte del verbo, invece, potete confondere questi verbi d'azione con i verbi copulativi. Quando scegliete come terminare una frase, dovete tenere ben distinti questi due tipi di verbi, come spiego nel paragrafo "Mettere il pronome giusto al posto giusto", in questo capitolo.

Per determinare se avete a che fare con un verbo d'azione o con un verbo copulativo, guardate il verbo principale, non gli ausiliari. Se il verbo principale esprime azione, la totalità del verbo è un'azione, anche se uno degli ausiliari è una forma di *to be*.

Per esempio, *is going* (sta andando), *has been painted* (è stato dipinto/a) e *should be strangled* (dovrebbe essere strangolato/a) sono tutti verbi d'azione, non verbi copulativi, perché *going*, *painted* e *strangled* esprimono azione.

Ponete la domanda: identificare il verbo

Uno studio scientifico realizzato da una commissione di esperti ha scoperto che il 90 per cento degli errori commessi in una frase si produce perché il verbo non è stato identificato correttamente.

D'accordo, non esiste nessuno studio. Me lo sono inventato. Ma è vero che quando tentate di decifrare una frase la prima cosa che dovete fare è identificare il verbo. Per individuarlo, leggete la frase e ponetevi due domande: 1) Cosa succede? 2) Quale parola è un "grande segno di uguale"?

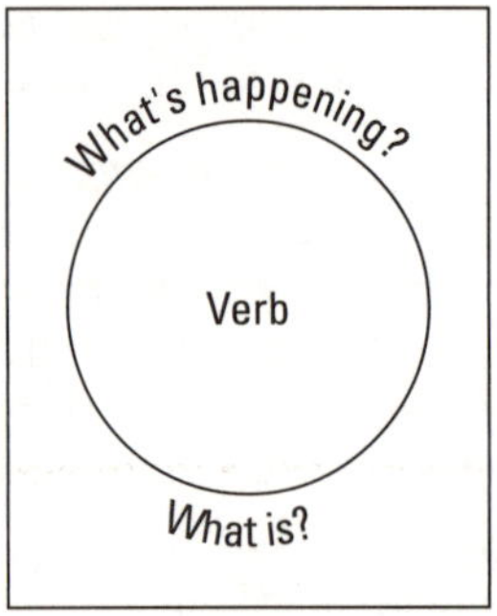

Se ottenete una risposta alla prima domanda, avete un verbo d'azione. Se ottenete una risposta alla seconda domanda, avete un verbo copulativo.

Per esempio, nella frase:

> *Archie flew around the room and then swooped into his cage for a birdseed snack.*
>
> Archie svolazzò nella stanza e poi entrò in picchiata nella sua gabbia per farsi una scorpacciata di becchime.

Alla domanda *Cosa succede?* le risposte sono *flew* e *swooped. Flew* e *swooped* sono verbi d'azione. Se chiedete *Quale parola è un "grande segno di uguale"?* non ottenete alcuna risposta perché la frase non contiene un verbo copulativo.

Ecco un altro esempio:

> *Lola's new tattoo will be larger than her previous fifteen tattoos.*
>
> Il nuovo tatuaggio di Lola sarà più grande dei suoi quindici tatuaggi precedenti.

Cosa succede? Niente. Non avete un verbo d'azione. *Quale parola è un "grande segno di uguale"? Will be. Will be* è un verbo copulativo.

Ponetevi le domande e identificate i verbi nelle seguenti frasi, distinguendo tra verbi d'azione e verbi copulativi.

A. *Michelle scratched the cat almost as hard as the cat had scratched her.*

   Michelle ha graffiato il gatto almeno quanto il gatto ha graffiato lei.

B. *After months of up-and-down motion, Lester is taking the elevator sideways, just for a change of pace.*

   Dopo essere andato su e giù per mesi, tanto per cambiare ritmo Lester sta prendendo l'ascensore di traverso.

The way it's suppose to be?

Queste frasi vi suonano familiari?

> *Lola* was suppose *to take out the garbage, but she refused to do so, saying that garbage removal was not part of her creative development.*
>
> Lola avrebbe dovuto portar fuori la spazzatura, ma si rifiutò dicendo che buttare la spazzatura non faceva parte del suo percorso creativo.
>
> *Ralph* use *to take out the trash, but after that unfortunate encounter with a raccoon and an empty potato chip bag, he is reluctant to venture near the cans.*
>
> Ralph era solito portar fuori la spazzatura, ma dopo lo sfortunato incontro con un procione e un sacchetto di patatine vuoto è restio ad avvicinarsi ai cassonetti dell'immondizia.
>
> *George* is suppose *to do all kinds of things, but of course he never does anything he is suppose to do.*
>
> George dovrebbe fare di tutto, ma naturalmente non fa mai niente di quello che dovrebbe fare.

Se vi suonano familiari, rileggetele. Sono tutte sbagliate. Cercate i verbi in tondo: *was suppose, use* e *is suppose*. Tutti rappresentano quello che si sente dire ma non quello che il parlante sta realmente cercando di dire. In queste frasi le forme corrette sono *supposed* e *used*, cioè i verbi al passato (*past tense.*)

C. *The twisted frown on Larry's face seems strange because of the joyful background music.*

L'espressione corrucciata di Larry appare strana a causa dell'allegra musica di sottofondo

Risposte: A. *scratched* è un verbo d'azione, *had scratched* è un verbo d'azione. B. *is taking* è un verbo d'azione. C. *seems* è un verbo copulativo.

Dimenticate "to be or not to be": gli infiniti non sono verbi

Vi capiterà di sentire un insegnante di inglese dire "*the verb to sweep*", o usare un'espressione simile.

In questo capitolo io in effetti ho parlato di "tutte le forme del verbo *to be*". Ma *to be* non è veramente un verbo. È un infinito. Un infinito è *to + un verbo* (un'altra mescolanza di matematica e grammatica). Ecco alcuni esempi di infiniti: *to laugh* (ridere), *to burp* (ruttare), *to write* (scrivere), *to be* (essere)

CONSIGLIO

La cosa più importante da sapere sugli infiniti è questa: quando vi ponete le domande relative al verbo, non scegliete un infinito come risposta. Se lo fate, perderete di vista il vero verbo (o i veri verbi) della frase. A parte questo, dimenticate gli infiniti!

ATTENZIONE!

D'accordo, esagero. Non potete dimenticare completamente gli infiniti. Ecco un'altra cosa che dovete sapere sugli infiniti nell'inglese formale: non spezzateli. Per esempio, spesso ci si imbatte in frasi come questa:

> *Matt vowed* to really study *if he ever got the chance to take the flight instructor exam again.*
>
> Matt giurò *di studiare veramente* se mai avesse avuto la possibilità di riprovare l'esame per diventare istruttore di volo.

È un esempio frequente, ma sbagliato. Grammaticalmente, *to study* è un'unità, un infinito unico. Non dovete separarlo. Adesso che conoscete questa regola, sfogliate un giornale inglese o americano. La separazione dell'infinito è frequentissima: la praticano perfino le testate più austere e noiose. Dunque avete due possibilità: potete separare gli infiniti quanto vi pare oppure seguire la regola e sentirvi superiori ai giornalisti professionisti. Scegliete voi.

Due ma non al prezzo di uno

Ecco un consiglio ortografico: le seguenti parole sono spesso scritte come un'unica parola, ma è un errore. Scrivetele sempre come due parole separate: *a lot, all right, each other.*

Jane has a lot *of trouble distinguishing between the sounds of "l" and "r," so she tries to avoid the expression* "all right" *whenever possible.*

Jane fa molta fatica a distinguere i suoni "l" e "r", e dunque cerca di evitare il più possibile l'espressione "all right".

Jane and Larry (who also has pronunciation trouble) help each other *prepare state-of-the-union speeches every January.*

Ogni gennaio Jane e Larry (che come lei ha problemi di pronuncia) si aiutano a vicenda a preparare i loro discorsi sullo stato dell'Unione.

Potete invece scrivere i seguenti termini in una sola parola o in due parole separate, ma avranno due significati diversi:

Altogether ha lo stesso significato di "*extremely, entirely*" (estremamente, completamente).

All together significa "*as one*" (tutti insieme).

Daniel was altogether *disgusted with the way the entire flock of dodo birds sang* all together.

Daniel era completamente disgustato dal modo in cui tutti i dodi dello stormo cantavano all'unisono.

Ancora un paio di parole insidiose:

Sometime ha lo stesso significato di "*at a certain point in time*" (a un certo momento, prima o poi).

Some time significa "*a period of time*" (un certo periodo di tempo).

Lex said that he would visit Lulu sometime, *but not now because he has to spend* some time *in jail for murdering the English language.*

Lex disse che prima o poi sarebbe andato a trovare Lulu, ma non subito, perché doveva passare un po' di tempo in prigione per aver assassinato la lingua inglese.

E ancora:

Someplace ha lo stesso significato di "*an unspecified place*" (da qualche parte) e descrive un'azione.

Some place significa "*a place*" (un luogo) e si riferisce a uno spazio fisico.

Lex screamed, "I have to go someplace *now!" Lulu thinks he headed for* some place *near the railroad station where the pizza is hot and no one asks any questions.*

Lex urlò "Adesso devo andare da qualche parte!" Lulu pensa che sia andato in un posto vicino alla stazione dove fanno un'ottima pizza e nessuno ti chiede nulla.

Ecco un'altra coppia:

Everyday ha lo stesso significato di "*ordinary, common*" (comune, quotidiano).

Every day significa "*occurring daily*" (che accade ogni giorno).

Larry loves everyday *activities such as cooking, cleaning, and sewing. He has the palace staff perform all of those duties* every day.

Larry adora le attività quotidiane come cucinare, fare le pulizie e cucire. Fa eseguire questi compiti tutti i giorni dalla servitù.

Ultima coppia, lo giuro:

Anyway ha lo stesso significato di "*in any event*" (a ogni modo, comunque).

Any way significa "*a way, some sort of way*" (in qualsiasi modo).

"Anyway," *added Roy, "I don't think there is* any way *to avoid jail for tax evasion."*

"Comunque", aggiunse Roy, "Non credo che ci sia alcun modo di evitare il carcere per evasione fiscale."

Capitolo 3

Capire i tempi verbali

In questo capitolo

- Esprimere il tempo per mezzo dei verbi
- Capire il significato dei tempi verbali
- Usare correttamente i tempi verbali
- Coniugazione dei verbi irregolari più frequenti

Potete determinare il momento di cui si parla in vari modi: guardando l'orologio, dando un'occhiata al telefono oppure prestando attenzione al verbo. Vi ho stupiti, vero? Oltre a denotare un'azione o uno stato, il verbo indica anche il momento in cui quell'azione o quello stato hanno luogo. (Nel Capitolo 2 vi ho già spiegato come trovare il verbo in una frase.)

In alcune lingue molto fortunate – per esempio quella tailandese – il verbo ha praticamente una sola forma. Non importa che la frase sia al presente, al passato o al futuro: il verbo resta lo stesso. Il tempo è indicato da parole complementari: ieri, domani, adesso e via dicendo. Purtroppo l'inglese non è una di queste lingue. In inglese esistono sei diversi tempi verbali. Vale a dire che ogni tempo colloca uno stato o un'azione in un certo momento.

Tre dei sei tempi inglesi sono chiamati *simple*. In questo capitolo vi spiegherò alcune cose dei *simple tenses*, come la differenza tra *I go* e *I am going*. Gli altri tre tempi sono chiamati *perfect*. (Credetemi, i *perfect tenses* sono tutto tranne che perfetti.) Ci soffermeremo sui principi fondamentali dei *perfect tenses*: *present perfect*, *past perfect* e *future perfect*. Approfondiremo poi il *present perfect*. Gli altri due *perfect tenses* – il *past* e il *future* – sono dei veri grattacapi e sono anche molto meno frequenti del *present perfect*, dunque li tratterò dettagliatamente più avanti, nel Capitolo 14.

Semplifichiamo: i simple tenses

I tre *simple tenses* sono il *simple present*, il *simple past* e il *simple future*. Tanto per rendere il tutto più divertente, ciascuno di essi ha due forme. Una è scarna, priva di fronzoli, ed è chiamata semplicemente *present*, *past* o *future*. Colloca nel tempo stati o azioni ma non sempre precisa un momento specifico. L'altra forma è chiamata *progressive*. Indica stati o azioni *in progress*, in corso.

Present tense

Il *present tense* vi dice cosa sta accadendo in questo momento. Come abbiamo visto, il *simple tense* ha due forme: una è chiamata *present* e l'altra *progressive*. La forma *present* mostra una condizione o un'azione che sta accadendo ora, che è vera in generale o che succede sempre. La forma *progressive* è simile, ma suggerisce un processo. La differenza tra le due è sottile. Approfondirò l'uso di queste due forme tra poco. Per ora, date un'occhiata a un paio di frasi nel semplicissimo *present tense*:

> *Reggie* rolls *his tongue around the pastry.* Reggie *avvolge* la lingua attorno al pasticcino. (*rolls* è al *present tense*)

> *George* plans *nothing for New Year's Eve because he never* has *a date.* George non fa programmi per l'ultimo dell'anno perché non ha mai la ragazza. (*plans*, *has* sono al *present tense*)

Ed ecco due frasi al *present progressive*:

> *Alexei* is axing *the proposal to cut down the national forest.* Alexei non accetta la proposta di abbattere la foresta nazionale. (*is axing* è al present progressive)

> *Michael and Lulu* are skiing *far too fast toward that cliff.* Michael e Lulu stanno sciando troppo velocemente verso quel dirupo. (*are skiing* è al *present progressive*)

Past tense

Il *past tense* vi dice cosa è successo prima del momento attuale. Anche questo *simple tense* possiede due forme: normale e con una spolverata di cacao. Scusate, intendevo dire *past* e *past progressive*. Ecco due frasi al *past tense*:

> *When the elastic in Ms. Belli's girdle* snapped, *we all* woke *up.* Quando si è rotto l'elastico del busto della signorina Belli ci siamo svegliati tutti. (*snapped* e *woke* sono al *past tense*)
>
> *Despite the strong plastic ribbon, the package* became *unglued and* spilled *onto the conveyor belt.* Nonostante il robusto nastro di plastica, il pacco si scollò e rovesciò il suo contenuto sul nastro trasportatore. (*became* e *spilled* sono al *past tense*)

Ed ecco altri due esempi, questa volta al *past progressive*:

> *While Buzz* was sleeping*, his cat, Catnip,* was *completely* destroying *the sofa.* Mentre Buzz dormiva, il suo gatto Catnip era intento a distruggere completamente il divano. (*was sleeping* e *was destroying* sono alla forma progressiva del *past tense*)
>
> *Lola's friends* were passing *tissues to Lulu at a rate of five per minute.* Gli amici di Lola passavano a Lulu qualcosa come cinque fazzoletti di carta al minuto. (*were passing* è alla forma progressiva del *past tense*)

Con il *past tense* non potete sbagliarvi, tranne quando avete a che fare con verbi irregolari (che affronteremo più tardi, sempre in questo capitolo). Un errore molto frequente consiste però nel mescolare verbi al passato e al presente nella stessa frase:

> *So I go to the restaurant looking for Cindy because I want to tell her about Grady's date with Eleanor. I walk in and I see Brad Pitt! So I went up to him and said, "How are the kids?".* Allora vado al ristorante a cercare Cindy perché voglio raccontarle dell'appuntamento di Grady con Eleanor. Entro e vedo Brad Pitt! Così mi sono avvicinata e gli ho detto: "Come stanno i bambini?".

Chi parla ha cominciato il suo racconto al *present tense*, e fin qui nessun problema. Anche se un evento si è chiaramente concluso, il *present tense* si presta benissimo a rendere la storia più avvincente. (Vedete il riquadro "Il presente storico", in questo capitolo.) Ma l'ultima frase cambia marcia: improvvisamente siamo al *past tense* (*went* e *said*). Problema! Non cambiate tempo nel mezzo di una storia. E non rompete le scatole alla gente famosa.

Future tense

Il *future tense* parla di ciò che non è ancora successo. Questo *simple tense* è l'unico ad aver sempre bisogno di verbi ausiliari per esprimere significato, anche nella versione base.

I verbi ausiliari (vedete il Capitolo 2) come *will*, *shall*, *have*, *has*, *should* e così via cambiano il significato del verbo principale.

Il *future tense* esiste in due forme. Non parlo di universi alternativi: questo è un libro di grammatica, non di fantascienza. Una forma del *future tense* si chiama *future*, e l'altra *future progressive*.

Ecco la forma più semplice del *future tense*:

> *Nancy* will position *the wig in the exact center of her head.* Nancy si sistemerà la parrucca esattamente al centro della testa. (*will position* è al *future tense*)
>
> *Lisa and I* will *never* part, *thanks to that bottle of glue!* Lisa ed io non ci separeremo mai, grazie a quella boccetta di colla! (*will part* è al *future tense*)

Ed ecco due esempi di *future progressive*:

> *During the post-election period, George* will be pondering *his options.* Nel periodo post-elettorale George soppeserà le sue scelte. (*will be pondering* è alla forma progressiva del *future tense*)
>
> *Lola* will be sprinkling *the flowers with fertilizer in a vain attempt to keep them fresh.* Lola spruzzerà I fiori di fertilizzante nel vano tentativo di conservarne la freschezza. (*will be sprinkling* è alla forma progressiva del *future tense*)

Trovate i verbi e classificateli in base ai *present*, *past* e *future tenses*.

A. *When the tornado whirls overhead, we run for the camera and the phone number of the television station.* Quando il tornado turbina sulle nostre teste, noi corriamo a cercare la macchina fotografica e il numero di telefono della stazione televisiva.

B. *Shall I compare you to a winter's day?* Dovrò paragonarti a un giorno d'inverno?

C. *When you were three, you blew out all the candles on your birthday cake.* Quando avevi tre anni hai spento tutte le candeline della tua torta di compleanno. Risposte: nella frase A, i verbi al *present tense* sono *whirls* e *run*. Nella frase B, il verbo al *future tense* è *shall compare*. Nella frase C, i verbi al *past tense* sono *were* e *blew*.

Adesso trovate i verbi e classificateli in base alle forme *present progressive*, *past progressive* e *future progressive*.

A. *Exactly 5,000 years ago, a dinosaur was living in that mud puddle.* Esattamente 5000 anni fa in quella pozza di fango viveva un dinosauro.

B. *Zeus and Apollo are establishing a union of mythological characters.* Zeus e Apollo stanno fondando un sindacato di personaggi mitologici.

C. *The pilot will be joining us as soon as the aircraft clears the Alps.* Il pilota ci raggiungerà non appena l'aereo avrà attraversato le Alpi.

Risposte: nella frase A, il verbo al *past progressive* è *was living*. Nella frase B, il verbo al *present progressive* è *are establishing*. Nella frase C, il verbo al *future progressive* è *will be joining.*

Usare correttamente i tempi verbali

Che differenza c'è tra la forma normale e la forma progressiva? Non molta. La gente usa spesso l'una o l'altra senza troppi problemi. Hanno però effettivamente diverse sfumature di significato.

Present e present progressive

La forma in una sola parola del *present tense* può essere usata per cose che sono generalmente vere al presente ma non stanno necessariamente accadendo in questo momento. Per esempio:

> *Ollie* attends *wrestling matches every Sunday.* Ollie assiste a incontri di wrestling tutte le domeniche.

Se la domenica telefonate a Ollie, troverete questo fastidioso messaggio sulla sua segreteria telefonica perché è sicuramente andato all'incontro di wrestling (*attends* è al *present tense*).

Potrete trovare questo messaggio anche il giovedì (o un altro giorno) e sarà ancora corretto, anche se il giovedì Ollie sta a casa a giocare a scacchi. Adesso leggete questa frase:

> *Ollie* is playing *hide-and-seek with his dog Spot.* Ollie sta giocando a nascondino con il suo cane Spot.

La frase ci dice che proprio in questo momento (*is playing è alla forma progressiva del present tense*), mentre scrivete o pronunciate questa frase, Ollie sta correndo in giro per il salotto alla ricerca di Spot (che non è difficile da trovare perché è finito con le zampe in una bacinella di vernice fosforescente, ma la frase non ce lo dice).

Past e past progressive

La differenza tra il *past tense* e il *past progressive tense* è molto simile a quella osservata nel caso del *present tense*. Spesso la forma più semplice indica qualcosa che è genericamente accaduto nel passato. La forma progressiva può definire uno stato o un'azione che sono avvenuti in un momento specifico o si sono svolti con regolarità nel passato.

> *Gulliver* went *to the store and* bought *clothes for all his little friends.* Gulliver andò al negozio a comprare dei vestiti per tutti i suoi piccoli amici.

Questa frase ci dice che in un dato momento del passato Gulliver ha sfoderato la carta di credito e ha fatto gli acquisti di Natale (*went* e *bought* sono al *past tense*).

> *While Gulliver* was shopping, *his friends* were planning *their revenge.* Mentre Gulliver faceva acquisti, i suoi amici organizzavano la vendetta.

Questa frase significa che Gulliver non avrebbe dovuto disturbarsi, perché nel momento esatto in cui spendeva la paghetta i suoi amici si chiedevano quando versare l'inchiostro nel suo portapranzo (*was shopping* e *were planning* sono alla forma progressiva del *past tense*).

> *Gulliver* was shopping *until he* was dropping, *despite his mother's strict credit limit.* Gulliver spendeva e spandeva nonostante il limite di spesa fissato da sua madre sulla carta di credito.

La frase si riferisce a una cattiva abitudine di Gulliver, lo shopping selvaggio (*was shopping* e *was dropping* sono alla forma progressiva del *past tense*). Gulliver faceva acquisti tutti i giorni, ripetutamente. (Ecco perché sua madre aveva imposto il limite di spesa sulla carta di credito.)

Future e future progressive

Tra quei due non troverete molte differenze. La forma progressiva dà una maggiore sensazione di coinvolgimento nell'azione. Per esempio:

> *The actor* will be playing *Hamlet with a great deal of shouting.* L'attore reciterà l'*Amleto* con una buona dose di strilli.

Le azioni dell'attore sono forse un po' più immediate che in:

> *The actor* will play *Hamlet with a great deal of shouting.*

Il presente storico

Non è un caso se impiegate il *present tense* per azioni che stanno accadendo adesso. Ma (sorpresa!) potete usare il *present tense* anche per azioni che hanno avuto luogo molto tempo fa o che non sono mai avvenute. Il presente storico può essere usato per scrivere di storia o di letteratura:

On December 7, 1941, President Franklin Delano Roosevelt tells *the nation about the attack on Pearl Harbor. The nation immediately* declares *war.*

Il 7 dicembre 1941 il presidente Franklin Delano Roosevelt informa la nazione dell'attacco a Pearl Harbor. La nazione dichiara immediatamente la guerra.

Harry Potter faces *three tests when he* represents *Hogwarts in the tournament.*

Quando rappresenta Hogwarts nel torneo, Harry Potter affronta tre prove.

Nella prima frase, *tells* e *declares* sono al *present tense*, anche se la frase si riferisce a eventi accaduti decenni fa. Qui il presente storico rende il racconto più coinvolgente. (Anche i non storici spesso raccontano una storia al presente, tanto per vivacizzare la narrazione.)

Nella seconda frase, *faces* e *represents* sono al *present tense*. Qui si vuole mantenere la freschezza della storia. Con la logica che abbiamo imparato a conoscere e ad amare, gli eventi continuano ad accadere anche se Harry Potter è un personaggio immaginario e quegli eventi non hanno mai avuto luogo.

Nel primo esempio, *will be playing è alla* forma progressiva del *future tense*. Nel secondo esempio, *will play* è al *future tense*.

CONSIGLIO

Capire la differenza tra le due forme dei *simple tenses* vi autorizza a portare la divisa dell'Esperto di Grammatica. Ma se non riuscite ad afferrarla non perdeteci il sonno. Se voi non cogliete le sottili distinzioni nelle conversazioni di tutti i giorni, probabilmente non lo faranno neanche i vostri interlocutori. Scegliendo tra le due forme vi trovate di fronte a sfumature di significato, non a discrepanze delle dimensioni del Grand Canyon.

Perfezionare i verbi: i perfect tenses

Passiamo alle cose difficili. Questi tre tempi – *present perfect, past perfect* e *future perfect* – possono farvi venire i capelli grigi perfino a dodici anni. E possiedono anche forme progressive! Come nel caso dei *simple tenses* ciascun tempo ha una versione semplice che porta il nome del tempo: *present perfect, past perfect* e *future perfect*. Il *progressive* aggiunge al tutto un *-ing*. La forma progressiva è un po' più immediata dell'altra forma ed esprime un'azione o uno stato in corso.

In questa sezione mi limiterò a enunciare i principi di base e a fornire alcuni esempi. Per una spiegazione completa del *present perfect* e del *present perfect progressive*, andate a "Usare correttamente il present perfect tense", più avanti in questo capitolo.

Present perfect e present perfect progressive

Le due forme del *present perfect* indicano azioni o stati che sono cominciati nel passato ma continuano nel presente. Queste forme vengono impiegate ogni volta che un'azione o uno stato si estende su due fusi orari: il passato e il presente.

Per cominciare, ecco due esempi con il *present perfect tense*:

> *Roger and his friends* have spent *almost every penny of the inheritance.* Roger e i suoi amici hanno speso l'eredità quasi fino all'ultimo penny. (*have spent è al present perfect*)

> *Lulu's mortal enemy, Roger,* has pleaded *with her to become a professional tattooist.* Il nemico mortale di Lulu, Roger, l'ha implorata di diventare una tatuatrice professionista. (*has pleaded è* al *present perfect*)

Adesso guardate questi esempi con il *present perfect progressive*:

> *Roger* has been studying *marble shooting for fifteen years without learning any worthwhile techniques.* Roger ha studiato il gioco delle biglie per quindici anni senza imparare una sola tecnica valida. (*has been studying è* alla forma progressiva del *present perfect tense*)

> *Lulu and her mentor Lola* have been counting *sheep all night.* Lulu e la sua maestra di vita Lola hanno contato le pecore tutta la notte. (*have been counting è alla forma progressiva del present perfect tense*)

Past perfect e past perfect progressive

Per farla breve, ciascuna di queste forme colloca un'azione nel passato in relazione a un'altra azione che si svolge nel passato. In altri termini, viene stabilita una sequenza temporale. La sequenza comincia un po' di tempo fa e termina in un dato momento prima di adesso. Nella sequenza ci sono almeno due eventi. Ecco un paio di esempi del *past perfect tense*:

> *After she* had sewn *up the wound, the doctor realized that her watch was missing!* Dopo aver ricucito la ferita, la dottoressa si accorse che aveva perso l'orologio! (*had sewn* è al *past perfect tense*)

> *The watch* had ticked *for ten minutes before the nurse discovered its whereabouts.* L'orologio aveva ticchettato per dieci minuti prima che l'infermiera scoprisse dove stava. (*had ticked* è al *past perfect tense*)

Confrontate le frasi precedenti con questi esempi di *past perfect progressive* (vi sfido a dirlo tre volte senza sputacchiare):

> *The patient* had been considering *a lawsuit but changed his mind.* Il paziente aveva preso in considerazione un'azione legale ma cambiò idea. (*had been considering è* alla forma progressiva del *past perfect tense*)

> *The doctor* had been worrying *about a pending lawsuit, but her patient dropped his case.* La dottoressa aveva temuto un processo, ma il suo paziente rinunciò a farle causa. (*had been worrying è alla* forma progressiva del *past perfect tense*)

Future perfect e future perfect progressive

Queste due forme parlano di eventi o condizioni che non hanno avuto luogo ma che sono in relazione con un altro evento ancora più in là da venire. In altri termini, queste forme creano un'altra sequenza temporale che comprende almeno due eventi o condizioni. Innanzitutto date un'occhiata alla versione semplice del *future perfect*:

> *Appleby* will have eaten *the entire piece of fruit by the time the bell rings at the end of recess.* Appleby avrà mangiato tutto il frutto quando la campanella segnerà la fine della ricreazione. (*will have eaten* è al *future perfect tense*)

> *When Appleby finally arrives at grammar class, the teacher* will have *already* outlined *at least 504 grammar rules.* Quando Appleby finalmente arriverà alla lezione di grammatica l'insegnante avrà già descritto almeno 504 regole grammaticali. (*will have outlined è al* future perfect tense)

Adesso guardate la forma progressiva del *future perfect tense*:

> *When the clocks strikes four, Appleby* will have been chewing *for 29 straight minutes without swallowing even one bite.* Quando l'orologio suonerà le quattro, Appleby avrà masticato per 29 minuti di seguito senza inghiottire un solo pezzetto. (*will have been chewing* è alla forma progressiva del *future perfect tense*)

> *By the time he swallows, Appleby's teacher* will have been explaining *the virtues of digestion to her class for a very long time.* Quando Appleby inghiottirà, la sua insegnante avrà spiegato a lungo le virtù della digestione alla sua classe. (*will have been explaining è alla forma* progressiva del *future perfect tense*)

Usare correttamente il present perfect tense

Questa mescolanza di presente (*has*, *have*) e passato offre un indizio sul suo impiego: il *present perfect tense* lega il passato al presente. Usandolo esprimete un'idea composta da un elemento del passato e da un elemento del presente.

> *I* have gone *to the school cafeteria every day for six years, and I* have *not yet* found *one edible item.* Vado alla mensa scolastica tutti i giorni da sei anni e non ho ancora trovato qualcosa di commestibile.

La frase significa che attualmente vado ancora a scuola, cerco ancora qualcosa da mangiare, e che anche negli ultimi sei anni sono andato a scuola, arrancando tutti i giorni verso la mensa, alla ricerca di un panino che non contenesse carne di dubbia provenienza.

> *Bertha* has *frequently* called *Charles, but Charles* has *not* called *Bertha back.* Bertha ha telefonato spesso a Charles, ma Charles non l'ha richiamata.

Questa frase significa che nel presente Bertha non si è ancora data per vinta; di tanto in tanto sta ancora cercando di contattare Charles. Gli ha telefonato anche nel passato. Nel passato e nel presente Charles non si è preso la briga di controllare la segreteria telefonica, che adesso contiene 604 messaggi.

Proprio come il *present tense*, anche il *present perfect tense* ha due forme. Una è chiamata *present perfect* e l'altra *present perfect progressive*. Tra le due ci sono lievi differenze – la forma progressiva è un po' più immediata – ma niente di cui preoccuparsi.

Coppie di tempi

Gli ausiliari, come i verbi principali, hanno dei tempi. Tra le coppie più frequenti figurano *can/could* e *may/might.* Il primo verbo di ciascuna coppia è al *present tense*, il secondo al *past tense*.

Se dite *I can imagine* parlate al presente. Se dite *I could imagine* parlate al passato. Un numero crescente di persone usa l'una o l'altra forma in maniera aleatoria, ma tecnicamente questi verbi esprimono il tempo. Ricordate:

> *Now you* may *talk about how much you hate writing school reports.* Adesso potete dire quanto odiate compilare le pagelle.
>
> *Yesterday you* might *have gone to the store if the sky hadn't dumped a foot of snow on your head.* Ieri sareste potuti andare al negozio se il cielo non vi avesse rovesciato 30 centimetri di neve sulla testa.
>
> *After six years of lessons, you* can *finally dance a mean tango.* Dopo sei anni di lezioni sapete finalmente ballare un misero tango.
>
> *No one ever danced as well as Fred Astaire* could *in those old movie musicals.* Nessuno ha mai ballato come sapeva fare Fred Astaire in quei vecchi musical.

Quale di queste tre frasi è quella corretta?

A. *Bertha moved into that building in 1973 and lived there ever since.* Bertha si è trasferita in quell'edificio nel 1973 e da allora ci ha sempre abitato.

B. *Bertha has moved into that building in 1973 and lived there ever since.*

C. *Bertha moved into that building in 1973 and has lived there ever since.*

Risposta: la frase corretta è la C. Non potete usare il *simple past*, come nella frase A, perché c'è un collegamento con il presente (il fatto che Bertha abiti ancora in quell'edificio). La frase B è sbagliata perché il trasloco non è legato al presente: è avvenuto e si è concluso nel passato. Dunque non potete riferirvi al trasloco usando il *present perfect*. La frase C invece contiene la combinazione giusta: il trasloco, ora conclusosi, deve essere espresso al *simple past*. L'evento cominciato nel passato e ancora in corso (il fatto che Bertha abiti ancora nell'edificio) esige il *present perfect tense*.

Formazione dei participi presenti e passati dei verbi regolari

Un tempo dicevo ai miei alunni che i capelli grigi mi erano venuti a furia di lottare contro i *participles*. Volevo solo spaventarli per convincerli a fare i compiti di grammatica. I participi non sono molto misteriosi; come suggerisce il nome, un *parti*cipio è semplicemente una *parte* del verbo. Ciascun verbo ha due participi, un *present participle* e un *past participle*. Avrete forse notato il *present participle* negli esempi al *present progressive*. Il *present participle* è la forma in *-ing* del verbo. Il *past participle* serve a formare il *present perfect*, tempo che lega il passato e il presente. I *past participles* regolari si formano aggiungendo *-ed* al verbo. La Tabella 3.1 mostra una selezione di participi regolari.

Tabella 3.1 Esempi di participi regolari

Verbo	Present Participle	Past Participle
ask (chiedere)	asking	asked
beg (pregare)	begging	begged
call (chiamare)	calling	called
dally (perdere tempo)	dallying	dallied
empty (svuotare)	emptying	emptied
fill (riempire)	filling	filled
grease (ungere)	greasing	greased

Tanto per complicarci la vita: i verbi irregolari

Quando fate acquisti e siete alla ricerca di un buon affare, un capo irregolare può essere interessante perché una piccola imperfezione può garantirvi un prezzo più basso. Purtroppo nel mercato grammaticale l'irregolarità non è un buon affare. Questo capitolo divide i verbi irregolari in due parti. La prima parte è dedicata alla madre di tutti i verbi irregolari, *to be*. La seconda parte è un elenco di forme irregolari del passato e del participio passato.

"To be or not to be", questa è la scocciatura

To be, che è forse il verbo più bizzarro della lingua inglese, cambia più frequentemente di tutti gli altri. Eccolo, coniugato in tutti i tempi.

Present tense

Singolare	Plurale
I am	we are
you are	you are
he, she, it is	they are

Notate che la prima colonna riporta le forme singolari e la seconda le forme plurali. I singolari si riferiscono a una persona/cosa e i plurali a più di una. "You" figura due volte perché può riferirsi a una persona (tu) o a un gruppo (voi): un altro pizzico di illogicità linguistica.

Past tense

Singolare	Plurale
I was	we were
you were	you were
he, she, it was	they were

Future tense

Singolare	Plurale
I will be	we will be
you will be	you will be
he, she, it will be	they will be

Present perfect

Singolare	Plurale
I have been	we have been
you have been	you have been
he, she, it has been	they have been

Past Perfect

Singolare	**Plurale**
I had been	we had been
you had been	you had been
he, she, it had been	they had been

Future Perfect

Singolare	**Plurale**
I will have been	we will have been
you will have been	you will have been
he, she, it will have been	they will have been

Passati e participi passati irregolari

Vi state divertendo? Adesso comincia il vero spasso. Decine e decine di verbi inglesi hanno forme irregolari del passato e del participio passato. (I participi presenti, a parte l'occasionale sostituzione della lettera *y* con la lettera *i*, non pongono veri problemi: basta aggiungere *-ing*.) Non elencherò qui tutti i verbi irregolari ma solo alcuni di essi, che vi torneranno utili nell'inglese scritto di tutti i giorni. Se un verbo vi dà dei problemi, verificatene la forma sul dizionario. Nella Tabella 3.2, la prima colonna contiene il verbo all'infinito. L'infinito è la forma "*to + verb*": *to laugh* (ridere), *to cry* (piangere), *to learn grammar* (imparare la grammatica) e via dicendo. La seconda colonna contiene il *simple past tense*. La terza colonna contiene il *past participle*, che si accompagna a *has* o *have* per formare il *present perfect tense*. Il *past participle* si usa anche con *had* per formare il *past perfect tense*.

Tabella 3.2 Esempi di participi irregolari

Verbo	Passato	Participio passato
bear (reggere)	bore	borne
become (diventare)	became	become
begin (cominciare)	began	begun
bite (mordere)	bit	bitten
break (rompere)	broke	broken
bring (portare)	brought	brought
catch (afferrare)	caught	caught

choose (scegliere)	chose	chosen
come (venire)	came	come
do (fare)	did	done
drink (bere)	drank	drunk
drive (guidare)	drove	driven
eat (mangiare)	ate	eaten
fall (cadere)	fell	fallen
feel (sentire)	felt	felt
fly (volare)	flew	flown
freeze (congelare)	froze	frozen
get (ottenere)	got	got or gotten
go (andare)	went	gone
know (sapere)	knew	known
lay (posare)	laid	laid
lead (condurre)	led	led
lend (prestare)	lent	lent
lie (stare disteso)	lay	lain
lose (perdere)	lost	lost
ride (andare a cavallo, in bicicletta/moto)	rode	ridden
ring (suonare, squillare)	rang	rung
rise (alzarsi)	rose	risen
run (correre)	ran	run
say (dire)	said	said
see (vedere)	saw	seen
set (mettere, sistemare)	set	set
shake (scuotere)	shook	shaken
sing (cantare)	sang	sung
sink (affondare)	sank or sunk	sunk
sit (sedersi)	sat	sat
sleep (dormire)	slept	slept
speak (parlare)	spoke	spoken
steal (rubare)	stole	stolen
swim (nuotare)	swam	swum

take (prendere)	took	taken
throw (gettare)	threw	thrown
wear (indossare)	wore	worn
win (vincere)	won	won
write (scrivere)	wrote	written

DIAVOLETTI

To sit e to set

To sit e to set sono ottimi verbi, ma non sono intercambiabili. Sit è ciò che fate quando vi sedete. Set è ciò che fate quando mettete un oggetto da qualche parte oppure regolate o fissate qualcosa:

Anna sits in front of the television, even when it's broken. Anna sta seduta davanti al televisore anche quando è rotto. (Anna sta sul divano e fissa uno schermo spento.)

Arthur set the raygun to "stun" and then set it carefully on the shelf. Arthur ha messo la pistola a raggi in modalità "stordisci" e l'ha appoggiata delicatamente sulla mensola. (Arthur ha impostato la sua arma e poi l'ha messa al sicuro.)

In alcune parti del mondo "*to set a spell*" significa riposare; a livello informale l'espressione va benissimo, ma ricordate: nell'inglese formale *you sit*, e non *set*, *on a chair*.

Capitolo 4

Chi sta facendo cosa? Come trovare il soggetto

In questo capitolo

- Capire il ruolo del soggetto e le coppie soggetto-verbo
- Individuare il soggetto e le coppie soggetto-verbo in frasi semplici
- Identificare il soggetto e le coppie soggetto-verbo in frasi più complesse
- Trovare i soggetti nelle domande

Nel Capitolo 2 ho paragonato la frase a un camion che trasporta il significato al vostro interlocutore. I verbi solo le ruote e i soggetti sono i conducenti. Perché avete bisogno di un soggetto? Vi immaginate un camion che va a tutta velocità senza un conducente? Non è un pensiero piacevole.

Chi guida il camion? Perché il soggetto è importante

Tutte le frasi contengono verbi, parole che esprimono uno stato o un'azione. (Ulteriori informazioni sui verbi si trovano nel Capitolo 2.) Le azioni però non si svolgono nel vuoto. Lo stesso vale per gli stati e i modi d'essere. Nella frase deve esserci qualcosa o qualcun altro: il *who* (chi) o il *what* (cosa) di cui si parla in rapporto allo stato o all'azione espressi dal verbo. Il *someone* (qualcuno) o il *something* (qualcosa) che compie l'azione o di cui si parla è il soggetto.

Un *someone* deve essere una persona e un *something* deve essere una cosa, un luogo o un'idea. Indovinate un po'? Il soggetto è spesso un nome perché un nome è una persona, un luogo, una cosa o un'idea. Dico "spesso" perché a volte invece è un pronome, cioè una parola che fa le veci di un nome: *he*, *they*, *it* e via dicendo.

Gioco di squadra: la coppia soggetto-verbo

Un altro modo per pensare al soggetto è dire che il soggetto è il *who* o il *what* della coppia soggetto-verbo. La coppia soggetto-verbo è l'idea principale della frase, ridotta all'essenziale. Ecco alcuni esempi:

> Jasper gasped *at the mummy's sudden movement.* Al repentino movimento della mummia Jasper sobbalzò.

In questa frase *Jasper gasped* è l'idea principale; è anche la coppia soggetto-verbo.

> Justin will judge *the beauty contest only if his* ex-girlfriend competes. Justin giudicherà il concorso di bellezza solo se vi parteciperà la sua ex ragazza.

In questa frase dovreste identificare due coppie soggetto-verbo: *Justin will judge* e *ex-girlfriend competes.*

Adesso proviamo con una frase che descrive uno stato e usa dunque un verbo copulativo:

> Jackhammer has *always* been *an extremely noisy worker.* Jackhammer è sempre stato un lavoratore molto rumoroso.

La coppia soggetto-verbo è *Jackhammer has been*. Vi siete accorti che *Jackhammer has been* suona incompleto? *Has been* è un verbo copulativo, e i verbi copulativi hanno sempre bisogno di essere seguiti da qualcosa per completare l'idea, come abbiamo visto nel Capitolo 2. La coppia soggetto-verbo nelle frasi con i verbi d'azione può solitamente reggersi da sola, cosa che non può fare nelle frasi con i verbi copulativi.

Soggetti e verbi composti: due al prezzo di uno

I soggetti e i verbi vanno in coppia, ma a volte ne avete due (o più) al prezzo di uno. Potete avere due soggetti (o più) e un solo verbo. I soggetti multipli sono chiamati *compound subjects*, soggetti composti. Per esempio:

> Dorothy *and* Justin *went home in defeat.* Dorothy e Justin tornarono a casa sconfitti.

Qui avete un'azione (*went*) e due persone (*Dorothy*, *Justin*) che compiono l'azione. Così il verbo ha due soggetti. Ecco altri esempi:

> Lola *and* Lulu *ganged up on George yesterday to his dismay and defeat.* Ieri Lola e Lulu si sono coalizzate contro George, che ne è uscito sgomento e sconfitto. (*Lola*, *Lulu* = soggetti)

> *The* omelet *and* fries *revolted Eggworthy.* La frittata e le patatine fritte nauseavano Eggworthy. (*omelet*, *fries* = soggetti)

> Snort *and* Squirm *were the only two dwarves expelled from Snow White's band.* Sbuffolo e Timido furono gli unici due nani a essere espulsi dal gruppo di Biancaneve. (*Snort*, *Squirm* = soggetti)

Un'altra possibile variante è quella costituita da un soggetto e due (o più) verbi. Per esempio:

> *Justin's ex-girlfriend* burped *and* cried *after the contest.* Dopo la gara l'ex ragazza di Justin ruttò e pianse.

Avete due azioni (*burped*, *cried*) e una persona che le compie entrambe (*ex-girlfriend*). *Ex-girlfriend* è il soggetto dei due verbi *burped* e *cried*.

Ecco altri esempi di doppi predicati, che in termini grammaticali sono chiamati *compound verbs* (predicati composti):

> *George* snatched *the atomic secret and quickly* stashed *it in his navel.* George si impadronì del segreto nucleare e lo nascose rapidamente nell'ombelico. (*snatched*, *stashed* = verbi)

> *Jane* ranted *for hours about Larry's refusal to hold an engagement party and then* crept *home.* Jane sbraitò per ore contro il rifiuto di Larry di organizzare una festa di fidanzamento e poi si trascinò a casa. (*ranted*, *crept* = verbi)

Eggworthy came *out of his shell last winter but* didn't stay *there.* Eggworthy è uscito dal guscio lo scorso inverno ma non si è fermato lì. (*came*, *did stay* = verbi)

Ponete la domanda: individuare la coppia soggetto-verbo

Lasciate che vi riveli un trucco per individuare la coppia soggetto-verbo in una frase: ponetevi una domanda. La domanda vi permetterà di trovare quello che cercate. Fare la domanda giusta è fondamentale per ottenere un'informazione.

Nel Capitolo 2 spiego che la prima domanda da fare è "Dov'è il verbo?". (Per trovare il verbo, chiedetevi *What's happening?* o *What is?*) Dopo avere trovato il verbo, anteponetegli *who* o *what* per formulare una domanda. La risposta è il soggetto.

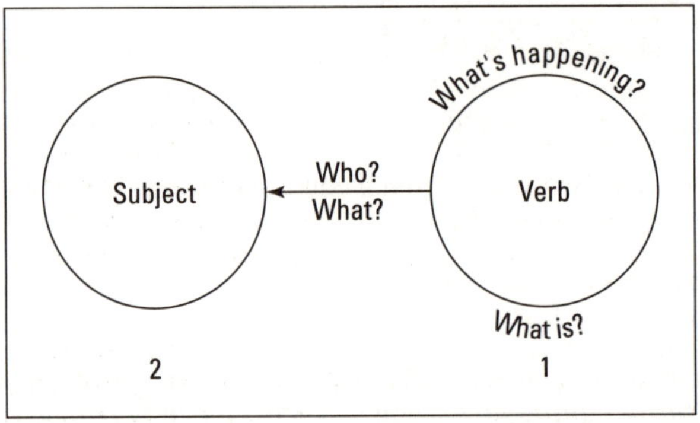

Esempio:

Jackknife sharpens his dives during hours of practice. Jackknife perfeziona i suoi tuffi facendo lunghe ore di pratica.

1. Chiedetevi: *What's happening?* Risposta: *sharpens. Sharpens* è il verbo.
2. Chiedetevi: *Who or what sharpens?* Risposta: *Jackknife sharpens. Jackknife* è il soggetto.

Quali sono il soggetto e il verbo nella frase seguente?

> *Jolly Roger will soon be smiling because of all the treasure in his ship.* Presto Jolly Roger sorriderà grazie a tutte le ricchezze accumulate nella sua nave.

Risposta: il verbo è *will be smiling* e il soggetto è *Jolly Roger.*

Riprovate. Identificate il soggetto e il verbo:

> *No matter what the weather, Roger never even considers wearing a hat.* Quale che sia il tempo, Roger non prende neanche in considerazione l'idea di portare un cappello.

Risposta: il verbo è *considers* e il soggetto è *Roger.*

Cosa ci fa un soggetto carino come te in un posto come questo? Ordine insolito delle parole

Nelle frasi viste finora la coppia soggetto-verbo segue l'ordine normale, che è appunto soggetto-verbo. In altri termini, solitamente il soggetto precede il verbo. Non tutte le frasi seguono quest'ordine, ma la maggior parte sì. Talvolta un soggetto si nasconde alla fine della frase o in qualche altro posto strano. (Di tanto in tanto anche i soggetti hanno bisogno di prendere una boccata d'aria.)

Tutto filerà alla perfezione se vi ponete la domanda e rispondete pensando al senso della frase e non all'ordine delle parole. Il segreto è porsi le domande relative al soggetto (*Who? What?*) di fronte al verbo. Poi pensate a quello che sta dicendo la frase e rispondete alle domande. *Et voilà*! Il vostro soggetto magicamente apparirà.

Provate con questa frase:

> *Up the avenue and around the park trudged Godzilla on his way to tea with the Loch Ness Monster.* Risalendo faticosamente il viale e costeggiando il parco, Godzilla andava a prendere il tè con il mostro di Loch Ness.

1. Chiedetevi: *What's happening? What is?* Risposta: *trudged. Trudged* è il verbo.
2. Chiedetevi: *Who trudged? What trudged?* Risposta: *Godzilla. Godzilla* è il soggetto. (Vi lascio decidere se Godzilla sia un *who* o un *what.*)

DIAVOLETTI

Me, myself, I

Potete usare *I* come soggetto, ma non *me* o *myself.*

> Sbagliato: *Bill and me are going to rob that bank. Bill and myself will soon be in jail.* Bill e io andiamo a rapinare quella banca. Bill e io finiremo presto in carcere.
>
> Giusto: *Bill and I are going to rob that bank. Bill and I will soon be in jail.*

Me non compie azioni; le riceve. In altre parole, *me* è oggetto di un'azione o di una forma d'attenzione:

> *He gave the check to* me. Ha dato l'assegno a me.

Myself va bene solo per azioni che si riflettono sulla persona che le compie:

> *I told* myself *not to be such a nerd!* Mi dissi di non essere così imbranato!

Myself può anche essere usato per enfatizzare *I* (anche se alcuni studiosi di grammatica hanno da ridire in proposito):

> *I* myself *will disclose the secret to the tabloid offering the most bucks.*

Io stesso rivelerò il segreto al giornalaccio che mi offrirà più soldi.

Se doveste basare la vostra risposta sull'ordine delle parole, direste *park*. Ma non era *park* ad avanzare pesantemente, era *Godzilla*. Fate attenzione al significato, non alla posizione nella frase, e non potrete sbagliarvi.

QUIZ A SORPRESA

Quali sono i soggetti e i verbi delle frasi seguenti?

A. *Alas, what a woefully inadequate grammarian am I.* Ahimè, che studioso/a di grammatica tristemente inadeguato/a son io.

B. *Across the river and through the woods to the grammarian's house go Jane and Larry.* Attraversando il fiume e passando per il bosco, Jane e Harry vanno a casa dell'insegnante di grammatica.

Risposte: nella frase A, *am* è il verbo e *I* il soggetto. Nella frase B, il verbo è *go* e i soggetti sono *Jane* e *Larry.*

CONSIGLIO

Identificate sempre prima il verbo. Poi cercate il soggetto.

Trovate quel soggetto! Individuare il tu sottinteso

Cross at the green, not in between. Attraversa con il verde e non in mezzo alla strada.

(Popolare slogan degli anni Settanta con cui il Dipartimento dei trasporti di New York promuoveva il corretto attraversamento della strada: cioè al semaforo e agli incroci.)

Eat your vegetables. Mangia le verdure.

Don't leave your chewing gum on the bedpost overnight. La notte non lasciare la gomma da masticare sulla colonnina del letto.

Cos'hanno in comune queste frasi? Sì, sono tutte raccomandazioni che vi sentivate ripetere da piccoli. Ma soprattutto sono ordini. I verbi impartiscono ordini: *cross, eat, don't leave*. Dov'è il soggetto, in queste frasi?

Se vi ponete la domanda, ecco cosa succede:

1. Chiedetevi: *What's happening? What is?* Risposta: *cross, eat, don't leave.*
2. Chiedetevi: *Who cross, eat, don't leave?* Risposta: Ehm...

Sembra che la seconda domanda non abbia una risposta, ma non fidatevi delle apparenze. La risposta è *you*. You *cross at the green, not in between*. You *eat your vegetables*. You *don't leave your chewing gum on the bedpost overnight*. Come dite? *You* non sta nella frase? È vero. *You* non c'è, ma è sottinteso. E quando vostra madre dice "*Eat your vegetables*" voi capite che sta parlando a voi. Per questo gli studiosi di grammatica dicono che il soggetto è *you-understood* (tu sottinteso). Il soggetto è *you* anche se non è visibile e anche se non avete l'intenzione di mangiare quegli odiosi cavoletti di Bruxelles.

QUIZ A SORPRESA

Ponetevi le domande e trovate le coppie soggetto-verbo in queste tre frasi.

A. *Jane, dancing the cha-cha, forgot to watch her feet.* Ballando il cha-cha-cha Jane dimenticò di fare attenzione ai propri piedi.

B. *Stop, Jane!* Fermati, Jane!

C. *Over the bandleader and across five violin stands fell Jane, heavily.* Jane cadde pesantemente, travolgendo il capo del gruppo musicale e cinque supporti per violino.

Risposte: nella frase A, *forgot* è il verbo e *Jane* è il soggetto. *Dancing* è un falso verbo. (Tratterò i falsi verbi e i falsi soggetti più avanti in questo capitolo.) Nella frase B, *stop* è il verbo e *you-understood* è il soggetto. L'ordine è rivolto a Jane, ma il soggetto è ancora *you-understood* . Nella frase C, *fell* è il verbo e *Jane* il soggetto.

Identificare il soggetto nelle domande

Does everyone love grammar? Amano tutti la grammatica? Non rispondete! Ho usato questa frase non per conoscere i vostri sentimenti nei confronti della grammatica (preferisco non sapere) ma per illustrare la posizione più comune del soggetto in una domanda. In inglese la maggior parte delle domande viene costruita aggiungendo un ausiliare – *do, does, will, can, should* e via dicendo – a un verbo principale. (Il Capitolo 2 tratta diffusamente i verbi ausiliari.) Il soggetto di solito è incastrato tra l'ausiliare e il verbo principale, ma non dovete prendervi la briga di ricordarvelo. Per individuare il soggetto in una domanda, limitatevi a "porvi al domanda" esattamente come fate per le altre frasi. Ecco come affrontare la prima frase di questo paragrafo:

1. Chiedetevi: *What's happening? What is?* Risposta: *does love.*
2. Chiedetevi: *Who does love?* Risposta: *everyone.*

CONSIGLIO

Quando vi ponete la domanda relativa al soggetto in una frase interrogativa, quella domanda potrà suonare bizzarra. Perché? Perché in una frase interrogativa il soggetto solitamente non precede il verbo. Ma se ignorate la goffaggine formale e vi concentrate sul senso potrete facilmente e correttamente identificare il soggetto di una domanda.

QUIZ A SORPRESA

Trovate le coppie soggetto-verbo in queste tre domande.

A. *Will George ever floss his teeth?* George si deciderà mai a usare il filo interdentale?

B. *Could I possibly care less about George's hygiene?* Mi potrebbe importare meno dell'igiene personale di George?

C. *Won't George's dentist charge extra?*Il dentista di George non farà pagare un supplemento?

Risposte: nella frase A, *will floss* è il verbo e *George* il soggetto. Nella frase B, *could care* è il verbo e il soggetto è *I.* La frase C è un po' insidiosa. *Won't* è la contrazione di *will not.* Dunque il verbo nella frase C è *will charge* e il soggetto è *George's dentist.* Vi chiederete dov'è finito il *not. Not* è un avverbio (non che siate obbligati a saperlo). Cambia il significato del verbo da affermativo a negativo. (Gli avverbi sono trattati in maniera più esauriente nel Capitolo 7.)

Non fatevi fregare: come evitare i falsi

Camminando per New York vedo spesso "veri" Rolex (prezzo al dettaglio intorno ai 10.000 dollari) venduti a "15 dollari, offerta speciale solo per oggi!". Dovete diffidare delle imitazioni proposte dai venditori ambulanti: fin qui nessuna sorpresa. Ma non basta. Dovete diffidare delle imitazioni anche quando andate alla ricerca delle coppie soggetto-verbo.

Trovare i falsi verbi

I verbi della grammatica inglese sanno essere meschini. Davanti a un verbo potete chiedervi *Who?* o *What?* e non ottenere nessuna risposta, o almeno nessuna risposta sensata. Quando vi capita, potete dedurne che non avete trovato un vero verbo. Vi siete probabilmente imbattuti in un sosia, quello che a me piace chiamare "falso verbo". Ecco un esempio:

> *Wiping his tears dramatically, Alex pleaded with the teacher to forgive his lack of homework.* Asciugandosi le lacrime con un gesto drammatico, Alex implorò il perdono dell'insegnante per non aver fatto i compiti.

Supponiamo che vi poniate la domanda relativa al verbo (*What's happening? What is?*) e che la risposta sia *wiping*. È un'ipotesi ragionevole. Adesso però ponetevi la domanda relativa al soggetto: *Who wiping? What wiping?* C'è qualcosa che non va, e già questo suggerisce che non avete trovato un vero verbo. La domanda comunque non ha importanza. La risposta invece sì! E nella frase non c'è una vera risposta.

Potete tentare con *Alex*, ma quando lo accostate al "verbo" non funziona: *Alex wiping*. (*Alex is wiping* andrebbe bene, ma non è quello che dice la frase.) Così adesso sapete per certo che il vostro primo "verbo" non è veramente un verbo. Lasciatelo perdere e continuate a studiare la frase. Qual è il vero verbo? *Pleaded*.

Riassumendo, molte parole nella frase esprimono uno stato o un'azione, ma solo alcune sono verbi: nella maggior parte dei casi sono invece quello che gli studiosi di grammatica chiamano *verbals*, nomi verbali. In ogni caso, se la vostra domanda relativa al soggetto rimane senza risposta limitatevi a ignorare il "verbo" che credevate di aver trovato e cercate quello vero.

Guardatevi da here, there e altri falsi soggetti

Si avvicina un tizio e vi dice: "*Here is one million dollars*" "Ecco un milione di dollari". Qual è la prima domanda che vi fate? So che da bravi studenti di grammatica la vostra domanda sarà *What's the subject of that sentence?* (Qual è il soggetto di quella frase?). Allora cercate di rispondere al solito modo, cioè facendo le giuste domande:

1. Chiedetevi: *What's happening? What is?* Risposta: *is*.
2. Chiedetevi: *Who is? What is?* Risposta?

Come dite? *Here is*? Sbagliato. *Here* non può essere un soggetto. E neanche *there*. Entrambe le parole sono finti soggetti. (*Here* e *there* sono avverbi, non nomi. Degli avverbi ci occuperemo nel Capitolo 7.) Qual è la vera risposta alla domanda *What is?*. *One million dollars*. *Here* e *there* sono riempitivi, segnaposti e non è di loro che si sta parlando. *One million dollars*: di questo si sta parlando!

Scegliere il verbo giusto per le frasi con here e there

Nelle frasi con *here* e *there* state attenti a scegliere il verbo giusto. Dato che *here* e *there* non sono mai soggetto, dovete sempre cercare il vero soggetto *dopo* il verbo. Quando concordate un soggetto con un verbo (argomento trattato nel Capitolo 9), usate il vero soggetto, non *here* o *there*. Esempio:

> *Here are ten anteaters.* Ecco dieci formichieri.

non:

> *Here is ten anteaters.* (*anteaters* = soggetto)

Per verificare la correttezza della vostra scelta provate a invertire la frase. Nella semplice frase appena citata, dite *ten anteaters is/ten ateaters are*. È probabile che il vostro orecchio vi spinga a preferire *ten anteaters are*.

QUIZ A SORPRESA

Quale delle due frasi è corretta?

A. *There are 50 reasons for my complete lack of homework.* Ci sono 50 ragioni per la mia totale mancanza di compiti.

B. *There's 50 reasons for my complete lack of homework.*

Risposta: la frase giusta è la A. Nella frase B, *there's* è la contrazione di *there is*, ma il soggetto è *reasons*, che essendo al plurale vuole un verbo al plurale.

La formazione del plurale dei nomi

Distinguere tra soggetti singolari e plurali è una faccenda impegnativa che verrà affrontata in maniera più approfondita nel Capitolo 9. Adesso però vorrei spiegarvi come si forma il plurale dei nomi (parole che designano persone, luoghi o cose) perché nella maggior parte dei casi i soggetti sono nomi. Se imparate a formare i plurali sarete anche in grado di riconoscerli.

I plurali regolari

I nomi regolari formano il plurale aggiungendo la lettera *s*. La Tabella 4.1 riporta alcuni esempi.

Tabella 4.1 Esempi di plurali regolari

Singolare	Plurale
xylophone (xilofono)	xylophones
quintuplet (uno di cinque gemelli)	quintuplets
worrywart (persona ansiosa)	worrywarts
nerd (sfigato)	nerds
lollipop (lecca lecca)	lollipops
eyebrow (sopracciglio)	eyebrows

I nomi singolari che già finiscono in *s*, così come i nomi singolari che finiscono in *sh*, *ch* e *x*, formano il plurale aggiungendo *es*. La Tabella 4.2 presenta alcuni esempi.

Tabella 4.2 Esempi di plurali regolari che terminano in s, ch, x e sh

Singolare	Plurale
grinch (guastafeste)	grinches
box (scatola)	boxes
kiss (bacio)	kisses
George Bush	both George Bushes
mess (disastro)	messes
catch (presa)	catches

Nomi che terminano con y

Se un nome finisce in *y* e la lettera prima della *y* è una vocale (*a*, *e*, *i*, *o*, *u*), aggiungete solo una *s*. La Tabella 4.3 presenta alcuni esempi.

Tabella 4.3 Esempi di plurali regolari che terminano in vocale + y

Singolare	Plurale
monkey (scimmia)	monkeys
turkey (tacchino)	turkeys
day (giorno)	days
boy (ragazzo)	boys
honey (miele)	honeys
bay (baia)	bays

Se il nome finisce in *y* ma la lettera prima della *y* non è una vocale, formate il plurale trasformando la *y* in *i* e aggiungendo *es*. La Tabella 4.4 presenta alcuni esempi.

Tabella 4.4 Esempi di plurali regolari che terminano in consonante + y

Singular	Plural
sob story (storia strappalacrime)	sob stories
unsolvable mystery (mistero insolubile)	unsolvable mysteries
a cute little ditty (una simpatica canzoncina)	cute little ditties
pinky (mignolo)	pinkies
bat-filled belfry (campanile infestato dai pipistrelli)	bat-filled belfries
tabby (gatto tigrato)	tabbies

Non cambiate mai la grafia di un nome proprio, quando lo volgete al plurale. Il plurale di *Sammy* è *Sammys*, non *Sammies*.

I plurali irregolari

Senza i plurali irregolari non ci sarebbe da divertirsi, vero? Ma no, avete ragione: gli irregolari sono sempre una seccatura. Però è anche vero che stanno un po' ovunque. La Tabella 4.5 presenta alcuni esempi di plurali irregolari.

Tabella 4.5 Esempi di plurali irregolari

Singolare	Plurale
knife (coltello)	knives
sheep (pecora)	sheep
man (uomo)	men
woman (donna)	women
child (bambino)	children
deer (cervo)	deer

Elencare tutti i plurali irregolari è un'impresa impossibile. Cercate nel dizionario i nomi plurali che vi mettono in difficoltà.

Are you affected? Or effected?

Lo studio della grammatica vi ha *affected* o *effected* il cervello? Queste due parole sono una vera scocciatura, ma una volta che avete imparato a distinguerle siete a posto. Ecco le definizioni:

Affect è un verbo e significa "influenzare". *Effect* è un sostantivo e significa "risultato".

Dunque:

Sunlight affects Ludwig's appetite; he never eats during the day. La luce del sole influisce sull'appetito di Ludwig, che non mangia mai durante il giorno.

Ludmilla thinks that her vegetarian pizza will affect Ludwig's dietary regimen, but I think the effect *will be disastrous.* Ludmilla pensa che la sua pizza vegetariana influirà sulla dieta di Ludwig, ma io penso che l'effetto sarà disastroso.

Nota: *affect* è anche un nome, e significa "stato interiore, moto dell'animo, sentimento, emozione". *Effect* è anche un verbo, e significa "effettuare, compiere". Ma questi significati secondari vi serviranno raramente.

La regola del brother-in-law: i plurali con il trattino

Se volete insultare i vostri parenti tanto vale che lo facciate con il plurale corretto. Ricordate: il plurale dei nomi con il trattino si forma aggiungendo *s* o *es* alla parola principale, non agli annessi e connessi.

Questi sono tutti plurali:

- ✓ *mothers-in-law* (suocere)
- ✓ *brothers-in-law* (cognati)
- ✓ *vice-presidents* (vice-presidenti)
- ✓ *secretaries-general* (segretari generali)

CONSIGLIO

Capita di sentir dire "*attorney generals*". Sbagliato. Un *attorney general* è un avvocato, non un alto ufficiale dell'esercito. Dunque la parola principale è *attorney*, ed è un nome. *General* è una descrizione che si riferisce al grado dell'*attorney*. Per formare il plurale vi serve il nome, non la parola descrittiva. Dunque avete *one attorney general* e *two attorneys general*.

Capitolo 5

Vogliamo tutto: la frase compiuta

In questo capitolo

- Identificare gli elementi di una frase compiuta
- Unire correttamente due o più frasi compiute
- Unire due elementi di diversa importanza
- Gestire i frammenti di frase

Tutti conoscono la regola più importante della grammatica inglese: bisogna completare le frasi. But everyone breaks the rule: tutti infrangono questa regola. Io l'ho appena fatto. But everyone breaks the rule non è una frase compiuta ma un frammento di frase. A volte i frammenti sono consentiti, e questo capitolo vi insegnerà a renderli accettabili. All'estremità opposta c'è la cosiddetta run-on-sentence, una frase che unisce due o più proposizioni complete senza la punteggiatura o le congiunzioni corrette. Una variante della run-on-sentence è il comma splice, in cui le proposizioni complete sono unite da una virgola senza essere coordinate da una congiunzione. In ogni caso si tratta di veri e propri crimini grammaticali. Ma non temete: questo capitolo vi spiegherà come unire gli elementi della frase senza attirarvi le ire dei grammar nazi.

Completare le frasi: i soggetti e i verbi essenziali

Una frase compiuta ha almeno una coppia soggetto-verbo. Sono una coppia perché sono ben assortiti: passeggiano mano nella mano in riva al mare, cantano sotto la pioggia e irridono i concorrenti di *X-Factor*. Scherzo: sono ben assortiti perché fanno un buon lavoro di squadra. Il verbo esprime uno stato o un'azione e il soggetto è chiunque o qualsiasi cosa compia l'azione o si trovi in quello stato. (Dei verbi si parla diffusamente nei Capitoli 2 e 3, dei soggetti nel Capitolo 4.) Ecco alcuni esempi di coppie soggetto-verbo ben assortite:

> *Eggworthy scrambled* – Eggworthy si affannò
>
> *Ms. Drydock has repaired* – La signorina Drydock ha riparato
>
> *Eva will be* – Eva sarà

Ecco invece un caso di mancato accordo:

> *Eggworthy scrambling* – Eggworthy affannandosi

Quando mandate un sms lo spazio a disposizione è ridotto. Conta ogni singolo carattere, compresi gli spazi. Per questo motivo molti preferiscono "frasi" che contengono solo verbi. Date un'occhiata a questo sms:

> *Went home. Fed cow. Cleaned barn.* Andato casa. Dato mangiare mucca. Pulito fienile.

Il soggetto mancante, *I*, è ovvio. Se state parlando di qualcun altro, però, il soggetto va messo:

> *Abner went home. Fed cow. Cleaned barn.* Abner andato casa. Dato mangiare mucca. Pulito fienile.

Il destinatario del messaggio capirà che è stato Abner a darsi da fare: il mittente era troppo occupato a digitare per lavorare. A proposito, negli esempi precedenti ho usato le maiuscole. In messaggi come questi molti preferiscono usare le minuscole.

Quando andate a caccia delle coppie soggetto-verbo potreste imbattervi in abbinamenti sbagliati. Non sono necessariamente errori: semplicemente non si tratta di coppie soggetto-verbo.

Date un'occhiata a un esempio precedente, questa volta nel contesto dell'intera frase:

> *Eggworthy, scrambling for a seat on the plane, knocked over the omelet plate.* Eggworthy, affannandosi alla ricerca di un posto sull'aereo, ribaltò il piatto con la frittata.

Quando verificate la completezza di una frase, ignorate le mancate concordanze. Continuate a cercare finché non trovate una coppia soggetto-verbo ben assortita. Se non la trovate non avete una frase compiuta.

Le frasi compiute possono comprendere anche più di una coppia soggetto-verbo:

> *Dorothy fiddled while the orchestra pit burned.* Mentre la buca d'orchestra bruciava, Dorothy cincischiava. (*Dorothy* = soggetto del verbo *fiddled*, *orchestra pit* = soggetto del verbo *burned*)

> *Because Lester jumped on the trampoline, the earth shook.* Poiché Lester saltò sul trampolino la terra tremò. (*Lester* = soggetto del verbo *jumped*, *earth* = soggetto del verbo *shook*)

> *Not only did George swim, but he also sipped the pool water.* George non si limitava a nuotare: beveva anche l'acqua della piscina a piccoli sorsi. (*George* = soggetto del verbo *did swim*, *he* = soggetto del verbo *sipped*)

Le frasi compiute possono anche abbinare un soggetto a più di un verbo e viceversa:

> *The lizard with a British accent appeared in three commercials but sang in only two.* La lucertola con l'accento britannico apparve in tre spot pubblicitari ma soltanto in due di essi cantò. (*lizard* = soggetto dei verbi *appeared*, *sang*)

> *Alice and Archie will fight endlessly over a single birdseed.* Alice e Archie litigheranno all'infinito per ogni singolo grano di miglio. (*Alice*, *Archie* = soggetti del verbo *will fight*)

> *Roger and I put crayons on the radiator.* Roger ed io abbiamo messo dei pastelli sul calorifero. (*Roger*, *I* = soggetti del verbo *put*)

Le frasi compiute che impartiscono ordini possono abbinare al verbo un soggetto sottinteso (*you*, tu):

> *Give me a coupon.* Fammi un buono sconto. (tu sottinteso = soggetto del verbo *give*)

> *Visit Grandma, you little creep!* Vai a trovare la nonna, mostriciattolo. (tu sottinteso = soggetto del verbo *visit*)

CONSIGLIO

Per trovare la coppia soggetto-verbo cominciate dal verbo. Ponetevi la domanda relativa al verbo:

What's happening? Oppure *What is?* La risposta è il verbo. A quel punto ponetevi la domanda relativa al soggetto: chiedete *Who?* Oppure *What?*. La risposta è il soggetto. (Il Capitolo 4 offre una spiegazione più esauriente.)

La seguente frase contiene un vero soggetto e una falsa coppia. Riuscite a identificare la coppia soggetto-verbo?

The angry ant caught in a blob of glue vowed never to walk near a model airplane again. La formica arrabbiata intrappolata in una goccia di colla si ripromise di non passare più accanto a un modellino di aeroplano.

Risposta: la coppia soggetto-verbo è *ant vowed*. La falsa coppia è *ant caught*. La frase non sta dicendo che la formica ha catturato qualcosa, e dunque *ant caught* non è una coppia.

Nella frase precedente, *to walk* non è il predicato. *To walk* è un infinito, la forma base dei verbi. Nella frase gli infiniti non hanno mai la funzione di predicato. (Gli infiniti sono trattati nel Capitolo 2.)

Pensieri compiuti, frasi compiute

Cos'è una frase incompiuta? È l'istante che precede l'ultimo segmento pubblicitario in un telefilm. Ci siamo capiti: il protagonista socchiude la porta, sbircia dentro, sobbalza e... dissolvenza su una bottiglia danzante di detergente. Stavate per cambiare canale ma avete deciso di aspettare, per vedere se il cobra del malvagio morderà il naso del protagonista. Non siete arrivati fino alla fine e non sapete cosa sta succedendo. Con la frase compiuta accade il contrario: siete arrivati fino alla fine e sapete quello che sta succedendo. In altri termini, una frase compiuta deve esprimere un pensiero compiuto. (Avrete notato che la terminologia grammaticale non è terribilmente originale; anzi, è terribilmente ovvia.)

Guardate queste frasi compiute. Osservate come esprimano pensieri compiuti:

> *Despite Eggworthy's fragile appearance, he proved to be a tough opponent.* Malgrado il suo fragile aspetto, Eggworthy si dimostrò un avversario tenace.
>
> *Ms. Drydock will sail solo around the world, as soon as her boat stops leaking.* La signorina Drydock farà il giro del mondo in solitaria non appena la sua barca smetterà di far acqua.

Ed ecco alcuni pensieri incompiuti:

> *The reason I wanted a divorce was.* Era il motivo per cui volevo il divorzio.
>
> *Because I said so.* Perché lo dico io.

So cosa state pensando. Questi due pensieri incompiuti possono far parte di una conversazione più lunga. Sì, se inseriti in un contesto possono effettivamente esprimere un pensiero compiuto:

> Sydney: So the topic of conversation was the Rangers' season opener?
>
> Alice: No! "The reason I wanted a divorce" was!

e

> Sydney: Why do I have to do this dumb homework?
>
> Alice: Because I said so.
>
> Sidney: Dunque l'argomento della conversazione era la prima partita di campionato dei Rangers?
>
> Alice: No! Era "Il motivo per cui volevo il divorzio"!

e

> Sidney: Perché devo fare questi stupidissimi compiti per casa?
>
> Alice: Perché lo dico io.

D'accordo. Dagli esempi che vi ho proposto potete strappare un pensiero compiuto. Ma il contesto non basta a soddisfare la regola pensiero compiuto/frase compiuta. Per essere corretta la vostra frase deve esprimere un pensiero compiuto. Date un'occhiata a questi esempi:

> *The reason I wanted a divorce was what we discussed, even though his real interest was the Rangers' season opener.* L'argomento della nostra discussione fu il motivo per cui volevo il divorzio, anche se in realtà lui era interessato alla prima partita di campionato dei Rangers.
>
> *You have to do this dumb homework because I said so.* Devi fare questo stupidissimo compito per casa perché lo dico io.

Riassumendo: ogni frase compiuta ha almeno una coppia soggetto-verbo e deve esprimere un pensiero compiuto.

Quando vi interrogate sulla compiutezza di una frase, potreste essere fuorviati da parole che sembrano formulare delle domande. Prendete queste tre parole: *who knits well.* È un pensiero compiuto? Forse sì, forse no. Poniamo che quelle parole formino una domanda:

> *Who knits well?* Chi lavora bene a maglia?

Questa domanda è comprensibile ed esprime un pensiero compiuto. Ha le carte in regola.

Poniamo che queste tre parole formino un'affermazione:

> *Who knits well.* Che lavora bene a maglia.

Adesso non hanno senso. A questa frase incompleta servono più di tre parole per esprimere un pensiero compiuto:

> *The honor of making Fido's sweater will go to the person who knits well.* L'onore di confezionare un maglioncino per Fido andrà alla persona che lavora bene a maglia.

Morale della favola: non dovete cambiare il significato di ciò che state dicendo quando vi chiedete se un pensiero ha senso compiuto. Se state facendo una domanda, considerate la vostra frase una domanda. Se

La chiarezza è importante

Uno dei momenti preferiti della mia carriera di insegnante giunse in una nevosa giornata di gennaio. Uno studente chiamato Danny si precipitò nella mensa. Non stava nella pelle, non vedeva l'ora di comunicare ai compagni una notizia:

> "*Guess what? A kid on my bus's mother had a baby last night!*" "Indovinate! Ieri sera un ragazzino sulla madre del mio autobus ha partorito!".

Non era un'emergenza. Dopo tutto il bambino era già nato. Ma pensate se Danny avesse accolto l'ambulanza dicendo:

> "*Quick! Over here! A kid on my bus's mother is having a baby!*" "Svelti! Laggiù! Un ragazzino sulla madre del mio autobus sta partorendo!"

Non è il massimo sentirsi rispondere "Eh?" dal personale di un'ambulanza. La chiarezza è probabilmente la regola numero uno della grammatica inglese. Ecco la notizia che Danny avrebbe dovuto diffondere in quella gelida giornata di gennaio:

> *This kid on my bus? His mother had a baby last night.* Il ragazzino che prende il mio autobus? Ieri sera sua madre ha partorito.

Naturalmente avrebbe anche potuto esprimersi correttamente dicendo:

> *The mother of a kid on my bus had a baby last night.* Ieri sera la madre di un ragazzino che prende il mio autobus ha partorito.

In entrambi i casi la notizia sarebbe stata accolta con indifferenza: gli altri ragazzi avrebbero sbadigliato, avrebbero sbocconcellato un po' di carne di dubbia provenienza e poi sarebbero stancamente tornati in classe. In entrambi i casi avrebbero capito cosa cercava di dire Danny.

Ricordate: prima la chiarezza, poi tutto il resto.

state facendo una constatazione, la vostra è una frase affermativa e va trattata come tale.

A volte una frase compiuta termina con un'ellissi, cioè tre punti di sospensione. Dal punto di vista narrativo, frasi di questo tipo servono a creare suspense o a esprimere esitazione o confusione. Appaiono incomplete, ma dato che rispondono agli scopi dell'autore *sono* complete.

Quale delle due frasi è completa?

A. *Martin sings.* Martin canta.

B. *Martin, who hopes to sing professionally some day but can't get beyond the do-re-mi level.* Martin, che un giorno spera di diventare un cantante professionista ma non riesce ad andare oltre il do-re-mi.

Risposta: seppur breve, la frase completa è la A. *Martin sings* esprime un'idea compiuta e comprende la necessaria coppia soggetto-verbo. Nella frase B un soggetto si accompagna a ben due verbi (*who* + *hopes*, *can get*), ma non esprime alcun pensiero compiuto.

Unire le frasi

Ascoltate i bambini piccoli e sentirete frasi come:

> "*I played with the clay and I went to the zoo and Mommy said I had to take a nap and...*" "Ho giocato con il pongo e sono andato allo zoo e la mamma ha detto che dovevo fare il riposino e..."

Monotono, certo. Eppure – udite udite – grammaticalmente corretto. Guardate che effetto farebbe quella frase se fosse divisa in tre:

> *I played with the clay. I went to the zoo. Mommy said I had to take a nap.*

L'informazione è spezzettata. Unendo le frasi, l'informazione scorre in maniera più fluida. Certo, unire tutto con *and* non è il massimo. Ci sono modi migliori per mettere insieme più frasi. Li vedremo tra poco.

Le congiunzioni coordinanti

Gli elementi usati per unire parole o espressioni più lunghe si chiamano *conjunctions*, congiunzioni. Conoscete già queste parole: *for*, *but*, *yet*, *so*, *nor*, *and* e *or* (*and* è la più usata). Queste piccole forze della natura, chiamate *coordinate conjunctions* (congiunzioni coordinanti) mangiano spinaci e fanno sollevamento pesi tutti i giorni. Queste abitudini salutari le rendono abbastanza forti da tenere insieme intere frasi compiute. Possono inoltre unire tutti i tipi di elementi grammaticali. Eccole mentre si danno da fare:

> *The rain pelted Abner's gray hair,* and *his green velvet shoes were completely ruined.* La pioggia martellava i capelli grigi di Abner e rovinò completamente le sue scarpe di velluto verde.
>
> *The CEO told Tanya to text the address of the restaurant to everyone,* but *Tanya had no idea where the restaurant was.*
>
> L'amministratore delegato disse a Tanya di comunicare a tutti l'indirizzo del ristorante con un sms, ma Tanya non aveva alcuna idea di dove fosse il ristorante.
>
> *You can take a hike,* or *you can jump off a cliff.* Puoi levarti di torno oppure buttarti in un burrone.
>
> *Ben did not know how to shoe a horse,* nor *did he understand equine psychology.* Ben non sapeva ferrare un cavallo né conosceva la psicologia equina.
>
> *The townspeople lined the streets,* for *they had heard a rumor about Lady Godiva.* Gli abitanti del villaggio si assieparono nelle strade, perché avevano sentito le chiacchiere su Lady Godiva.

La congiunzioni coordinanti attribuiscono la stessa enfasi agli elementi che uniscono.

Nelle frasi precedenti, le idee che stanno a un lato della congiunzione non hanno più importanza delle idee che stanno all'altro lato.

CONSIGLIO

Quando le congiunzioni *and, but, or, nor* e *for* uniscono due frasi compiute sono precedute da una virgola. Per saperne di più sulle virgole andate al Capitolo 11.

ATTENZIONE!

Alcune parole sembrano abbastanza forti da tenere insieme intere frasi, ma in realtà sono gracili. Ricordano quei tizi che si imbottiscono la maglietta per sembrare muscolosi senza prendersi la briga di andare in palestra, ma quando c'è bisogno di loro per sollevare un camion si rivelano una delusione. Tra i falsi forzuti ci sono *however, consequently, therefore, moreover, also* e *furthermore*. Usate queste parole per aggiungere senso alla frase ma non per incollare le proposizioni. Date un'occhiata a questi esempi:

> RUN-ON: *Levon gobbled the birdseed, consequently, Robbie had nothing to eat.* Levon divorò il mangime, di conseguenza, a Robbie non restò nulla da mangiare.

VERSIONE CORRETTA 1: *Levon gobbled the birdseed; consequently, Robbie had nothing to eat.* Levon divorò il mangime; di conseguenza, a Robbie non restò nulla da mangiare.

VERSIONE CORRETTA 2: Levon gobbled the birdseed. Consequently, Robbie had nothing to eat. Levon divorò il mangime. Di conseguenza, a Robbie non restò nulla da mangiare.

Avete notato il punto e virgola nella prima frase corretta? I punti e virgola equivalgono a congiunzioni coordinanti. Secondo il Regolamento ufficiale dello studioso di grammatica (che non esiste), in certe situazioni i punti e virgola possono unire frasi compiute. Lo vedremo più approfonditamente nella prossima sezione.

Grazie al vostro leggendario spirito d'osservazione avrete notato una virgola dopo *consequently*. Bisogna mettere una virgola dopo un *false joiner*, un falso elemento di raccordo? (Per la cronaca, i *false joiner* sono *conjunctive adverbs*, avverbi di congiunzione. Nessuno al mondo è tenuto a conoscere questo termine.) Su questo gli studiosi di grammatica non sono unanimi. Alcuni dicono che la virgola è necessaria. Altri (me compresa) la considerano facoltativa, una questione di stile personale.

Unire i pensieri: il punto e virgola

Il punto e virgola, in inglese *semicolon*, è un piccolo e buffo segno di interpunzione. Serve da pit stop tra un'idea e l'altra. Non è forte come il punto, che i britannici chiamano *full stop* perché è proprio un punto fermo. Se il *full stop* ferma il lettore, il *semicolon* gli concede un momento di pausa ed è abbastanza forte da tenere attaccate due frasi compiute.

Esistono manuali di scrittura che raccomandano di non usare mai i punti e virgola: "*Never use semi-colons!*" dicono, ed è come se dicessero "*Don't blow up the world with that nuclear missile*" ("Non fate saltare in aria il mondo con quel missile nucleare"). Ci sono persone che adorano i punti e virgola: non ne hanno mai abbastanza, li spargono come coriandoli a Carnevale. Per quanto mi riguarda, se vi piacciono usateli. Altrimenti ignorateli.

Se nella vostra frase decidete di usare un punto e virgola, state attenti a unire idee omogenee.

GIUSTO: *Grover was born in Delaware; he moved to Virginia when he was four.* Grover è nato nel Delaware; si è trasferito in Virginia a quattro anni.

SBAGLIATO: *I put nonfat yogurt into that soup; I like Stephen King's books.* In quella zuppa ho messo dello yogurt magro; mi piacciono i libri di Stephen King.

Nel primo esempio entrambe le parti della frase riguardano la vita di Grover. Nel secondo le due idee hanno a dir poco niente in comune. (Almeno finché Stephen King non scriverà un libro su un vasetto di yogurt assassino. Cosa non impossibile.)

Posizionate i segni di interpunzione nella frase seguente, aggiungendo o sottraendo parole se è il caso:

Abner will clip the thorns from that rose stem he is afraid of scratching himself. Abner toglierà le spine a quella rosa teme di graffiarsi.

Risposta: ci sono molte soluzioni possibili, comprese queste due:

Abner will clip the thorns from that rose stem. He is afraid of scratching himself. Abner toglierà le spine a quella rosa. Teme di graffiarsi.

Abner will clip the thorns from that rose stem; he is afraid of scratching himself. Abner toglierà le spine a quella rosa; teme di graffiarsi.

Principale e subordinato: unire idee di ranghi diversi

In una compagnia il principale è quello che manda avanti la baracca. Il principale ha dei sottoposti che svolgono due ruoli importanti: devono lavorare almeno un po' e far credere al principale che sia al centro dell'Universo. Lasciate solo il principale e va tutto bene. Lasciate soli i suoi subordinati e tra non molto qualcuno si appenderà al lampadario per fare l'altalena.

Ci sono frasi che somigliano a una compagnia. C'è un principale che se la cava bene anche da solo: è la parte che esprime un pensiero compiuto. C'è un subordinato che non può essere lasciato solo: è un pensiero incompiuto. (In gergo grammaticale il capo è un'*independent clause*, una proposizione indipendente, e il dipendente è una *subordinate clause*, una proposizione subordinata.)

Insieme il "principale" e il "subordinato" formano una frase più forte. Ecco alcuni esempi:

PRINCIPALE: *Jack ate the bagel.* Jack mangiò il bagel.

SUBORDINATA: *After he had picked out all the raisins.* Dopo aver tolto tutta l'uva passa.

FRASE UNICA 1: *Jack ate the bagel after he had picked out all the raisins.* Jack mangiò il bagel dopo aver tolto tutta l'uva passa.

FRASE UNICA 2: *After he had picked out all the raisins, Jack ate the bagel.* Dopo aver tolto tutta l'uva passa, Jack mangiò il bagel.

PRINCIPALE: *George developed the secret microfilm.* George sviluppò il microfilm segreto.

SUBORDINATA: *Because he felt traitorous.* Perché si sentiva un traditore.

FRASE UNICA 1: *George developed the secret microfilm because he felt traitorous.* George sviluppò il microfilm segreto perché si sentiva un traditore.

FRASE UNICA 2: *Because he felt traitorous, George developed the secret microfilm.* Dato che si sentiva un traditore, George sviluppò il microfilm segreto.

PRINCIPALE: *The book bag is in the garage.* La borsa con i libri sta nel garage.

SUBORDINATA: *That Larry lost.* Che Larry ha smarrito.

FRASE UNICA: *The book bag that Larry lost is in the garage.* La borsa con i libri che Larry ha smarrito sta nel garage.

Le frasi che mettono insieme principale e subordinata sono grammaticalmente corrette perché contengono almeno un pensiero compiuto che può stare da solo come frase compiuta.

Whether o if

Whether e *if* collegano entrambi due idee, ma sono usati in situazioni diverse. State scegliendo tra due alternative? Usate *whether*, come in *whether or not*:

George is not sure whether *he should activate the wind machine.* George non sa se attivare o meno la macchina del vento. (Ha due scelte: attivare o non attivare.)

Whether *I go or stay is completely irrelevant to me.* Andare o restare mi è completamente indifferente. (Ho due scelte: andare o restare.)

If, invece, descrive una possibilità:

Lulu will reach the top of Mount Everest if *the sunny weather continues.* Se continuerà a esserci il sole Lulu raggiungerà la vetta dell'Everest.

(La frase parla della possibilità che ci sia il sole, dal quale dipende la scalata di Lulu.)

If *I have my way, the Grammarians' Ball will be held at the Participle Club.* Se si fa a modo mio, il Ballo dei Grammatici si terrà al Participle Club.

(La frase parla della possibilità che io scelga il luogo che ospiterà l'evento più noioso del mondo.)

Scegliere le congiunzioni subordinanti

Nel tipo di frase principale-subordinata appena descritta le congiunzioni svolgono un doppio ruolo. Esse sottolineano il fatto che un'idea (il "principale" o proposizione indipendente, che equivale a una frase compiuta) è più importante dell'altra (il "subordinato" o proposizione subordinata). Le congiunzioni che uniscono principale e subordinata forniscono anche alcune informazioni sul rapporto tra le due idee. Queste congiunzioni sono chiamate *subordinate conjunctions*, congiunzioni subordinanti. Alcune delle congiunzioni subordinanti più frequenti sono *while*, *because*, *although*, *though*, *since*, *when*, *where*, *if*, *whether*, *before*, *until*, *than*, *as*, *as if*, *in order that*, *so that*, *whenever* e *wherever*.

Come vengono usate le congiunzioni subordinanti? Ecco alcuni esempi:

> Frase 1: *Michael was shaving.* Michael si stava radendo. (Un'attività non molto importante.)
>
> Frase 2: *The earthquake destroyed the city.* Il terremoto distrusse la città. (Un evento piuttosto importante.)

Se queste due frasi vengono unite "alla pari" con una congiunzione coordinante, lo scrivente sottolinea entrambi gli eventi:

> *Michael was shaving,* and *the earthquake destroyed the city.* Michael si stava radendo e un terremoto distrusse la città.

Dal punto di vista grammaticale la frase ha tutte le carte in regola. Dal punto di vista morale l'affermazione pone un problema. Pensate davvero che la barba un po' lunga di Michael abbia la stessa importanza di un terremoto di magnitudo 7 su scala Richter?

Meglio unire queste proposizioni per mezzo di una congiunzione subordinante che sottolinei l'idea principale, quella del terremoto:

> While *Michael was shaving, the earthquake destroyed the city.* Mentre Michael si stava radendo il terremoto distrusse la città.

oppure:

> *The earthquake destroyed the city* while *Michael was shaving.* Il terremoto distrusse la città mentre Michael si stava radendo.

Il *while* vi dà un'informazione temporale, collega la frase subordinata alla frase principale e sottolinea il fatto che il terremoto è più importante della barba di Michael. Non male per sole cinque lettere.

Ecco un altro esempio:

> Frase 1: *Esther must do her homework now.* Adesso Esther deve fare i compiti per casa.
>
> Frase 2: *Mom is on the warpath.* La mamma è sul piede di guerra.

Unendo queste due idee dovete fare delle scelte. Innanzitutto, se le considerate di pari importanza il lettore si chiederà perché le mettiate insieme:

> *Esther must do her homework now,* but *Mom is on the warpath.* Adesso Esther deve fare i compiti per casa, ma la mamma è sul piede di guerra.

Così sembra che la mamma stia correndo bellicosamente per casa urlando come una pazza. Anche se Esther riesce a concentrarsi sul compito di storia perfino con la musica a palla, trova difficile farlo quando la mamma fa le bizze. Esther non combinerà niente finché la mamma non si metterà seduta davanti a una bella tazza di tè.

Adesso proviamo così:

> *Esther must do her homework now* because *Mom is on the warpath.* Adesso Esther deve fare i compiti perché la mamma è sul piede di guerra.

Questa frase è molto più chiara: la madre di Esther ha ricevuto una nota dalla professoressa di Esther. Esther sa che se vuole arrivare viva al diploma deve mettersi subito al lavoro.

Altra soluzione:

> *Mom is on the warpath* because *Esther must do her homework now.* La mamma è sul piede di guerra perché adesso Esther deve fare i compiti per casa.

In questa versione la madre di Esther le ha chiesto di pulire il garage. Anzi, glielo chiede da due anni. Ora sta per arrivare l'ispettore sanitario e la mamma è molto preoccupata. Ma Esther le ha detto che adesso non può pulire il garage perché deve fare i compiti per casa. Ed è scoppiata la Terza guerra mondiale.

Capite quanto sono potenti queste paroline di congiunzione? Le congiunzioni influenzano il senso delle frasi.

Being that

Molte persone usano *being that,* essendo che, per introdurre una ragione. Purtroppo *being that* è un crimine grammaticale di primo grado (sempre che esistano diversi gradi di crimini grammaticali: sono una studiosa di grammatica, non un avvocato). Il problema è questo: la gente usa *being that* come congiunzione subordinante, ma questo non è accettabile (almeno nell'inglese formale). Sostituitelo con *because.* Per esempio:

SBAGLIATO: Being that *it was Thanksgiving, Mel bought a turkey.*

GIUSTO: Because *it was Thanksgiving, Mel bought a turkey.*

Dato che era il Giorno del ringraziamento, Mel comprò un tacchino.

SBAGLIATO: *The turkey shed a tear or two,* being that *it was Thanksgiving.*

GIUSTO: *The turkey shed a tear or two,* because *it was Thanksgiving.*

Il tacchino versò un paio di lacrime, dato che era il Giorno del ringraziamento.

In queste frasi forse preferireste impiegare *since* (da), usato sempre più spesso come "dal momento che" e dunque come sinonimo di *because.* La nostra civiltà non è crollata per l'uso di *since* al posto di *because.* Gli studiosi di grammatica più rigidi e catastrofisti hanno un problema con *since/because* e preferiscono usare *since* nelle espressioni temporali:

I haven't seen the turkey since *the ax came out of the box.* Da quando è spuntata l'accetta non ho più visto il tacchino.

Since you've been gone, I've begun an affair with Bill Bailey. Da quanto te ne sei andato ho una relazione con Bill Bailey.

Un altro crimine grammaticale è *irregardless.* Penso che la popolarità di *irregardless* sia dovuta al fatto che è una parola lunga e suona bene. Tutte quelle *r*, che meraviglia. Purtroppo *irregardless* non è una congiunzione. Non è nemmeno una parola, se stiamo alle regole dell'inglese formale. Usate *regardless* (meno divertente da pronunciare) o *despite the fact that* per dire "lo stesso", "nonostante":

SBAGLIATO: Irregardless, *we are going to eat you, you turkey!*

GIUSTO: Regardless, *we are going to eat you, you turkey!*

(Tacchino, ti mangeremo lo stesso!)

GIUSTO: Despite the fact that *you are a tough old bird, we are going to eat you,* you turkey!

(Nonostante tu sia un vecchio uccellaccio coriaceo noi ti mangeremo, tacchino!)

L'uso dei pronomi per unire le frasi

Un utile trucco per unire correttamente brevi frasi è la "connessione per mezzo del pronome" (un pronome fa le veci di un nome, cioè di una parola che designa una persona, una cosa o un'idea).

Guardate queste combinazioni:

Frase 1: *Amy read the book.* Amy leggeva il libro.

Frase 2: *The book had a thousand pictures in it.* Nel libro c'era un migliaio di immagini.

Frase unica: *Amy read the book* that *had a thousand pictures in it.* Amy leggeva il libro in cui c'era un migliaio di immagini.

Frase 1: *The paper map stuck to Wilbur's shoe.* La carta geografica si è appiccicata alla suola di Wilbur.

Frase 2: *We plan to use the map to take over the world.* Progettiamo di usare la mappa per conquistare il mondo.

Frase unica: *The paper map,* which *we plan to use to take over the world, stuck to Wilbur's shoe.* La carta geografica, che progettiamo di usare per conquistare il mondo, si è appiccicata alla suola di Wilbur.

Frase 1: *Margaret wants to hire a carpenter.* Margaret vuole assumere un falegname.

Frase 2: *The carpenter will build a new ant farm for her pets.* Il falegname costruirà un nuovo terrario per le sue formiche domestiche.

Frase unica: *Margaret wants to hire a carpenter* who *will build a new ant farm for her pets.* Margaret vuole assumere un falegname che costruirà un nuovo terrario per le sue formiche domestiche.

Frase 1: *The tax bill was passed yesterday.* La legge fiscale è stata approvata ieri.

Frase 2: *The tax bill will lower taxes for the top .00009% income bracket.* La legge fiscale ridurrà le tasse per lo scaglione di reddito più alto, corrispondente allo 0,00009 per cento dei contribuenti.

Frase unica: *The tax bill* that *was passed yesterday will lower taxes for the top .00009% income bracket.* La legge fiscale che è stata approvata ieri ridurrà le tasse per lo scaglione di reddito più alto, corrispondente allo 0,00009 per cento dei contribuenti.

Mia interpretazione: *The tax bill* that *was passed yesterday will lower taxes for Bill Gates.* La legge fiscale che è stata approvata ieri ridurrà le tasse per Bill Gates.

That, *which* e *who* sono pronomi. Nelle unioni di frasi che abbiamo appena visto, ciascuno di essi sostituisce un nome. (*That* sostituisce *book*, *which* sostituisce *map*, *who* sostituisce *carpenter*, *that* sostituisce *tax bill*.) Questi pronomi sono puntine da disegno che attaccano un'idea subordinata o meno importante al corpo principale della frase.

Quando *that*, *which* e *who* (nonché *whom* e *whose*) mettono in relazione un'idea con un'altra, vengono chiamati pronomi relativi. I pronomi relativi possono causare un bel po' di problemi.

I pronomi relativi si dividono in tre tipi: a) *who* (nonché *whom* e *whose*, poiché è declinabile), usato solo per le persone; b) *which* (indeclinabile) usato solo per le cose e generalmente per gli animali; c) *that* (indeclinabile) usato tanto per le persone quanto per le cose e gli animali. I pronomi relativi sono invariabili per genere e numero e non prendono l'articolo definito. Altro pronome relativo è *what* con il significato di "ciò che" e "quella cosa che": in questo caso sostituisce "that which" (*I know* what *he said*, So ciò che ha detto).

Whose precede sempre il nome della cosa posseduta. In altre parole occupa la stessa posizione di "il cui" in italiano.

Unite queste frasi per mezzo di un pronome.

> Frase 1: *Charlie slowly tiptoed toward the poisonous snakes.* Charlie si avvicinò lentamente e in punta di piedi ai serpenti velenosi.
>
> Frase 2: *The snakes soon bit Charlie right on the tip of his nose.* Ben presto i serpenti morsero Charlie proprio sulla punta del naso.

Risposta: *Charlie slowly tiptoed toward the poisonous snakes,* which *soon bit Charlie right on the tip of his nose.* Charlie si avvicinò lentamente e in punta di piedi ai serpenti velenosi, che ben presto morsero Charlie proprio sulla punta del naso. Il pronome *which* sostituisce *snakes* nella frase 2.

Tenersi alla larga dai frammenti

In questo libro uso spesso frasi incompiute, o frammenti, senza per questo creare confusione (almeno lo spero). Soprattutto oggi, nell'era della comunicazione elettronica, le scorciatoie e la sinteticità sono la regola. Con le frasi incompiute abbiamo ormai una certa familiarità, diversamente dai nostri parenti più anziani. (Anche se c'è una frase incompiuta che piace molto alle persone più anziane: *Because I said so*, Perché lo dico io.)

Il tipo più frequente di frammento usa le parole *and*, *or*, *but* e *nor*. Sono tutte congiunzioni. Come spiego in "Unire le frasi", in questo capitolo, queste congiunzioni possono unire due frasi compiute (con due pensieri compiuti) formando una frase più lunga:

> *Eggworthy went to his doctor for a cholesterol check,* and *then he scrambled home.* Eggworthy andò a farsi controllare il colesterolo dal dottore e poi arrancò verso casa.

Oggi un numero sempre più consistente di persone inizia le frasi con *and*, *or*, *but* e *nor*, soprattutto quando usa uno stile informale o vuole ottenere un determinato effetto. Per esempio, la frase precedente può essere trasformata in

> *Eggworthy went to his doctor for a cholesterol check. And then he scrambled home.* Eggworthy andò a farsi controllare il colesterolo dal dottore. E poi arrancò verso casa.

Iniziare le frasi con *and*, *but*, *or* e *nor* è ancora considerato improprio dalla grammatica inglese formale.

Un altro errore frequente consiste nello scrivere un frammento privo di un pensiero compiuto. Questo genere di frammento inizia solitamente con una congiunzione subordinante. (Per una spiegazione esauriente andate a "Scegliere le congiunzioni subordinanti", in questo capitolo.)

Non fatevi ingannare dal numero di parole in una frase. Non tutti i frammenti di frase sono brevi, anche se può capitare. Decidete in base al senso, non in base alla lunghezza. Ecco alcuni esempi di frammenti di diversa lunghezza:

> *When it rained pennies from heaven* – Quando piovvero monetine dal cielo.
>
> *As if he were king of the world* – Come se fosse il re del mondo
>
> After the ball was over but before it was time to begin the first day of the rest of your life and all those other clichés that you hear every day in the subway on your way to work. Quando la festa è finita ma prima che fosse tempo di cominciare il primo giorno del resto della tua vita e tutti gli altri luoghi comuni che si sentono dire sulla metropolitana andando al lavoro
>
> *Whether Al likes it or not* – Chc piaccia o no ad Al
>
> *Because I said so* – Perché te lo dico io
>
> *Whether you like it or not, and despite the fact that you don't like it, although I am really sorry that you are upset.* Che ti piaccia o no, e malgrado non ti piaccia, anche se mi dispiace che tu sia turbato
>
> *If hell freezes over* – Quando nevicherà all'inferno

e così via.

Quale di questi esempi è un frammento, una frase compiuta, un *comma splice*?

A. *Cedric sneezed.* Cedric starnutì.

B. *Because Cedric sneezed in the middle of the opera, just when thc main character removed that helmet with the little horns from on top of her head.* Poiché Cedric starnutì nel bel mezzo dell'opera, proprio mentre la protagonista si stava togliendo dalla sommità del capo l'elmo con le piccole corna.

C. *Cedric sneezed, I pulled out a handkerchief.* Cedric starnutì, io tirai fuori un fazzoletto.

Risposta: la frase compiuta è la A. La frase B non è un frase, ma un frammento privo di un'idea compiuta. La frase C è un *comma splice* perché è composta da due pensieri compiuti uniti solo da una virgola.

Adesso unite queste frasi in maniera grammaticalmente corretta:

Frase 1: *George slipped the microfilm into the heel of his shoe.* George fece scivolare il microfilm nel tacco della scarpa.

Frase 2: *The shoe had been shined just yesterday by the superspy.* La scarpa era stata lucidata proprio ieri dalla superspia.

Frase 3: *The superspy pretends to work at a shoeshine stand.* La superspia finge di fare il lustrascarpe.

Frase 4: *The superspy's name is unknown.* Il nome della superspia è sconosciuto.

Frase 5: *The superspy's code number is -4.* Il numero di codice della superspia è -4.

Frase 6: *George is terrified of the superspy.* George è terrorizzato dalla superspia.

Risposta: sono possibili decine di combinazioni. Eccone due:

George slipped the microfilm into the heel of his shoe, which had been shined just yesterday by the superspy. The superspy, whose name is unknown but whose code number is -4, pretends to work at a shoeshine stand and terrifies George. George fece scivolare il microfilm nel tacco della scarpa, che era stata lucidata proprio ieri dalla superspia. La superspia, il cui nome è sconosciuto ma il cui numero di codice è -4, finge di fare il lustrascarpe e terrorizza George.

Oppure:

After the shoe had been shined by the superspy, who pretends to work at a shoeshine stand, George slipped the microfilm into the heel. George is terrified by the superspy, whose name is unknown and whose code number is -4. Dopo che la scarpa era stata lucidata dalla superspia, che finge di fare il lustrascarpe, George fece scivolare il microfilm nel tacco. George è terrorizzato dalla superspia, il cui nome è sconosciuto e il cui numero di codice è -4.

Capitolo 6

Gestire i complementi

In questo capitolo

- Riconoscere i complementi
- Capire come un complemento contribuisce al senso di una frase
- Distinguere tra complementi dei verbi copulativi e complementi dei verbi d'azione
- Usare i giusti pronomi come complementi

Se sull'autostrada della grammatica la frase è il camion che trasporta il significato, i verbi sono le ruote e il soggetto è il conducente, i complementi sono componenti comuni ma non sempre essenziali del camion. Potremmo paragonarli al contachilometri o al lunotto termico. Sono più importanti dei dadi di peluche appesi allo specchietto retrovisore o degli adesivi che proclamano "*I stop at railroad tracks*", "Io mi fermo ai passaggi a livello" (cosa credono che facciamo, noi? Che scavalchiamo il treno?).

È possibile formare una frase senza complementi, ma la loro presenza fa generalmente parte dell'esperienza di guida, scusate, volevo dire della comunicazione. Nelle frasi ci sono quattro tipi di complementi, tutti spiegati in questo capitolo: complemento oggetto diretto (*direct object*), complemento oggetto indiretto (*indirect object*), complemento predicativo dell'oggetto (*objective complement*) e complemento predicativo del soggetto (*subject complement*). I primi tre tipi di complementi si riferiscono all'oggetto della frase e il quarto tipo si riferisce al soggetto. È importante distinguere tra questi due gruppi per scegliere il giusto pronome, quando la frase richiede quella parte del discorso. Un complemento aggiunge significato all'idea espressa dal soggetto e dal verbo: completa cioè l'idea iniziata dal soggetto e dal verbo.

I complementi dei verbi d'azione

I verbi d'azione esprimono – udite, udite! – azione. Nessun verbo d'azione ha bisogno di un complemento per essere grammaticalmente corretto. Ma una frase con un verbo d'azione senza un complemento può sembrare troppo scarna. I complementi che seguono i verbi d'azione – il complemento oggetto diretto, il complemento oggetto indiretto e il complemento predicativo dell'oggetto – completano il significato della coppia soggetto-verbo.

Il complemento oggetto diretto riceve l'azione

Avete tredici anni. Tenete in mano una palla da baseball e siete pronti a lanciarla al vostro amico. Immaginate di avere davanti a voi un campione. Caricate e lanciate. La palla compie un elegante arco nel cielo blu e manda in frantumi la finestra panoramica del salotto di casa.

You broke the picture window! Avete rotto la finestra panoramica!

Prima che possiate recuperare il pallone si mette a squillare il telefono. È vostra madre, che per questo genere di cose ha un vero e proprio radar. *What's going on?* (Cosa succede?), chiede. Voi bofonchiate qualcosa che contiene la parola *broke*. Ecco il verbo. *Broke? Who broke something?* (Rotto? Chi ha rotto qualcosa?), chiede lei. Voi ammettete che *you did*: siete stati voi. Ecco il soggetto.

What did you break? (Cosa hai rotto?). Esitate. Pensate a un paio di risposte possibili: *I broke a bad habit* (Ho perso una cattiva abitudine), *I broke the world's record for the hundred-meter dash* (Ho battuto il record mondiale dei cento metri). Poi confessate: *I broke the picture window* (Ho rotto la finestra panoramica). Ecco il complemento.

C'è altro modo per intendere la situazione (e la frase). *Broke* è un verbo d'azione perché vi dice cos'è successo. L'azione è andata dal soggetto (*you*) all'oggetto (*the window*). Come dicono alcuni studiosi di grammatica, *window* riceve l'azione espressa dal verbo *broke*.

Conclusione? *Window* è un complemento oggetto diretto, perché riceve l'azione direttamente dal verbo. Ecco un altro esempio:

> *With the force of 1,000 hurricanes, you pitch the baseball.* Tu lanci la palla da baseball con la forza di 1000 uragani.

Pitch è un verbo d'azione perché esprime quello che accade nella frase. L'azione va dal soggetto (*you*, il *pitcher*) all'oggetto (*the baseball*). In altri termini, *baseball* riceve l'azione di *pitching*. Dunque, *baseball* è il complemento oggetto diretto del verbo *pitch*.

Ecco alcuni esempi di frasi con i verbi d'azione. I complementi oggetti diretti sono in tondo:

> *The defective X-ray machine took strange* pictures *of my toe*. L'apparecchio a raggi X, che era difettoso, fece strane foto al mio alluce. (*took* = verbo, *X-ray machine* = soggetto)
>
> *George hissed the secret* word *in the middle of the graduation ceremony.* George sibilò la parola segreta nel bel mezzo della cerimonia dei diplomi. (*hissed* = verbo, *George* = soggetto)
>
> *Green marking pens draw naturally beautiful* lines. I pennarelli verdi tracciano linee naturalmente belle. (*draw* = verbo, *pens* = soggetto)
>
> *Leroy's laser printer spurted* ink *all over his favorite shirt.* La stampante laser di Leroy ha schizzato i chiostro su tutta la sua camicia preferita. (*spurted* = verbo, *printer* = soggetto)

Sarete in grado di riconoscere più facilmente i complementi oggetto diretti se li considererete parte di uno schema nella struttura di una frase: soggetto (S)-verbo d'azione (VA)-complemento oggetto diretto (COD). Questo schema S-VA-COD è uno dei più frequenti della lingua inglese, se non il più frequente in assoluto. In ogni caso, immaginate che la frase sia costituita da tre parti, secondo lo schema S-VA-COD:

> machine took pictures
>
> George hissed words
>
> pens draw lines
>
> printer spurted ink

Naturalmente, tanto per complicarvi la vita, una frase può avere più di un COD, come mostrano i seguenti esempi:

> *Al autographed* posters *and* books *for his many admirers.* Al autografò poster e libri per i suoi tanti ammiratori.
>
> *Roger will eat a dozen* doughnuts *and a few* slabs *of cheesecake for breakfast.* A colazione Roger mangerà una decina di ciambelle e qualche fetta di cheesecake.

The new president of the Heart Society immediately phoned Eggworthy *and his* brother. Il nuovo presidente dell'associazione "Cuore amico" ha subito telefonato a Eggworthy e a suo fratello.

George sent spitballs *and old* socks *flying across the room.* George ha fatto volare palline di carta e vecchi calzini per tutta la stanza.

Jane bought orange juice, tuna, aspirin, *and a* coffee table. Jane ha comprato succo d'arancia, tonno, aspirina e un tavolino.

Alcune frasi non hanno un COD. Ecco un esempio:

Throughout the endless afternoon and into the lonely night, Al sighed sadly. Al sospirò tristemente per tutto l'interminabile pomeriggio e fin nel cuore della notte solitaria.

Niente e nessuno riceve i sospiri, e dunque la frase non ha un complemento oggetto diretto. Sarà forse per questo che Al si sente solo. La frase non ha un complemento oggetto diretto, benché sia animata da un verbo ed esprima un pensiero compiuto.

Il complemento oggetto indiretto

Il complemento oggetto indiretto è un altro tipo di complemento oggetto. È chiamato così perché l'azione non lo tocca direttamente. Il complemento oggetto indiretto, che chiameremo affettuosamente COI e che corrisponde al complemento di termine italiano, è una tappa intermedia tra il verbo d'azione e il complemento oggetto diretto. Leggete questa frase, nella quale il complemento oggetto indiretto è in tondo:

Knowing that I'm on a diet, my former friend sent me *six dozen chocolates.* Sapendo che sono a dieta, il mio ex amico mi ha mandato sei dozzine di cioccolatini.

L'azione è *sent. My former friend* ha compiuto l'azione, dunque *friend* è il soggetto. Cos'ha ricevuto l'azione? Qual è l'oggetto dell'azione? *Six dozen chocolates. Chocolates* è il complemento oggetto diretto. È ciò che è stato mandato, ciò che ha ricevuto direttamente l'azione del verbo.

Ma anche *me* ha ricevuto l'azione, indirettamente. *Me* ha ricevuto l'invio delle scatole di cioccolatini. *Me* è chiamato complemento oggetto indiretto.

Lo schema della frase per i complementi oggetto indiretti è soggetto (S)-verbo d'azione (VA)-complemento oggetto indiretto (COI)-complemento oggetto diretto (COD). Notate che il complemento oggetto indiretto precede sempre il complemento oggetto diretto: S-VA-COI-COD. Ecco alcuni esempi, nei quali i complementi oggetti indiretti sono evidenziati in tondo:

> *Gloria will tell* me *the whole story tomorrow.* Gloria mi racconterà tutto domattina. (*will tell* = verbo, *Gloria* = soggetto, *story* = complemento oggetto diretto)
>
> *As a grammarian, I should have given* you *better sample sentences.* In quanto insegnante di grammatica, avrei dovuto fornirvi migliori frasi di esempio. (*should have given* = verbo, *I* = soggetto, *sentences* = complemento oggetto diretto)
>
> *Jane sent* Larry *a sharp message.* Jane ha mandato a Larry un messaggio tagliente. (*sent* = verbo, *Jane* = soggetto, *message* = complemento oggetto diretto)
>
> *The crooked politician offered* Agnes *a bribe for dropping out of the senate race.* Il politico corrotto ha offerto ad Agnes una bustarella perché ritirasse la sua candidatura al Senato. (*offered* = verbo, *politician* = soggetto, *bribe* = complemento oggetto diretto)

I complementi oggetto indiretti sono come i commessi in un negozio di scarpe: non appaiono molto spesso. Quando finalmente appaiono sono sempre in società con un complemento oggetto diretto. Probabilmente non dovete preoccuparvi di conoscere la differenza tra complementi oggetto diretti e indiretti (a meno che non siate un insegnante di inglese). Finché capite che queste parole sono oggetti e completano il significato di un verbo d'azione, sapete riconoscere la struttura essenziale della frase.

Il complemento predicativo dell'oggetto

Ecco una regola grammaticale con la quale è difficile combinare pasticci. Il problema è questo: a volte un complemento oggetto diretto non finisce il lavoro. Serve (o è gradito) un piccolo supplemento di informazione e chi scrive non vuole prendersi la briga di aggiungere una nuova coppia soggetto-verbo. La soluzione? Un complemento predicativo dell'oggetto, che è un'informazione aggiuntiva sul complemento oggetto diretto.

Il complemento predicativo dell'oggetto (in tondo negli esempi) può essere una persona, un luogo o una cosa. In altri termini, il complemento predicativo dell'oggetto può essere un sostantivo, un nome:

> *Eggworthy named Lester* copy chief *of the Heart Society Bulletin.* Eggworthy ha nominato Lester caporedattore del bollettino dell'as-

sociazione "Cuore amico". (*named* = verbo, *Eggworthy* = soggetto, *Lester* = complemento oggetto diretto)

Gloria and others with her world view elected Roger president. Gloria e altri che la pensano come lei hanno eletto Roger presidente. (*elected* = verbo, *Gloria and others* = soggetto, *Roger* = complemento oggetto diretto)

Al called his dog Al-Too. Al ha chiamato il suo cane Al-Due. (*called* = verbo, *Al* = soggetto, *dog* = complemento oggetto diretto)

Il complemento predicativo dell'oggetto può anche essere una parola che descrive un nome. (Una parola che descrive un nome è chiamata aggettivo; ne parliamo nel Capitolo 7.) Date un'occhiata a questi esempi:

Nancy considered her hazy *at best*. Nancy la considerava come minimo fumosa. (*considered* = verbo, *Nancy* = soggetto, *her* = complemento oggetto diretto)

George dubbed Al-Too ridiculous. George definì ridicolo Al-Due. (*dubbed* = verbo, *George* = soggetto, *Al-Too* = complemento oggetto diretto)

Roger called George heartless. Roger definì George spietato. (*called* = verbo, *Roger* = soggetto, *George* = complemento oggetto diretto)

Come vedete, il complemento predicativo dell'oggetto in ciascuno di questi esempi aggiunge qualcosa alla frase. Vi permette di saperne di più, ma non ha un ruolo da protagonista.

Completare l'equazione: il complemento predicativo del soggetto

Il complemento predicativo del soggetto ha un ruolo di primo piano nella frase. Un verbo copulativo inizia un'equazione: esprime uno stato, un modo d'essere, collegando due idee. Il complemento completa l'equazione. Dato che un complemento che segue un verbo copulativo dice qualcosa a proposito del *soggetto* della frase, è chiamato *complemento predicativo del soggetto*. In ciascuna delle seguenti frasi, la prima idea è il soggetto e la seconda idea (in tondo) è il complemento:

> *Nerdo is* upset *by the bankruptcy of the pocket-protector manufacturer.* Nerdo è sconvolto per il fallimento del fabbricante di proteggi-tasca. (*Nerdo = upset*)
>
> *Gloria was a* cheerleader *before the dog bite incident.* Prima di essere morsa da quel cane Gloria era una ragazza pon pon. (*Gloria = cheerleader*)
>
> *The little orange book will be* sufficient *for all your firework information needs.* Il libretto arancione sarà sufficiente per sapere tutto ciò che vi serve sui fuochi d'artificio. (*book = sufficient*)
>
> *It is* I, *the master of the universe.* Sono io, il signore dell'Universo. (*It = I*)

Il complemento predicativo del soggetto può assumere varie forme. A volte è una parola descrittiva (un aggettivo, per quelli di voi che amano la terminologia corretta), a volte è un nome (persona, luogo, cosa o idea) o un pronome (una parola che sostituisce un nome). Il primo esempio equipara *Nerdo* a una descrizione (l'aggettivo *upset*). Il secondo unisce *Gloria* a un'attività (il nome *cheerleader*). Nel terzo esempio, il soggetto *book* è descritto dall'aggettivo *sufficient.* L'ultima frase equipara il soggetto *it* al pronome *I.* Non preoccupatevi di queste distinzioni: non hanno importanza. Finché siete in grado di trovare il complemento predicativo del soggetto riuscirete a cogliere la struttura della frase.

CONSIGLIO

I verbi copulativi che ho menzionato nella sezione precedente sono forme del verbo *to be*. Anche i verbi che forniscono informazioni sensoriali (*feel*, *sound*, *taste*, *smell* e così via) possono essere verbi copulativi. Lo sono anche *appear* e *seem.* (Per maggiori informazioni sui verbi copulativi andate al Capitolo 2.)

Ecco un paio di frasi che contengono verbi copulativi sensoriali. I complementi sono evidenziati in tondo:

> *Larry sounds* grouchier *than usual today.* Oggi Larry sembra più brontolone del solito. (*Larry = grouchier*)
>
> *At the end of each algebra proof, Anna feels strangely* depressed. Anna si sente stranamente depressa alla fine di ogni prova di algebra. (*Anna = depressed*)

Non potete mescolare diversi tipi di complementi predicativi del soggetto nella stessa frase completando il significato dello stesso verbo. Usate unicamente le descrizioni (aggettivi) o unicamente i nomi o i pronomi.

Date un'occhiata a queste frasi:

> SBAGLIATO: *Lester's pet tarantula will be annoying and a real danger.* La tarantola da compagnia di Lester sarà seccante e un vero pericolo.
>
> GIUSTO: *Lester's pet tarantula will be an annoyance and a danger.* La tarantola da compagnia di Lester sarà una seccatura e un pericolo.
>
> GIUSTO: *Lester's pet tarantula will be annoying and dangerous.* La tarantola da compagnia di Lester sarà seccante e pericolosa.

Ponete la domanda: identificare il complemento

Il Capitolo 2 spiega come identificare il verbo facendo le domande giuste (*What's happening? What is?*). Il Capitolo 4 vi mostra come fare lo stesso per il soggetto (*Who? What?*). Adesso è giunto il momento di identificare il complemento. Le domande relative al complemento vanno poste dopo che sono stati individuati il verbo e il soggetto. Esse sono: *Who or Whom?* (Chi?) e *What?* (Cosa?).

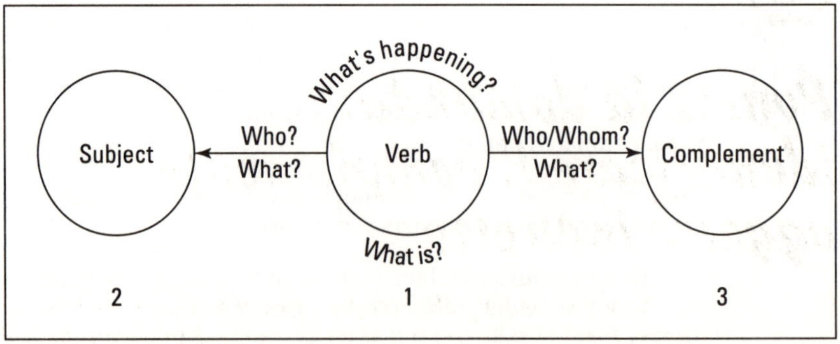

Provate a porre queste domande per la frase seguente:

> *Flossie maintains the cleanest teeth in Texas.* Flossie conserva i denti più puliti del Texas.

1. Domanda relativa al verbo: *What's happening*? Risposta: *maintains. Maintains* è il verbo d'azione.
2. Domanda relativa al soggetto: *Who or what maintains?* Risposta: *Flossie maintains*. *Flossie* è il soggetto.
3. Domanda relativa al complemento: *Flossie maintains who/whom?* Nessuna risposta. *Flossie maintains what?* Risposta: *the cleanest teeth. Teeth* è complemento oggetto diretto.

Ricordate che i complementi oggetto (diretti o indiretti) seguono i verbi d'azione.

Provate ancora:

> *The ancient lawn gnome appeared tired and worn.* L'antico nano da giardino sembrava stanco e logoro.

1. Domanda relativa al verbo: *What's happening?* Nessuna risposta. *What is?* Risposta: *appeared. Appeared* è il verbo copulativo.
2. Domanda relativa al soggetto: *Who or what appeared?* Risposta: *gnome appeared. Gnome* è il soggetto.
3. Domanda relativa al complemento: *Gnome appeared who?* Nessuna risposta. *Gnome appeared what?* Risposta: *Tired* e *worn. Tired* e *worn* sono i complementi predicativi del soggetto.

Questo esempio è ok perché il verbo "sembrare" è copulativo e quindi in italiano è seguito da un predicativo del soggetto.

Ricordate che i complementi predicativi del soggetto seguono i verbi copulativi.

Ponete la domanda: identificare il complemento oggetto indiretto

Anche se i complementi oggetto indiretti appaiono più raramente, potete trovarli ponendo un'altra domanda. Dopo aver identificato il verbo d'azione, il soggetto e il complemento oggetto diretto, chiedetevi: *To whom? For whom?*A chi? Per chi? e *To what? For what?* A cosa? Per cosa?.

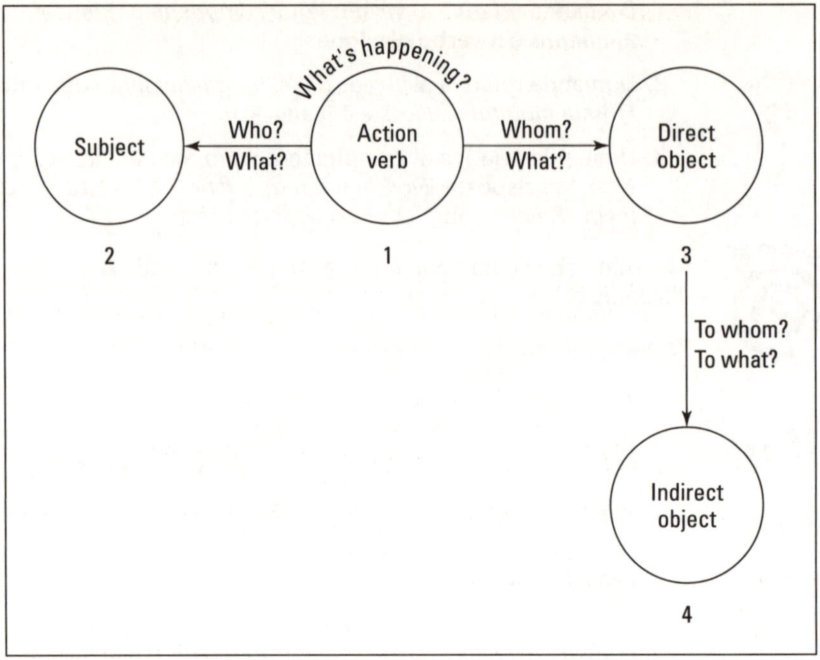

Se ottenete una risposta, essa vi rivelerà un complemento oggetto indiretto. Ecco un esempio:

Mildred will tell me the secret shortly. A breve Mildred mi dirà il segreto.

1. Domanda relativa al verbo: *What's happening?* Risposta: *will tell. Will tell* è un verbo d'azione.
2. Domanda relativa al soggetto: *Who will tell?* Risposta: *Mildred. Mildred* è il soggetto.
3. Domanda relativa al COD: *Mildred will tell whom? or what?* Risposta: *Mildred will tell the secret. Secret* è il complemento oggetto diretto.
4. Domanda relativa al COI: *Mildred will tell the secret to whom?* Risposta: *to me. Me* è il complemento oggetto indiretto.

CONSIGLIO

Quando ponete la domanda relativa al COD (la numero 3: *Mildred will tell whom? or what?*) potete dare una risposta diversa. Potete rispondere *Mildred will tell me*. È vero. Il solo problema è che in questo caso vi ritrovate con *secret* che se ne va a spasso senza etichette. Il vostro tentativo di determinare la struttura della frase è finito in un vicolo cieco. Per fortuna tutto ciò che vi serve sapere è che *me* e *secret* sono entrambi complementi oggetto. Lasciate che siano gli studiosi di grammatica a chiedersi quale di essi sia il complemento oggetto diretto e quale il complemento oggetto indiretto.

Complemento predicativo dell'oggetto o del soggetto? Identificate le parole in tondo.

Sal seemed soggy *after his semi-final swim, so we gave* him *a* towel. Sal appariva fradicio dopo la seminifinale di nuoto, così gli abbiamo dato un asciugamano.

Risposta: *Soggy* è il complemento predicativo del soggetto (*seemed* è un verbo copulativo). *Him* è il complemento oggetto indiretto. *Towel* è il complemento oggetto diretto (*gave* è un verbo d'azione).

Il pronomi come complemento oggetto e complemento predicativo del soggetto

He told I? He told me? Me, naturalmente. Di solito il vostro orecchio vi suggerisce quali pronomi usare come complemento oggetto (diretto e indiretto) perché i pronomi sbagliati suonano male. I pronomi complemento oggetto sono *me, you, him, her, it, us, them, whom* e *whomever*. Osservateli al lavoro:

> *Rickie splashed* her *with icy water.* Rickie la schizzò d'acqua gelida.
>
> *The anaconda hissed* them *a warning.* L'anaconda li avvertì con un sibilo.
>
> *The babbling burglar told* her *everything.* Il ladro chiacchierone le disse tutto.

L'orecchio potrebbe non essere in grado di dirvi qual è il giusto pronome da usare dopo un verbo copulativo. In questo caso vi serve un pronome *soggetto* e non un pronome *oggetto*. Il pronomi soggetto sono *I, you, he, she, it, we, they, who* e *whoever.*

Perché vi serve un pronome soggetto dopo un verbo copulativo? Ricordate l'equazione: quello che sta prima del verbo deve essere uguale a quello che sta dopo il verbo (soggetto = complemento predicativo del soggetto). Dato che mettete dei pronomi soggetto prima del verbo in quanto soggetti, dovete mettere del pronomi soggetto dopo il verbo in quanto complementi predicativi del soggetto. (Per ulteriori informazioni sui verbi andate al Capitolo 2.)

Quale frase è quella giusta?

A. *According to the witness, the burglar is her, the one with the bright orange eyes!*

B. *According to the witness, the burglar is she, the one with the bright orange eyes!*

(Secondo il testimone il ladro è lei, quella con gli occhi color arancione!)

Risposta: se state scrivendo un testo formale la frase giusta è la B. *Is* è un verbo copulativo e deve essere seguito da un pronome soggetto, *she*. La frase A è accettabile nella conversazione di tutti i giorni.

You gotta problem with grammar?

Avete "orecchio" per la grammatica? Sapete riconoscere l'inglese corretto e distinguerlo dall'inglese normalmente parlato da chi vi circonda? Se è così, probabilmente non dite *gotta*, *gonna*, *gotcha* o *hisself*. Non usate mai *done* tutto solo come verbo della frase. Queste espressioni vengono da diversi accenti e usi regionali (come quello che fa sì che alcuni newyorkesi dicano *Toidy-toid and Toid* per riferirsi all'angolo tra la Thirty-third e la Third Avenue). Anche se potete tranquillamente dire *gotta* quando parlate con un amico, non va affatto bene quando parlate con il vostro insegnante, il vostro datore di lavoro, un giornalista televisivo, il padrone dell'Universo e chiunque si trovi in una posizione di comando:

SBAGLIATO: *You* gonna *wait for Cedric? He bought* hisself *a new car, and he might give us a ride.* Vuoi aspettare Cedric? Si è comprato una macchina nuova e potrebbe darci un passaggio.

GIUSTO: Are *you* going *to wait for Cedric? He bought a new car for* himself, *and he might give us a ride.*

SBAGLIATO: *No, I* gotta *go.* No, devo andare.

GIUSTO: *No, I* have to *go.*

SBAGLIATO: *We* done *nothing today! I'm not coming anymore. All we do is talk.* Oggi non abbiamo fatto niente! Non vengo più. Non facciamo che parlare.

GIUSTO: *We* have done *nothing today!* (oppure *We* haven't done *anything today!*) I'm not coming anymore. All we do is talk.

SBAGLIATO: Gotcha. *Next week we'll go bowling.* Capito. La prossima settimana andiamo a giocare a bowling.

GIUSTO: I understand. *Next week we'll go bowling.*

Vi farei un altro esempio, ma è quasi ora di pranzo. *I gotta go.*

Parte II

Evitare gli errori più frequenti

The 5th Wave By Rich Tennant

"Your buddy says the two of you were peripheral to the incident in question. You just said you were superficial to the incident. Now which is it, peripheral or superficial?!"

Il tuo amico dice che voi due avevate un rapporto tangenziale con l'incidente in questione. Tu hai appena detto di avere un rapporto superficiale con l'incidente. Allora, cos'è: tangenziale o superficiale?

Devo pensare... devo capire il significato delle parole nel loro contesto...!

In questa parte...

Volete costruire un castello? Potete farlo usando solo massicci parallelepipedi, ma quanto più interessante sarebbe potersi sbizzarrire con tetti conici, archi, uno o due stendardi! Lo stesso vale per la comunicazione. Per esprimervi con una qualche eleganza dovete condire le vostre frasi di descrizioni. Nel Capitolo 7 spiegherò le componenti del discorso che servono a creare descrizioni: gli aggettivi e gli avverbi. Nel Capitolo 8 affronterò le preposizioni, parole prevalentemente brevi che però possono creare un sacco di guai. Infine, nel Capitolo 9 mi addentrerò un po' di più nelle complessità della concordanza soggetto-verbo, altro campo minato. Non temete: vi fornirò anche un set completo di strumenti per comprendere queste regole grammaticali.

Capitolo 7

Do You Feel Bad or Badly? Tutto quello che dovete sapere sugli aggettivi e sugli avverbi

In questo capitolo

- Identificare gli aggettivi e gli avverbi
- Decidere se un aggettivo o un avverbio è quello giusto
- Utilizzare le parole descrittive per dare alla frase il senso desiderato

Con i nomi giusti (nomi di persone, luoghi, cose o idee) e i verbi giusti (di stato o di azione) potete costruire fondamenta solide per la vostra frase. Ma il segreto per esprimere con precisione i vostri pensieri è aggiungere a quelle fondamenta delle parole descrittive. Questo capitolo spiega i due tipi essenziali di parole descrittive della lingua inglese, le parti del discorso note come *aggettivi* e *avverbi*, e vi dice come usarli correttamente.

Chiarire il significato per mezzo delle descrizioni

Se avete dubbi sul significato delle parole descrittive, date un'occhiata a questa frase:

> *Gloria sauntered past Lord and Taylor's when the sight of a Ferragamo Paradiso Pump paralyzed her.* Gloria si trovava a passeggiare davanti a Lord and Taylor quando la vista di una Paradiso Pump di Ferragamo la paralizzò.

Cosa deve sapere il lettore per comprendere appieno il senso di questa frase?

Ecco una lista:

- ✓ Il lettore deve sapere che Lord and Taylor è un grande magazzino.
- ✓ Il lettore deve essere in grado di identificare Ferragamo come una marca di calzature di lusso.
- ✓ Il lettore deve sapere cos'è una Paradiso Pump (una scarpa che mi sono inventata) e che *pump* è una scarpa da ginnastica.

Un buon vocabolario che comprenda *saunter* e *paralyze* sarà senz'altro utile.

Se il lettore dispone di tutti questi elementi, o ha una buona dose di immaginazione ed è capace di usare il contesto per comprendere ciò che legge, il messaggio verrà capito. Ma a volte non ci si può aspettare che il lettore colga tutti i dettagli di quello che state cercando di dire. In quel caso le descrizioni sono estremamente utili.

Ecco la nostra Gloria, versione 2:

> *Gloria walked slowly past the stately Lord and Taylor's department store when the sight of a fashionable, green, low-heeled dress shoe with the ultra-chic Ferragamo label paralyzed her.* Gloria passava accanto al grande magazzino Lord and Taylor quando la vista di una scarpa elegante, verde e con il tacco basso di Ferragamo, una marca ultra-chic, la paralizzò.

D'accordo, ho esagerato un po', ma intanto avete capito. Le parole descrittive chiariscono il significato della frase, soprattutto se la moda non è il vostro forte. Come vedete, gli aggettivi e gli avverbi sono utili e bisogna sapere come infilarli in una frase.

ATTENZIONE!

Aggettivi e avverbi rafforzano il significato delle vostre frasi, ma non sono intercambiabili. Per esempio, se vi trovate di fronte a una frase che contiene l'espressione *real pretty* dovete sapere che al posto di *real* dovrebbe esserci *really*. Non preoccupatevi: dopo aver letto questo capitolo lo saprete.

Aggiungere gli aggettivi

Un *aggettivo* è una parola descrittiva che cambia il significato di un nome o di un pronome. Un aggettivo aggiunge delle qualità alla vostra frase.

Dove potete trovare gli aggettivi? Al reparto aggettivi del supermercato. Scherzo. Il più delle volte li trovate davanti alla parola che stanno descrivendo.

Ricordate, però, che gli aggettivi possono anche andare un po' a spasso per la frase. Ecco un esempio:

> *George,* sore *and* tired*, pleaded with Lulu to release him from the headlock she had placed on him when he called her* "fragile"*.* George, stanco e dolorante, implorò Lulu di liberarlo dalla presa di testa a cui l'aveva sottoposto quando lui l'aveva definita "fragile".

Sore e *tired* descrivono *George*. *Fragile* descrive *her*. (Be', fragile descrive quello che George pensa di lei. Lulu si allena tutti i giorni ed è tutt'altro che fragile.) Come potete notare, queste descrizioni vengono dopo le parole a cui si riferiscono, non prima.

Aggettivi che descrivono nomi

La funzione più frequente di un aggettivo è quella di descrivere un nome. Prendete gli aggettivi *poisonous*, *angry* e *rubber*. Poi decidete quale di queste frasi vi piacerebbe sentire quando passeggiate nella giungla.

> *There is a* poisonous *snake on your shoulder.* Hai un serpente velenoso sulla spalla.

> *There is an* angry, poisonous *snake on your shoulder.* Hai un serpente velenoso e arrabbiato sulla spalla.

> *There is a* rubber *snake on your shoulder.* Hai un serpente di gomma sulla spalla.

L'ultima, vero? Nelle tre frasi, quelle piccole parole descrittive cambiano di molto le cose. Gli aggettivi *angry*, *poisonous* e *rubber* descrivono tutti *snake* e vi forniscono informazioni veramente utili. Vedete quanto possono essere vari e potenti gli aggettivi?

Trovate gli aggettivi in questa frase.

> *With a sharp ax, the faithful watchman parted the greasy hair of the seven ugly burglars.* Con un'ascia affilata, la fedele sentinella spartì le untuose chiome dei sette brutti ladri.

Risposta: *sharp* (che descrive *ax*), *faithful* (che descrive *watchman*), *greasy* (che descrive *hair*), *seven* e *ugly* (che descrivono *burglars*).

Aggettivi che descrivono pronomi

Gli aggettivi possono anche descrivere pronomi (parole che sostituiscono nomi). In questo caso gli aggettivi solitamente appaiono dopo il pronome che stanno descrivendo:

> *There's something* strange *on your shoulder.* Hai qualcosa di strano sulla spalla. (L'aggettivo *strange* descrive il pronome *something.*)
>
> *Everyone* conscious *at the end of Ronald's play made a quick exit.* Tutti quelli che non avevano perso conoscenza alla fine dello spettacolo teatrale di Ronald raggiunsero rapidamente l'uscita. (L'aggettivo *conscious* descrive il pronome *everyone.*)
>
> *Anyone* free *should report to the meeting room immediately!* Chiunque sia disponibile si presenti immediatamente nella sala riunioni. (L'aggettivo *free* descrive il pronome *anyone.*)

Unire gli aggettivi ai verbi copulativi

Gli aggettivi possono anche seguire un verbo copulativo, nel qual caso descrivono il soggetto della frase. Per trovare un aggettivo dopo un verbo copulativo chiedetevi *What*? (Per maggiori informazioni andate al Capitolo 6.)

Riassumiamo: i *verbi copulativi* uniscono due idee, associandole tra loro. Questi verbi sono grandi segni di uguale ed equiparano il soggetto – che viene prima del verbo – con un'altra idea che segue il verbo. (Per una trattazione esauriente dei verbi copulativi andate al Capitolo 2.)

Talvolta un verbo copulativo unisce un aggettivo (o una coppia di aggettivi) e un nome:

> *Lulu's favorite dress is* orange *and* purple. Il vestito preferito di Lulu è arancione e porpora. (Gli aggettivi *orange* e *purple* descrivono il nome *dress.*)
>
> *The afternoon appears* gray *because of the nuclear fallout from Roger's cigar.* Il pomeriggio ha un aspetto grigio per il fallout nucleare causato dal sigaro di Roger. (L'aggettivo *gray* descrive il nome *afternoon.*)
>
> *George's latest jazz composition sounds* awful. L'ultima composizione jazz di George sembra terribile. (L'aggettivo *awful* descrive il nome *composition.*)

Gli articoli non stanno solo nelle riviste

Se avviaste un programma capace di catalogare tutte le parole di questo libro, sareste sulla buona strada per diventare membri onorari del Club "Fatti furbo". Però scoprireste anche che gli *articoli*, particelle con funzione determinante che costituiscono un ramo dell'albero genealogico degli aggettivi, sono le parole più frequenti, anche se quel ramo comprende solo *a*, *an* e *the*.

> *Melanie wants* the *answer, and you'd better be quick about it.* Melanie vuole la risposta, e faresti meglio a dargliela subito.

Questa frase significa che Melanie è bloccata al problema numero 12 e sua madre non la lascerà andare finché non avrà finito di fare i compiti. Al multisala danno un film fantastico e adesso lei è al telefono e vuole sapere la soluzione del problema numero 12.

> *Melanie wants* an *answer, and you'd better be quick about it.* Melanie vuole una risposta, e faresti meglio a dargliela subito.

Questa frase significa che Melanie sta cercando qualcuno che la porti al ballo studentesco. Te l'ha chiesto una settimana fa, ma se non vuoi farle da cavaliere lo chiederà a qualcun altro. Ha esaurito la pazienza e vuole solo una risposta.

Riassumendo: usate *the* quando state parlando di qualcosa di specifico e *an* o *a* quando parlate in generale.

ATTENZIONE!

A apple? *An book*? Si usa *a* davanti a vocaboli che cominciano con suono consonantico. Si usa *an* davanti a vocaboli che cominciano con suono vocalico. Si userà però *a* davanti ai suoni *iu* o *ua* sebbene questi siano rappresentati da vocali. Un altro caso particolare è la lettera *h*. Se la parola comincia con un'*h* aspirata, come in *horse*, scegliete *a*. Se la parola comincia con un'*h* muta, come in *herb*, scegliete *an*. Ecco alcuni esempi:

> *an aardvark* un oritteropo (a = vocale)
>
> *a belly* una pancia (b = consonante)
>
> *an egg* un uovo (e = vocale)
>
> *a UFO* un UFO (u ha suono iu)
>
> *a one-legged man* un uomo con una sola gamba (o ha suono ua)
>
> *an unidentified flying object* un oggetto volante non identificato (u suona come una a)

a helmet un casco (h aspirata)

an hour un'ora (h muta)

CONSIGLIO

I più precisi dicono *an historic event.* Tutti gli altri dicono *a historic* event.

Ponete la domanda: identificare gli aggettivi

Per trovare gli aggettivi, partite dalle parole che essi descrivono: i nomi e i pronomi. Cominciate con il nome e ponetegli tre domande. Non "Quali azioni mi consigli di comprare?" o "Vuoi sposarmi?": parliamo pur sempre di grammatica. Le tre domande sono queste:

- ✓ *How many?* Quanti?
- ✓ *Which one?* Quale?
- ✓ *What kind?* Che tipo?

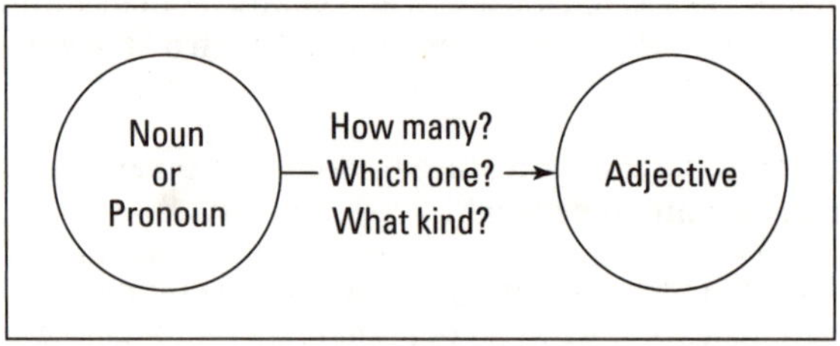

Osservate questa frase:

> *George placed three stolen atomic secrets inside his cheese burrito.*
> George nascose tre segreti atomici rubati nel suo burrito al formaggio.

Potete vedere tre nomi: *George*, *secrets* e *burrito*. Per quanto George abbia avuto una vita varia ed eccitante, non troverete risposta alle seguenti domande: *How many Georges? Which George? What kind of George?* Nella frase non ci sono parole che forniscano questa informazione, e dunque non c'è alcun aggettivo che descriva *George*.

Ma applicate queste tre domande a *secrets* e *burrito* e otterrete delle risposte: *How many secrets?* Risposta: *three*. *Three* è un aggettivo. *Which secrets? What kind of secrets?* Risposta: *stolen* e *atomic*. *Stolen* e *atomic* sono aggettivi. Lo stesso vale per *burrito*: *What kind?* Risposta: *cheese*. *Cheese* è un aggettivo.

Vi sarete accorti che anche *his* risponde a una delle domande (*Which burrito?* Risposta: *his burrito*). *His* svolge la funzione di aggettivo, ma *his* è anche un pronome.

La gente normale non deve preoccuparsi se *his* sia un pronome o un aggettivo. È roba per insegnanti di inglese, che si dividono in due fazioni: il partito dell'aggettivo e il partito del pronome. Ovviamente ciascuno dei due gruppi si sente superiore all'altro. (Io resto neutrale. Per quanto mi riguarda potete anche dire che *his* è un pappagallino.)

Osservate quest'altra frase:

> *The agonized glance thrilled George's rotten, little, hard heart.* Lo sguardo angosciato fece palpitare il cuore marcio, piccolo e duro di George.

Questa frase ha tre nomi. Uno (*George's*) è al possessivo. Se chiedete *how many George's*, *which George's*, o *what kind of George's*, non ricevete alcuna risposta. Gli altri due nomi, *glance* e *heart*, vi permettono invece di ottenere una risposta. *What kind of glance? Agonized glance*. *What kind of heart? Rotten, little, hard heart*. Pertanto, *agonized*, *rotten*, *little* e *hard* sono tutti aggettivi.

CONSIGLIO

Potete notare che il ruolo di una parola nel discorso cambia a seconda di come quella parola viene usata nella frase. Nell'ultimo esempio, *glance* è un nome perché *glance* è chiaramente una cosa. Paragonate quella frase a questa:

> *George and Lulu glance casually at the giant television screen.* George e Lulu lanciano torpide occhiate allo schermo televisivo gigante.

Qui *glance* non è una cosa; è un'azione che George e Lulu stanno compiendo. In questo esempio, *glance* è un verbo. Morale della favola: leggete la frase, vedete cosa sta facendo la parola e poi, se vi va, datele un nome.

ATTENZIONE!

È un errore frequente trasformare in maniera scorretta i nomi in aggettivi. La parola *quality*, per esempio, è un nome che significa qualità, requisito, caratteristica. Alcuni, soprattutto i pubblicitari, usano *quality* come aggettivo con il significato di *good* (buono) o *luxurious* (lussuoso). Dal punto di vista grammaticale non potete acquistare *a quality television.* Potete acquistare *a high-quality television*.

A caccia dell'avverbio

Gli aggettivi non sono le uniche parole descrittive. Un altro tipo di descrizione è rappresentata dagli avverbi, parole che alterano il significato di un verbo. Date un'occhiata a questi esempi:

The boss regretfully *said no to Phil's request for a raise.* Il principale ha respinto con rammarico la richiesta di Phil di un aumento di stipendio.

The boss furiously *said no to Phil's request for a raise.* Il principale ha furiosamente respinto la richiesta di Phil di un aumento di stipendio.

The boss never *said no to Phil's request for a raise.* Il principale non ha mai respinto la richiesta di Phil di un aumento di stipendio.

Per Phil, fa una certa differenza se nella frase ci sono *regretfully*, *furiously* o *never*. *Regretfully*, *furiously* e *never* sono tutti avverbi. Notate come gli avverbi aggiungano significato a queste frasi:

Lola sadly *sang George's latest song.* Lola ha cantato mestamente l'ultima canzone di George. (Forse Lola è triste.)

Lola sang George's latest song reluctantly. Lola ha cantato svogliatamente l'ultima canzone di George (Lola non ha voglia di cantare.)

Lola hoarsely *sang George's latest song.* Lola ha cantato con voce roca l'ultima canzone di George. (Lola ha il raffreddore.)

Lola sang George's latest song quickly. Lola ha cantato l'ultima canzone di George rapidamente. (Lola ha fretta.)

Lola sang even *George's latest song.* Lola ha cantato perfino l'ultima canzone di George. (Lola ha cantato di tutto, e con l'ultima di George ha raschiato il fondo del barile.)

Ponete la domanda: identificare l'avverbio

Gli avverbi descrivono prevalentemente i verbi, fornendo maggiori informazioni su un'azione. Quasi tutti gli avverbi – un numero sufficiente a far sì che non dobbiate preoccuparvi di quelli che si perdono per strada – rispondono a una di queste quattro domande:

- ✓ *How?* Come?
- ✓ *When?* Quando?
- ✓ *Where?* Dove?
- ✓ *Why?* Perché?

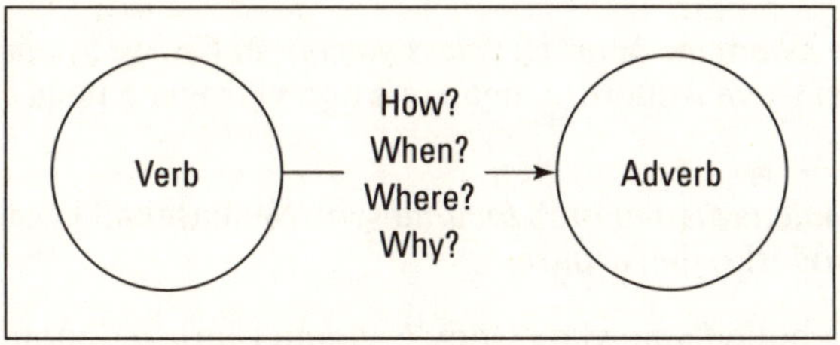

Per trovare l'avverbio, partite dal verbo e ponete la domanda. (Il Capitolo 2 vi spiega come trovare il verbo.) Osservate questa frase:

> *Jane secretly swiped Sandy's slippers yesterday and then happily went home.* Ieri Jane ha segretamente sgraffignato le pantofole di Sandy e poi è andata a casa tutta contenta.

Notate due verbi: *swiped* e *went*. Trattate ciascuno di essi separatamente. *Swiped how?* Risposta: *swiped secretly. Secretly* è un avverbio. *Swiped when?* Risposta: *swiped yesterday. Yesterday* è un avverbio. *Swiped where?* Nessuna risposta. *Swiped why?* Conoscendo Jane, direi che le ha rubate per divertirsi, ma nella frase non troverete alcuna risposta. Andate al secondo verbo della frase. *Went how?* Risposta: *went happily. Happily* è un avverbio. *Went when?* Risposta: *went then. Then* è un avverbio. *Went where?* Risposta: *went home. Home* è un avverbio. *Went why?* Probabilmente per bere champagne dalle pantofole, ma ancora una volta non trovate alcuna risposta nella frase.

Ecco un altro esempio:

> *Eggworthy soon softly snored and delicately slipped away.* Eggworthy si mise presto a russare dolcemente e scivolò delicatamente nel sonno.

Identificate ancora due verbi: *snored* e *slipped*. Prendete il primo: *snored. Snored how?* Risposta: *snored softly. Softly* è un avverbio. *Snored when?* Risposta: *snored soon. Soon* è un avverbio. *Snored where?* Nessuna risposta. *Snored why?* Ancora nessuna risposta. Adesso passiamo a *slipped. Slipped how?* Risposta: *slipped delicately. Delicately* è un avverbio. *Slipped where?* Risposta: *slipped away. Away* è un avverbio. *Slipped when?* Nessuna risposta. *Slipped why?* Nessuna risposta. Gli avverbi sono *soon*, *delicately* e *away*.

Gli avverbi possono stare in molti luoghi. Per trovarli, basatevi sulle domande *how*, *when*, *where* e *why*, non sulla loro posizione. Inoltre, una parola può essere un avverbio in una frase e qualcos'altro in un'altra frase. Date un'occhiata a questo esempio:

> *Gloria went* home *in a huff because of that slammed door.* Gloria tornò a casa offesa per quella porta sbattuta.
>
> Home *is where the heart is, unless you are in George's cabin.* La casa è dove si trova il cuore, a meno che non vi troviate nella capanna di George.
>
> Home *plate is the umpire's favorite spot.* Nel baseball la casa base è il posto preferito dell'arbitro.

Nel primo esempio *home* vi dice dov'è andata Gloria e dunque è un avverbio. Nel secondo esempio *home* è un luogo e dunque è un nome. Nel terzo esempio *home* è un aggettivo che descrive *plate*.

Risposta finale: ponete le domande e vedete se vi rivelano un avverbio, un aggettivo o un'altra parte del discorso.

Avverbi che descrivono aggettivi e altri avverbi

Gli avverbi descrivono anche altre descrizioni, spesso per renderle più o meno intense. (Una descrizione che descrive una descrizione? Ma dai! Eppure è così.)

Ecco un esempio:

> *An extremely unhappy Larry flipped when his trust fund tanked.* Un Larry estremamente infelice andò in tilt quando il suo fondo fiduciario fallì disastrosamente.

How unhappy? Risposta: *extremely unhappy*. *Extremely* è un avverbio che descrive l'aggettivo *unhappy*.

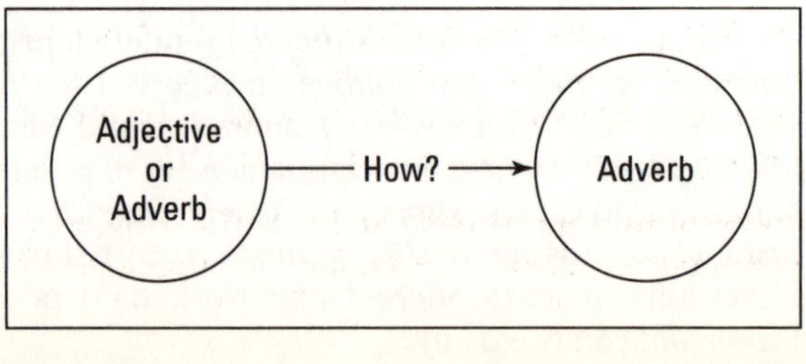

CONSIGLIO

A volte le domande che fate per trovare gli aggettivi e gli avverbi hanno una risposta fatta di molte parole. Nell'esempio precedente, se chiedete *Seemed when?* la risposta è *When his trust fund tanked.*

Non agitatevi. Queste risposte più lunghe sono semplicemente altre forme di aggettivi e avverbi. Rimettiamoci al lavoro. Ecco un altro esempio:

> *When he began to speak, Larry's very talkative pet frog wouldn't stop.* Quando si metteva a parlare, il rospo molto loquace di Larry non si fermava più.
>
> *How talkative?* Risposta: *very talkative*. *Very* è un avverbio che descrive l'aggettivo *talkative*.

E un altro:

> *Larry's frog croaked quite hoarsely.* Il rospo di Larry emetteva un gracidio piuttosto roco.

Stavolta un avverbio descrive un altro avverbio. *Hoarsely* è un avverbio perché spiega *how the frog croaked*, come gracidava il rospo. In altri termini, *hoarsely* descrive il verbo *croaked. How hoarsely?* Risposta: *quite hoarsely*. *Quite* è un avverbio che descrive l'avverbio *hoarsely*, che a sua volta descrive il verbo *croaked*.

Scegliere tra aggettivi e avverbi

Ha importanza se una parola è un aggettivo o un avverbio? A volte no. Quando da piccoli dicevate

"*I want a bottle NOW, Mama*" ("Voglio un biberon SUBITO, mamma") non sapevate che stavate usando un avverbio per rendere più intensa la vostra frase. D'altra parte non sapevate nemmeno che stavate formando una frase! Avevate solo fame. Ma adesso siete cresciuti e dovete conoscere la differenza tra queste due parti del discorso per poter scegliere la forma che vi serve. Ecco alcune linee guida:

- ✓ **Molti avverbi terminano in *-ly*.** *Strictly* è un avverbio e *strict* è un aggettivo. *Nicely* è un avverbio e *nice* è un aggettivo. *Generally* è un avverbio e *general* è un aggettivo. *Lovely* è un... vi ho fregati! Stavate per dire *avverbio*, giusto? Sbagliato. *Lovely* è un aggettivo. (Ecco perché ho detto molti avverbi, non tutti.)
- ✓ **Alcuni avverbi non terminano in *-ly*.** Anche *soon*, *now*, *home*, *fast* e molte altre parole che non terminano in *-ly* sono avverbi.

- **Uno degli avverbi più frequenti, not, non termina in -ly.** *Not* è un avverbio perché ribalta il significato del verbo da affermativo a negativo. A grandi linee, *not* risponde alla domanda *how.* (*How are you going to the wedding? Oh, you're not going!*, Come andrai al matrimonio? Oh, non ci vai!)
- **Il modo migliore per capire se una parola è un avverbio è porre le quattro domande relative all'avverbio: *how*, *when*, *where* e *why*.** Se la parola risponde a una di queste domande è un avverbio.

A proposito di *not*, vi ricordo che le doppie negazioni vanno evitate. In molte lingue (come lo spagnolo), raddoppiare o triplicare gli aggettivi e gli avverbi negativi o aggiungere uno o due pronomi negativi non fanno che rafforzare la negazione. In italiano, dire *I did not kill no victim* (Non ho ucciso nessuna vittima) va benissimo. In inglese invece equivale a una confessione, perché se *you did not kill no victim*, ne avete uccisa almeno una. (Ci sono altri tipi di doppie negazioni che possono confondervi.)

Identificate gli aggettivi e gli avverbi nelle seguenti frasi:

A. *Thank you for the presents you gave us yesterday.* Grazie per i regali che ci avete fatto ieri.

B. *The lovely presents you gave us smell like old socks.* I bei regali che ci avete fatto puzzano come vecchi calzini.

C. *The presents you kindly gave us are very rotten.* I regali che ci avete gentilmente fatto sono proprio schifosi.

Risposta: nella frase A, *yesterday* è un avverbio che dice *when you gave the presents*. Nella frase B, *lovely* è un aggettivo che descrive il nome *presents*. *Old* è un aggettivo che descrive *socks*; la frase B non contiene avverbi. Nella frase C, l'avverbio *kindly* descrive il verbo *gave*. Sempre nella frase C l'avverbio *very* descrive l'aggettivo *rotten*. *Rotten* è un aggettivo che descrive *presents*.

Riprovate. Trovate gli aggettivi e gli avverbi:

> *The carefully decorated purse that Bob knitted is already fraying around the edges.* La borsetta minuziosamente decorata che Bob ha lavorato a maglia si sta già logorando sui bordi.

Risposta: l'avverbio *carefully* descrive l'aggettivo *decorated*. Il verbo *is fraying* è descritto dall'avverbio *already*.

Ricordate: gli aggettivi descrivono nomi o pronomi e gli avverbi descrivono verbi, aggettivi o altri avverbi.

Scegliere tra good e well

Se mai sarò eletta presidente dell'Universo, una delle prime cose che intendo fare (dopo essermi liberata degli apostrofi: vedete il Capitolo 10) è eliminare tutte le forme irregolari. Fino ad allora, però, sarà meglio chiarire la questione di *good* e *well*.

Good è un aggettivo e *well* è un avverbio, tranne quando parlate della vostra salute:

> *I am* good.

Qui *good* è un aggettivo. La frase significa *I have the qualities of goodness* (Ho le qualità della bontà) or *I am in a good mood* (Sono di buon umore). Oppure è un pessimo modo per rimorchiare.

> *I am* well.

Qui *well* è un aggettivo. La frase significa *I am not sick* (Non sono malato).

> *I play the piano* well.

Stravolta *well* è un avverbio. Descrive come suono il pianoforte. In altre parole, l'avverbio *well* descrive il verbo *play*. La frase significa che posso smettere di esercitarmi.

QUIZ A SORPRESA

Qual è la frase corretta?

A. *When asked how he was feeling, Larry smiled at his ex-girlfriends and replied, "Not well."* Alla domanda su come si sentisse, Larry sorrise alle sue ex e rispose "Non bene".

B. *When asked how he was feeling, Larry smiled at his ex-girlfriends and replied, "Not good."*

Risposta: la frase corretta è la A perché le ex di Larry gli chiedono come sta.

Riprovate. Qual è la frase corretta?

A. *Eggworthy did not perform good on the crash test.* Eggworthy non è andato bene al crash test.

B. *Eggworthy did not perform well on the crash test.*

Risposta: la frase B è corretta perché l'avverbio *well* descrive il verbo *did perform. Did perform how?* Risposta: *did perform well.*

Scegliere tra bad e badly

Bad è una *bad word*, una parolaccia, almeno in termini grammaticali. Capita spesso di confondere *bad* e *badly*. Date un'occhiata a questi esempi:

I felt badly.

I felt bad.

Se ricordate il discorso che abbiamo fatto sulla terminazione *-ly*, sapete che *badly* è un avverbio e *bad* un aggettivo. Quale bisogna usare?

Dipende da quello che volete dire. Nella prima frase vi siete messi i guanti e siete andati al parco. Sulla panchina c'era un cartello con la scritta "VERNICE FRESCA". Il cartello sembrava vecchio, così avete toccato con mano, ma avevate i guanti. *You felt badly*, cioè non avete potuto toccare molto bene. Nella seconda frase invece vi siete seduti sulla panchina sporcandovi il cappotto di vernice verde. Quando ve ne siete accorti *you felt bad*, cioè non eravate contenti. Nella parlata di tutti i giorni *feeling badly* non vi servirà molto. Non sono in tanti a prendersi la briga di controllare le panchine, e sono ancora meno quelli che vogliono parlare della propria abilità tattile. Dunque il 99,99 per cento delle volte *you feel bad*. Tranne quando siete di buon umore. In quel caso *you feel good*.

Qual è la frase corretta?

A. *Lola felt bad when she discovered a dent in her motorcycle.* Lola è stata scontenta quando ha scoperto un'ammaccatura sulla sua motocicletta.

B. *Lola felt badly when she discovered a dent in her motorcycle.*

Risposta: la frase corretta è la A. Lola ama la sua Harley, e qualsiasi graffio e ammaccatura la deprime. Pertanto *bad* è un aggettivo che descrive Lola (o meglio il suo stato d'animo). Nella frase B, *badly* è un avverbio, dunque dovrebbe descrivere l'abilità tattile di Lola, il che in questo contesto non avrebbe senso.

Riproviamo. Qual è la frase corretta?

A. *Lola did bad in her negotiations with the insurance company.* Lola se la cavò male nelle trattative con la compagnia assicurativa.

B. *Lola did badly in her negotiations with the insurance company.*

Risposta: la frase corretta è la B perché l'avverbio *badly* descrive il verbo *did*. *Did how?* Risposta: *did badly*. (In altre parole, Lola si è lasciata fregare.)

Aggettivi e avverbi che hanno lo stesso aspetto

Esistono parole che svolgono il doppio ruolo di aggettivo e avverbio. Hanno esattamente lo stesso aspetto ma diventano aggettivi o avverbi a seconda della loro funzione nella frase. Date un'occhiata a questi esempi:

> *Upon seeing the stop sign, Abby stopped* short. Alla vista dello stop Abby si è fermata di colpo. (avverbio)

> *Abby did not notice the sign until the last minute because she is too* short *to see over the steering wheel.* Abby non ha visto lo stop perché è troppo bassa per vedere al di sopra del volante. (aggettivo)

> *Lola's advice is* right*: Abby should not drive.* Il consiglio di Lola è giusto: Abby non dovrebbe guidare. (aggettivo)

> *Abby turned* right *after her last-minute stop.* Dopo aver frenato all'ultimo momento Abby ha svoltato a destra. (avverbio)

> *Abby came to a* hard *decision when she turned in her license.* Quando ha restituito la patente Abby si è rassegnata a una decisione difficile. (aggettivo)

> *Lola tries* hard *to schedule some time for Abby, now that Abby's carless.* Lola si impegna al massimo per riservare del tempo a Abby, adesso che Abby è senza auto. (avverbio)

CONSIGLIO

La lingua inglese ha troppi aggettivi e avverbi perché sia possibile elencarli qui. Se siete incerti su una data parola, verificatene la forma corretta sul dizionario.

QUIZ A SORPRESA

Qual è la frase corretta?

A. *It was* real *nice of you to send me that bouquet of poison ivy.* Sei stato proprio gentile a mandarmi quel mazzo di edera velenosa.

B. *It was* really *nice of you to send me that bouquet of poison ivy.*

Risposta: la frase corretta è la B. *How nice? Really nice*. *Real* è un aggettivo e *really* un avverbio.

Gli avverbi rispondono alla domanda *how*?

Evitare gli errori frequenti nell'uso degli avverbi

Ci sono alcune parole – *even, almost, only, just, nearly* e altre – che finiscono spesso nel posto sbagliato. Se queste parole non vengono posizionate correttamente, la frase potrebbe sfuggirvi di mano e dire qualcosa che non è nelle vostre intenzioni.

Posizionare even

Even è uno di quegli insidiosi modificatori che possono finire ovunque nella frase e cambiare il significato che volete esprimere. Guardate questo esempio:

> *It's two hours before the grand opening of the school show. Lulu and George have been rehearsing for weeks. They know all the dances, and Lulu has only one faint bruise left from George's tricky elbow maneuver. Suddenly, George's evil twin Lester, mad with jealousy, "accidentally" places his foot in George's path. George's down! His ankle is sprained! What will happen to the show?*

Mancano due ore alla grande prima dello spettacolo scolastico. Lulu e George hanno provato per settimane. Conoscono tutti i balletti e Lulu ha solo un lieve livido dovuto a un'accidentale gomitata di George durante una mossa complicata. All'improvviso Lester, il gemello cattivo di George, folle di gelosia, fa "per caso" lo sgambetto a George. George cade! Si sloga la caviglia! Che ne sarà dello spettacolo?

- ✓ Possibilità 1: Lulu urla "*We can still go on!* Even Lester *knows the dances.*"
- ✓ Possibilità 2: Lulu urla "*We can still go on! Lester* even knows *the dances.*"
- ✓ Possibilità 3: Lulu urla "*We can still go on! Lester knows* even the dances."

Cosa succede qui? Le tre frasi sembrano quasi identiche, ma non lo sono. Ecco cosa significa ciascuna di esse:

- ✓ Possibilità 1: Lulu passa in rassegna i quindici ragazzi riuniti intorno a George. Sa che chiunque di loro potrebbe sostituirlo senza preavviso. In fin dei conti i balletti sono molto facili. *Even Lester*, il più goffo della classe, conosce i passi. Se *even Lester* può sostituire George, per tutti gli altri sarà *a piece of cake*, un gioco da ragazzi.

- Possibilità 2: Lulu passa in rassegna i quindici ragazzi riuniti intorno a George. La situazione non è delle migliori. Molti sarebbero disposti a sostituirlo, ma sono tutti impegnati a studiare altre parti. Non c'è tempo di insegnar loro la parte di George. Allora Lulu scruta Lester. Con un sobbalzo si rende conto che Lester ha osservato George senza perdersi un solo minuto delle prove. Anche se il sipario sta per alzarsi, lo spettacolo è salvabile. Lester non deve esercitarsi, non deve imparare qualcosa di nuovo. *Lester* even knows *the dances*.
- Possibilità 3: Non appena George tocca terra, gli occhi sono tutti puntati su Lester. Sì, Lester conosce le parole. Ha recitato le battute di George per settimane, aiutandolo a imparare la parte. Sì, Lester sa cantare, l'hanno sentito tutti. Ma i passi? Non c'è tempo per insegnarglieli. Proprio in quel momento Lester comincia a piroettare sul palcoscenico. Lulu fa un sospiro di sollievo. Lester conosce *even the dances.* Lo spettacolo continua!

Capito? *Even* è una descrizione; *even* descrive le parole che lo seguono. In altri termini, *even* innesca una comparazione:

- Possibilità 1: *even Lester* (come tutti gli altri)
- Possibilità 2: *even knows* (non ha bisogno di imparare)
- Possibilità 3: *even the dances* (come le canzoni e le parole)

Dunque la regola è questa. Mettete *even* all'inizio della comparazione implicita nella frase.

Posizionare almost e nearly

Gli avverbi di quantità *almost* e *nearly* sono descrizioni insidiose. Ecco due esempi:

> *Last night Lulu wrote for* almost (o nearly) *an hour and then went rollerblading.* Ieri sera Lulu ha scritto per quasi un'ora e poi è uscita a pattinare.

e

> *Last night Lulu* almost (o nearly) *wrote for an hour and then went rollerblading.* Ieri sera Lulu ha quasi scritto per un'ora e poi è uscita a pattinare.

Nella prima frase, Lulu ha scritto per 55 minuti e poi ha smesso. Nella seconda frase Lulu aveva l'intenzione di scrivere, ma ogni volta che si è seduta al computer si è ricordata che non aveva annaffiato le piante, chiamato la sua migliore amica Lola, mangiato un panino, e via dicendo. Dopo un'ora di tempo sprecato e senza aver scritto una sola parola, ha agguantato i pattini e se n'è andata.

Almost e *nearly* avviano una comparazione. *Lulu almost wrote* (o *nearly wrote*), ma non l'ha fatto. Oppure *Lulu wrote for almost an hour* (o *nearly an hour*), ma non per un'ora intera. Per decidere dove posizionare queste parole aggiungete le idee mancanti e vedete se la posizione della parola ha senso.

Posizionare only e just

Se solo fosse più facile capire l'avverbio *only*! Se ci si fermasse a riflettere per un solo minuto sull'avverbio *just*! Come le altre parole insidiose trattate in questa sezione, *only* e *just* cambiano il significato della frase a seconda della loro posizione. Ecco alcuni esempi di *only* e *just* in azione:

> Only (o just) *Lex went to Iceland.* Solo Lex è andato in Islanda. (Non ci è andato nessun altro.)
>
> *Lex* only *went to Iceland.* Lex è andato solo in Islanda. (Non è andato da nessun'altra parte.)
>
> *Lex* just *went to Iceland.* Lex è appena andato in Islanda. (Il timbro sul passaporto è ancora fresco. *Just* può anche significare "recentemente".)
>
> *Lex went* only (o just) *to Iceland.* Lex è andato solo in Islanda. (Ha saltato l'Antartide.)

Molti posizionano *only* davanti a un verbo credendo che possa riferirsi a un'altra idea contenuta nella frase. Non faccio che vedere in giro magliette con la scritta *My dad went to NYC and only bought me a lousy t-shirt* (Il mio papà è stato a New York e mi ha comprato solo un'orrenda maglietta). *Only* dovrebbe stare prima di *a lousy t-shirt* perché la frase sottintende che il papà avrebbe dovuto comprare qualcosa di più, tipo l'Empire State Building. Così com'è, invece, la frase descrive un viaggio da incubo: arrivo all'aeroporto, acquisto della maglietta, ritorno a casa.

Capitolo 8

Piccole parole, grandi guai: le preposizioni

In questo capitolo

- Riconoscere le preposizioni e le locuzioni preposizionali
- Scegliere i pronomi per gli oggetti delle preposizioni

Come dice il proverbio? *Little things mean a lot* (le piccole cose contano)? Chi l'ha inventato doveva riferirsi alle preposizioni. Queste particelle hanno un notevole impatto sulle vostre frasi. Purtroppo le preposizioni attirano gli errori almeno quanto l'erba gatta attira i nostri esigenti amici miagolanti. Questo capitolo vi dice tutto quello che avete sempre voluto sapere delle preposizioni e vi spiega come evitare i trabocchetti che si portano dietro.

Stabilire collegamenti tra le parole: le preposizioni

Immaginate di imbattervi in due sostantivi: *elephant* e *book.* (Un sostantivo, o nome, è una parola che designa una persona, un luogo, una cosa o un'idea.) In quanti modi potete collegare i due sostantivi per esprimere diverse idee?

the book about *the elephant* – il libro a proposito dell'elefante

the book by *the elephantt* – il libro scritto dall'elefante

the book behind *the elephantt* – libro dietro l'elefante

the book in front of *the elephantt* – il libro davanti all'elefante

the book near *the elephantt* – il libro vicino all'elefante

the book under *the elephantt* – il libro sotto l'elefante

Le parole in tondo collegano due sostantivi tra loro. Queste parole di collegamento sono chiamate *prepositions*, preposizioni. Le preposizioni possono essere definite come una parola o un gruppo di parole che collega un nome o un pronome a un'altra parola all'interno della frase.

Lo scorso millennio, quando andavo alle elementari, ero tenuta a memorizzare un elenco di preposizioni. Strano, vero? Esistevano ancora i calamai, sapete. Io frequentavo la seconda media ed ero così terrorizzata da Sorella Saint Vincent, la mia professoressa, che non solo ho imparato quell'elenco ma lo ho reso parte della mia vita. Infatti riesco ancora a recitarlo. Non penso che valga la pena di memorizzare le preposizioni. Però sarebbe bello saperne un po' di più. Insomma, non sposate l'elenco delle preposizioni, limitatevi a uscirci di tanto in tanto. La Tabella 8.1 contiene le preposizioni più frequenti.

Tabella 8.1 Preposizioni d'uso frequente

about (circa, intorno a)	above (sopra)	according to (secondo, stando a)	across (attraverso, dall'altro lato di)
after (dopo)	against (contro)	along (lungo)	amid (in mezzo a, tra, fra, durante)
among (tra, fra, in mezzo a)	around (intorno a)	at (a, verso)	before (prima di, davanti a)
behind (dietro)	below (sotto)	beside (accanto a, vicino a, rispetto a)	besides (oltre, in aggiunta a, a eccezione di)
between (tra, fra)	beyond (oltre)	by (vicino a, presso, entro, di, per opera di)	concerning (circa, in merito a)
down (giù)	during (durante)	except (eccetto, escluso)	for (per)
from (da)	in (a, in)	into (in, dentro a)	like (come)
of (di)	off (giù da, via da, fuori)	on (su, sopra)	over (su, sopra, oltre)
past (al di là, oltre)	since (da)	through (attraverso, per)	toward (verso, in direzione di)

underneath (sotto, al di sotto di)	until (fino a, prima di)	up (su)	upon (su, sopra, riguardo a)
with (con)	within (dentro)	without (senza, fuori di)	

I miei oggetti del desiderio: le locuzioni preposizionali e i loro oggetti

Le preposizioni non vanno mai in giro da sole; si portano sempre dietro un oggetto. Negli esempi appena visti, l'oggetto di ciascuna preposizione è *elephant*. Un po' di terminologia grammaticale così non ci pensiamo più: una *prepositional phrase*, locuzione preposizionale, è formata da una preposizione e da un oggetto.

L'oggetto di una preposizione è sempre un nome o un pronome e a volte possono essercene uno o due di entrambi. (Il pronome è una parola che fa le veci di un nome, per esempio *him* al posto di *Eggworthy*, *it* al posto di *omelet*, e via dicendo.)

Ecco un esempio:

> *In the afternoon the snow pelted Eggworthy on his little bald head.* Nel pomeriggio la neve picchiettò sulla testolina pelata di Eggworthy.

Questa frase ha due preposizioni: *in* e *on*. *Afternoon* è l'oggetto della preposizione *in* e *head* è l'oggetto della preposizione *on*.

Perché, chiederete voi, l'oggetto è *head* e non *little* o *bald*? Non vi sfugge proprio niente. D'accordo, la spiegazione è questa. In una locuzione preposizionale potete mettere altre cose, principalmente parole descrittive. Date un'occhiata a queste varianti della locuzione *of the elephant*:

> *of the* apologetic *elephant* dell'elefante contrito
>
> *of the* always apoplectic *elephant* dell'elefante sempre furibondo
>
> *of the* antagonizingly argumentative *elephant* dell'elefante ostilmente cavilloso

Different than? From?

Quante volte avete letto questa frase?

> *Prepositions are different than other parts of speech.* Le preposizioni sono diverse dalle altre parti del discorso

Va bene, mai. Ma scommetto che avete sentito (e forse usato) l'espressione *different than* un sacco di volte. Mi dispiace, devo darvi una cattiva notizia. *Different than* non è mai corretto. Quello che vi serve è *different from.*

Potete anche smettere di leggere, perché disponete già di tutte le informazioni necessarie. Ma se volete proprio sapere perché *different than* è un errore, continuate. Tenete però presente che la spiegazione si basa su alcuni irritanti tecnicismi grammaticali. Ecco qui: *than* non è una preposizione. È una congiunzione, la parte del discorso che collega due idee. Insomma, *than* unisce due idee che contengono combinazioni soggetto-verbo. (Altro termine grammaticale: qualsiasi cosa sia composta da una coppia soggetto-verbo si chiama *clause*, proposizione.) Ecco una frase in cui *than* è usato correttamente:

> *Tracy knows more prepositions than I do.* Tracy conosce più preposizioni di me.

Avete notato le coppie soggetto-verbo? *Tracy knows* e *I do*, da una parte e dall'altra di *than*, rendono corretta la frase. Adesso osservate questa frase, anch'essa corretta:

> *Tracy knows more prepositions than I.*

Adesso starete protestando, e non vi biasimo. Nella parte della frase che segue *than* non c'è una coppia soggetto-verbo. O almeno così sembra. Come ben sappiamo, le apparenze ingannano. In questa frase *do* è sottinteso. Dal punto di vista grammaticale i due esempi si equivalgono.

From, invece, è una preposizione. Deve avere un oggetto, che può essere un nome o un pronome. (In rari casi l'oggetto di una preposizione può essere una proposizione subordinata, ma questo tipo di costruzione non è rilevante quando state formando una frase con *different from.*)

Ecco alcune frasi con *different from* (l'oggetto della preposizione è in tondo):

> *A preposition is different from other* parts *of speech.* Una preposizione è diversa dalle altre parti del discorso.

> *Lola's new tattoo will be different from her previous fifteen* tattoos. Il nuovo tatuaggio di Lola sarà diverso dai suoi quindici tatuaggi precedenti.

> *In a break with tradition, Levon's flight path yesterday differed from his usual* pattern. Rompendo la tradizione, ieri la rotta di Levon era diversa dal suo solito piano di volo.

Vi sarete accorti che nell'ultima frase ho trasformato *different* in *differed.* L'ho fatto apposta per mostrarvi che *from* va bene sia che usiate un aggettivo (*different*), sia che usiate un verbo (qualsiasi forma di *to differ*).

Negli esempi con l'elefante, malgrado le diverse descrizioni, ciascuna frase parla sempre e comunque di un elefante. Inoltre *elephant* è un nome, e solo i nomi e i pronomi possono essere oggetto di una preposizione. Dunque nella frase con *Eggworthy* dovete scegliere la parola più importante quale oggetto della preposizione. E dovete scegliere un nome, non un aggettivo. Analizzate *his little bald head* (le parole, non la testolina di Eggworthy). *Head* è chiaramente il concetto più importante, ed è un nome. Dunque *head* è l'oggetto della preposizione.

Phrase non significa "frase" – in inglese *sentence* – ma semplicemente "gruppo di parole, locuzione, espressione".

Ponete la domanda: identificare gli oggetti delle preposizioni

Tutti gli oggetti, di un verbo o di una preposizione, rispondono alla domanda *whom?* (chi?) o *what?* (cosa?). Per trovare l'oggetto di una preposizione, chiedetevi *whom?* o *what?* dopo la preposizione.

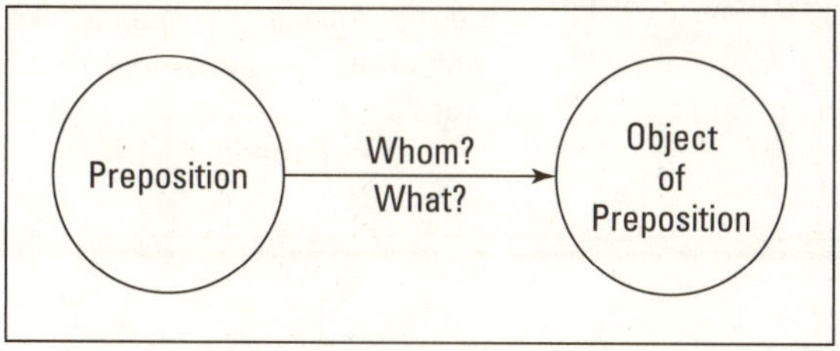

In questa frase vedete due locuzioni preposizionali:

> *Marilyn thought that the selection of the elephant for the show was quite unfair.* Marilyn pensava che la scelta dell'elefante per lo spettacolo fosse alquanto ingiusta.

La prima preposizione è *of. Of what? Of the elephant. Elephant* è l'oggetto della preposizione *of*. La seconda preposizione è *for. For what? For the show. Show* è l'oggetto della preposizione *for*.

Qual è l'oggetto della preposizione in questa frase?

> *The heroic teacher pounded the grammar rules into her students' tired brains.* L'eroica insegnante martellava le regole grammaticali negli stanchi cervelli dei suoi studenti.

Risposta: *brains* è l'oggetto della preposizione *into*. Se chiedete *into whom?* oppure *into what?*, la risposta è *her students' tired brains*. La parola più importante è *brains*, che è un nome.

DIAVOLETTI

Nel mucchio: between/among

Between e *among* significano ambedue "fra": sono due preposizioni insidiose che traggono spesso in errore. Per scegliere quella giusta, decidete di quante persone o cose state parlando. Se la risposta è due, vi servirà *between*, come in questa frase:

> *Lola was completely unable to choose* between *the biker magazine and Poetry for Weightlifters.* Lola era completamente incapace di scegliere tra la rivista per motociclisti e "Poesia per pesisti". (Due sole riviste.)

Se le cose sono più di due, la parola giusta è *among*:

> *Lola strolled* among *the parked motorcycles, reading poetry aloud.* Lola passeggiava tra le motociclette parcheggiate, leggendo poesie ad alta voce. (Più di due motociclette.)

Un'eccezione: i trattati vengono firmati *between nations*, anche se ce ne sono più di due.

> *The treaty to outlaw bubble gum was negotiated* between *Libya, the United States, Russia, and Ecuador.* Il trattato per dichiarare fuorilegge la gomma da masticare fu negoziato tra Libia, Stati Uniti, Russia ed Ecuador.

Perché bisogna stare attenti alle preposizioni?

Quando identificate le coppie soggetto-verbo dovete individuare le locuzioni preposizionali e poi ignorarle. Le locuzioni preposizionali sono distrazioni. Se non le ignorate rischiate di concordare il verbo con la parola sbagliata. (Per maggiori informazioni sulla concordanza soggetto-verbo andate al Capitolo 9.)

Potrà esservi utile riconoscere le locuzioni preposizionali anche perché a volte, quando ponete la domanda relativa all'aggettivo o all'avverbio, la risposta è una locuzione preposizionale. State tranquilli. Non avete fatto niente di male. Sappiate semplicemente che una locuzione preposizionale può svolgere lo stesso ruolo di un aggettivo o di un avverbio. (Per maggiori informazioni sugli aggettivi e gli avverbi andate al Capitolo 7.)

CONSIGLIO

Bisogna stare attenti alle preposizioni anche perché scegliere quella sbagliata può causare imbarazzo:

> Persona 1: *May I sit* next *to you?* Posso sedermi vicino a lei?
>
> Persona 2: *(smiling) Certainly.* (sorridendo) Ma certo.

Persona 1: *May I sit* under *you?* Posso sedermi sotto di lei?

Person 2: *(sound of slap) Help! Police!* (sonoro ceffone) Aiuto! Polizia!

Il modo migliore per imparare a usare correttamente le preposizioni consiste in: (a) un'attenta lettura di questo capitolo; (b) una lettura frequente di testi di buona qualità. Perché raccomando i testi di buona qualità? Se dedicate un po' di tempo a leggere testi in inglese scritti bene, l'uso corretto delle preposizioni vi suonerà naturale. E sarà vero anche il contrario: gli errori stoneranno come ukulele in un'opera lirica.

Are you talking to I? Preposizioni e pronomi

La scelta di un pronome come oggetto di una preposizione è un bel problema. Un pronome è una parola che fa le veci di un nome. Solo alcuni pronomi possono essere oggetto di preposizioni: sono chiamati *object pronouns*, pronomi oggetto. Usate il pronome sbagliato come oggetto di una preposizione e la *grammar police*, la polizia grammaticale, non vi darà pace.

I pronomi oggetto, legittimati a fare da oggetto alle preposizioni, sono *me*, *you*, *him*, *her*, *it*, *us*, *them*, *whom* e *whomever*.

Date un'occhiata ad alcuni esempi di pronomi oggetto:

> *Among Bill, Harry, and* me *there is no contest.* Tra Bill, Harry e me non c'è gara. (*Me* è uno degli oggetti della preposizione *among*.)
>
> *Without* them, *the bridge will fall out of Cedric's mouth.* Senza di essi il ponte di Cedric si staccherà. (*Them* è l'oggetto della preposizione *without*; ah, già, se non l'avete capito qui si parla di denti, non del Golden Gate.)
>
> *Lester added an amendment to the bill concerning* us, *but the bill did not pass.* Lester ha aggiunto al decreto un emendamento che ci riguarda, ma il decreto non è passato. (*Us* è l'oggetto della preposizione *concerning*.)

Qual è uno degli errori più frequenti nell'uso dei pronomi oggetto? È giusto dire *between you and I* o *between you and me*?

Risposta: l'espressione corretta è *between you and me*. *Between* = preposizione. *You and me* = oggetti della preposizione. *Me* è un pronome oggetto. (*I* è un pronome soggetto.) Mi aspetto che ricordiate questa regola ogni volta che sentite qualcuno dire *between you and I.*

Qual è la frase corretta?

A. *According to Elton and she, the elephant's nose is simply too long.* Secondo Elton e lei, il naso dell'elefante è semplicemente troppo lungo.

B. *According to Elton and her, the elephant's nose is simply too long.*

Risposta: la frase corretta è la B. *According to* è la preposizione. L'oggetto della preposizione è

> *Elton and her. Her* è un pronome oggetto. (*She* è un pronome soggetto.)

La maggior parte dei problemi nella scelta del pronome si verifica quando la preposizione ha più di un oggetto (*Elton and her*, per esempio).

Il vostro "orecchio" vi dirà probabilmente il pronome giusto quando la frase ha un solo pronome oggetto. Non direste *according to she* perché suona strano (tanto per usare un termine tecnico).

Se la preposizione ha più di un oggetto, provate a usare la cosiddetta *rule of thumb*, la regola del pollice: coprite con il pollice uno degli oggetti. Pronunciate a voce alta la frase. Suona bene?

> *According to Elton*

Fin qui tutto a posto. Adesso coprite con il pollice l'altro oggetto. Pronunciate la frase. Suona bene?

> *According to she*

Adesso lo sentite, il problema? Ora sostituite *her* a *she*:

> *According to her*

Rimettete tutto insieme:

> *According to Elton and her*

È un metodo empirico e non a prova di imbecille, ma è probabile che vi aiuti a scegliere il pronome giusto.

Una buona parte del discorso per chiudere una frase?

Il riscaldamento globale è in aumento, l'economia arranca, la nazionale di calcio ha qualche problema al centrocampo. Eppure c'è ancora chi passa il tempo a chiedersi ansiosamente dove mettere una preposizione. In particolare, queste persone (lo confesso, a volte io sono una di loro) si domandano se sia accettabile concludere una frase con una preposizione.

Permettetemi di illustrarvi il problema:

> *Tell me whom he spoke about.* Dimmi di chi parlava.
>
> *Tell me about whom he spoke.*

Il verdetto è questo: entrambe le frasi sono corrette, almeno per la maggior parte delle persone e perfino per la maggior parte degli esperti di grammatica. Ma non per tutti, sapete. Se state scrivendo a qualcuno che ama lamentarsi del declino dell'inglese corretto, evitate di piazzare una preposizione alla fine di una frase. Altrimenti mettetela dove volete.

Le interiezioni sono facili!

Se avete letto questo libro nell'ordine in cui è impaginato e siete arrivati fin qui, avete la mia imperitura devozione. Vi sarete anche accorti che abbiamo trattato tutte le parti del discorso tranne una: le interiezioni. Se voglio conservare la tessera del Club degli studiosi di grammatica non posso trascurare nessuna parte del discorso. Le interiezioni sono esclamazioni che spesso esprimono un'emozione intensa. Queste parole o frasi non sono grammaticalmente collegate al resto della frase. Date un'occhiata a questi esempi, nei quali le interiezioni sono in tondo:

> Ouch. *I caught my finger in the hatch of that submersible oceanographic vessel.* Ahi! Mi sono chiuso un dito nel boccaporto di quel vascello oceanografico sottomarino.
>
> Curses, *foiled again.* Accidenti, ho perso ancora.
>
> Yes*! We've finally gotten to a topic that is foolproof.* Sì! Finalmente siamo arrivati a un argomento a prova di imbecille.

Le interiezioni possono essere seguite da virgole, ma a volte sono seguite da punti o punti esclamativi. La punteggiatura serve a indicare al lettore che l'interiezione è un commento a proposito della frase, ma non è parte di essa. (Naturalmente, nel caso del punto o del punto esclamativo, anche la punteggiatura indica che l'interiezione è del tutto esterna alla frase.)

Con le interiezioni non potete fare niente di sbagliato, tranne forse abusarne. Le interiezioni sono come il sale. Un po' di sale sulle pietanze stimola le papille gustative. Troppo sale stimola una telefonata a un ristorante che effettua consegne a domicilio.

Capitolo 9

Le concordanze

In questo capitolo

- Distinguere tra forme verbali singolari e plurali
- Concordare il soggetto e il verbo
- Scegliere le forme verbali corrette per le domande e le frasi negative
- Quando diffidare delle locuzioni preposizionali
- Accordare i verbi con soggetti difficili

I registi di Hollywood e circa un milione di cantanti sentimentali hanno fatto di tutto per convincerci che gli opposti di attraggono. La grammatica non la pensa così. La lingua inglese preferisce le coppie ben assortite: singolare con singolare e plurale con plurale. È ciò che la terminologia grammaticale chiama *agreement*, concordanza. In questo capitolo vi insegnerò a concordare soggetti e verbi, facendo riferimento a un paio di tempi verbali e alle frasi interrogative, per poi mostrarvi alcuni casi speciali: nomi e pronomi ingannatori che vengono spesso accordati in maniera errata.

I verbi al singolare e al plurale

Se siete madrelingua inglese il vostro "orecchio" vi aiuta ad accordare correttamente i soggetti singolari e plurali con i loro verbi. Ma anche se l'inglese non è la vostra prima lingua probabilmente riuscite ad azzeccare le concordanze perché la maggior parte dei tempi verbali usa la stessa forma per il singolare e il plurale. In questa sezione vi indicherò le forme che non cambiano e quelle che lo fanno. (Per maggiori informazioni sui tempi verbali andate al Capitolo 3.)

Gli invariabili

Quando scrivete o pronunciate i verbi regolari al simple past, simple future, past perfect e future perfect la concordanza è un gioco da ragazzi. (Alcune forme progressive cambiano, come vedrete nella sezione successiva.) Le forme non progressive di questi verbi restano invariate. Ecco alcuni esempi di tempi che usano la stessa forma con i soggetti singolari e plurali. Il verbo usato è *to snore*, russare. È un verbo regolare.

> *Larry* snored *constantly, but his cousins* snored *only occasionally.* Larry russava in continuazione, ma i suoi cugini russavano solo di tanto in tanto. (Il *simple past*, *snored*, si accorda sia con il soggetto singolare *Larry*, sia con il soggetto plurale *cousins*.)
>
> *Jane* will snore *if she eats cheese before bedtime, but her bridesmaids* will snore *only after a meal containing sardines.* Jane russerà se mangia formaggio prima di andare a dormire, ma le sue damigelle russeranno solo dopo una cena a base di sardine. (Il *simple future*, *will snore*, si accorda sia con il soggetto singolare *Jane*, sia con il soggetto plurale *bridesmaids*.)
>
> *Cedric* had snored *long before his tonsils were removed. His pet tigers* had snored *nightly before Cedric upgraded their diet.* Cedric aveva russato molto prima che gli togliessero le tonsille. Le sue tigri da compagnia avevano russato ogni notte prima che Cedric arricchisse la loro dieta. (Il *past perfect*, *had snored*, si accorda sia con il soggetto singolare *Cedric*, sia con il soggetto plurale *tigers*.)
>
> *By the time this chapter is over, Lola* will have snored *for at least an hour, and her friends* will have snored *for an even longer period.* Quando questo capitolo sarà finito Lola avrà russato per almeno un'ora e i suoi amici ancora più a lungo. (Il *future perfect*, *will have snored*, si accorda sia con il soggetto singolare *Lola*, sia con il soggetto plurale *friends*.)

I tempi variabili

Avevate deciso di esprimervi usando solo i tempi invariabili? Mi dispiace per voi. Gli altri tempi sono fondamentali per le vostre competenze comunicative. Per fortuna vi servono solo pochi principi per identificare i verbi al singolare e al plurale.

I simple present tenses

Nel simple present quasi tutte le forme regolari restano invariate al singolare e al plurale. Se il soggetto della frase è *I*, *we* o *you* non avete motivo di preoccuparvi. Usano tutti lo stesso verbo (*I snore*, *we snore*, *you snore*).

Scegliendo i verbi al *simple present* dovete verificare se il soggetto è un nome singolare (*Lola, tribe, motorcycle* o *loyalty*, per esempio) o un nome plurale (come *planes*, *trains* e *automobiles*). Dovete muovervi con circospezione anche quando il soggetto è un pronome che fa le veci di un nome singolare (*he*, *she*, *it*, *another*, *someone* e via dicendo). E infine dovete stare attenti quando il soggetto è un pronome che sostituisce un nome plurale (come *they*, *both* o *several*). Per riassumere tutto in un'unica semplice regola: state in guardia quando la vostra frase parla di qualcosa o qualcuno.

Nelle frasi che parlano di qualcuno o qualcosa, la differenza tra la forma plurale e quella singolare di un verbo regolare è una semplice lettera. Il verbo al singolare termina in *-s* e la forma al plurale no. Ecco alcuni esempi di verbi regolari al *simple present tense*:

Singolare	***Plurale***
the tiger *bites* (la tigre morde)	the tigers *bite* (le tigri mordono)
Lulu *rides* (Lulu va in motocicletta)	they *ride* (essi vanno in motocicletta)
she *screams* (ella strilla)	the boys *scream* (i ragazzi strillano)
Lochness *burps* (Lochness rutta)	both *burp* (ruttano entrambi)

I progressive tenses

Anche i tempi progressivi – quelli con la forma in *-ing* – possono causare problemi con il singolare e il plurale. Questi tempi dipendono dal verbo *to be*, una stravaganza grammaticale che cambia drasticamente a seconda del soggetto. Accertatevi semplicemente di accordare il soggetto con la forma giusta del verbo *to be*. (Per tutte le forme di *to be* andate al Capitolo 3.) Date un'occhiata a questi esempi – sufficienti a soddisfare un vampiro – del verbo *to bite*, mordere:

- ✓ *Present progressive* singolare: *I* am *biting*, *you* are *biting*, *Dracula* is *biting*, *no one* is *biting*.
- ✓ *Present progressive* plurale: *We* are *biting*, *you* are *biting*, *the tigers* are *biting*, *they* are *biting*.
- ✓ *Past progressive* singolare: *I* was *biting*, *you* were *biting*, *Dracula* was *biting*, *no one* was *biting*.

- *Past progressive* plurale: *We* were *biting*, *you* were *biting*, *the tigers* were *biting*, *both* were *biting*.

Vi state interrogando sul *future progressive*, vero? Ho una buona notizia: quello non cambia mai! Resta invariato al singolare e al plurale (*I* will be *biting*, *we* will be *biting* e così via). Nessun problema.

A Roma e in Grecia: i plurali classici

Certo, il Colosseo è uno spettacolo e i miti greci sono uno sballo. Ma le lingue! Dobbiamo ringraziare gli antichi greci e gli antichi romani se un certo numero di parole inglesi forma il plurale in maniera irregolare. Ecco alcune coppie singolare/plurale:

- **Alumnus/alumni:** il singolare, *alumnus*, è un sostantivo maschile che designa un ex allievo. Il plurale, *alumni*, può riferirsi a gruppi esclusivamente maschili oppure, se accettate il termine maschile nell'accezione universale, *alumni* può riferirsi sia ai maschi che alle femmine.
- **Alumna/alumnae:** il singolare, *alumna*, è un sostantivo femminile. Il plurale si riferisce a gruppi unicamente femminili.
- **Analysis/analyses:** *analysis* (analisi) è il singolare e ha lo stesso significato dell'italiano "analisi". Nel plurale la *i* diventa *e*.
- **Parenthesis/parentheses:** (questa frase è tra *parentheses*, ma cerco di non esagerare con le *parentheses* perché dopo tre *parentheses* la gente si confonde.)
- **Datum/data:** tecnicamente, *data* è il plurale di *datum* e vuole un verbo al plurale (*the data are clear*, i dati parlano chiaro). Tuttavia un numero crescente di persone concorda *data* con un verbo al singolare *(the data is clear)*. Per far colpo sui vostri amici esperti di grammatica usate il verbo al plurale.
- **Phenomenon/phenomena:** il sostantivo singolare è *phenomenon*, che significa "una meraviglia, un caso o un evento speciale". Il plurale è *phenomena*, corretto ma oggi così oscuro che il mio correttore ortografico tende a trasformarlo in *phenomenon*.

Present perfect e *future perfect*

I tempi *present perfect* e *future perfect* (*progressive* e *non progressive*) contengono forme del verbo *to have*. Usate *have* quando il soggetto è *I*, *you* o un nome o pronome plurale. Usate *has* quando state parlando di un nome singolare o di un pronome che fa le veci di un nome singolare. Alcuni esempi:

- *Present perfect* singolare: *I* have *bitten*, *I* have *been biting*, *you* have *bitten*, *you* have *been biting*, *Dracula* has *bitten*, *Lola* has *been biting*, *she* has *bitten*, *everyone* has *been biting*.

- *Present perfect* plurale: *We* have *bitten*, *we* have *been biting*, *you* have *bitten*, *you* have *been biting*, *the tigers* have *bitten*, *the tigers* have *been biting*, *several* have *bitten*, *they* have *been biting*.

You guys understand, don't you? Voialtri capite, no?

Avrete forse notato che la parola *you* è sia singolare che plurale. Posso dire *"You are crazy"* ("Sei pazzo") a Eggworthy quando sostiene che la pancetta contiene pochi grassi. Posso anche dire *"You are crazy"* ("Siete pazzi") a tutti quelli che pensano che le piramidi siano state costruite dai marziani. In entrambi i casi uso la forma plurale del verbo (*are*). Il fatto che *you* sia al contempo singolare e plurale è forse responsabile della popolarità di alcune espressioni come *you all, y'all, youse* (molto usato a New York), *you guys* (idem), e *you people*. Queste espressioni sono pittoresche ma non corrette dal punto di vista dell'inglese formale. Usate *you* per il singolare e il plurale, e se volete aggiungete qualche indicazione sul contesto:

Today you must all wear clothes to the Introduction to Nudism class because the heat is broken. Oggi al corso introduttivo di nudismo dovete tutti tenere addosso i vestiti perché il riscaldamento è rotto.

"I must have you and only you!" cried Larry to his soon-to-be sixth wife. "Devo avere te e te soltanto!" gridò Larry alla sua futura sesta moglie.

Più facile che fare il consulente matrimoniale: mettere d'accordo soggetti e verbi

Quando avete imparato a distinguere un verbo al singolare da un verbo al plurale (vedete la sezione precedente), potete concentrarvi sulle concordanze. Ricordate che dovete sempre accordare soggetti al singolare con verbi al singolare e soggetti al plurale con verbi al plurale. Niente promiscuità.

Date un'occhiata a questi esempi:

The ugly duckling hates the mirrored room. Il brutto anatroccolo odia la stanza piena di specchi. (*duckling* = soggetto al singolare, *hates* = verbo al singolare)

The plastic elf is still sitting on the store shelf. L'elfo di plastica è rimasto sullo scaffale del negozio. (*elf* = soggetto al singolare, *is sitting* = verbo al singolare)

Hedge clippers are always a thoughtful gift. Un paio di cesoie è sempre un regalo premuroso. (*clippers* = soggetto al plurale, *are* = verbo al plurale)

We plan to redecorate next summer. Prevediamo di ridipingere la casa l'estate prossima. (*we* = soggetto al plurale, *plan* = verbo al plurale)

Come facevo a sapere che le coppie soggetto-verbo erano al singolare o al plurale? Ho determinato il numero di soggetti che svolgevano l'azione e poi ho concordato i verbi.

Ecco i passi da seguire per far sì che i vostri soggetti e i vostri verbi siano accordati bene:

1. Ponete la domanda per trovare il verbo. (Vedete il Capitolo 2.)
2. Ponete la domanda per trovare il soggetto. (Vedete il Capitolo 4.)
3. Determinate se il soggetto è singolare o plurale.
4. Accordate il verbo giusto: verbo al singolare con un soggetto singolare, verbo al plurale con un soggetto plurale.

La scelta dei verbi in presenza di due soggetti

Le frasi con due soggetti uniti da *and* vogliono un verbo al plurale, anche se ciascuno dei due soggetti è al singolare. (È matematico: uno + uno = due. Un soggetto + un soggetto = soggetto plurale.)

Ecco alcune frasi in cui i soggetti sono uniti dalla parola *and*:

The sofa and the pillow are very comfortable. Il divano e il cuscino sono molto comodi. (*sofa* + *pillow* = soggetto plurale, *are* = verbo plurale)

The picture and its frame belong together. Il quadro e la sua cornice si armonizzano. (*picture* + *frame* = soggetto plurale, *belong* = verbo plurale)

Romance and garlic do not mix. Le storie d'amore e l'aglio non vanno d'accordo. (*romance* + *garlic* = soggetto plurale, *do mix* = verbo plurale)

Qual è la frase corretta?

A. *The judge and the jury have shown no mercy in these cases.* In questi casi il giudice e la giuria non hanno mostrato alcuna clemenza.

B. *The judge and the jury has shown no mercy in these cases.*

Risposta: la frase corretta è la A. Il soggetto è plurale (*judge and jury*) e dunque vuole un verbo al plurale (*have shown*). Nella frase B il verbo (*has shown*) è al singolare.

Le frasi interrogative

Tanto per rendere il tutto più complicato, la grammatica inglese rimescola l'ordine della frase per renderla interrogativa e spesso vi aggiunge uno o due ausiliari. (Per maggiori informazioni sui verbi ausiliari andate al Capitolo 2.) Altra cattiva notizia: le frasi interrogative vengono formate in maniera diversa a seconda dei tempi verbali. In questa sezione vi insegnerò a costruire frasi interrogative al singolare e al plurale in ciascun tempo verbale.

Frasi interrogative al present tense

Date un'occhiata ai soggetti e ai verbi in tondo in queste domande:

> Does *the* ring *in Lulu's navel* rust *when she showers?* L'anello all'ombelico di Lulu si arrugginisce quando fa la doccia? (ring = soggetto singolare, does rust = verbo singolare)
>
> Do Larry *and* Jane need *a good divorce lawyer?* A Larry e Jane serve un buon avvocato divorzista? (*Larry* + *Jane* = soggetto plurale, *do need* = verbo plurale)

Avete probabilmente capito che i verbi in queste frasi interrogative vengono formati aggiungendo *do* o *does* al verbo principale. *Do* si accorda a tutti i soggetti plurali e ai soggetti singolari *I* e *you*. *Does* serve per tutti gli altri soggetti singolari. Questo sistema vale per la maggior parte delle frasi interrogative al *present tense*. (Quelle costruite con il verbo *to be* non hanno bisogno di *do* o *does*.) Quando viene formata una frase interrogativa con *do* o *does*, il verbo principale non cambia. Dunque, quando controllate la concordanza soggetto-verbo nelle frasi interrogative al *present tense*, fate attenzione all'ausiliare *do* o *does*.

Tanto per capirci, ecco un paio di frasi interrogative con il verbo *to be:*

> Is grammar *in style right now?* Adesso la grammatica è di moda? (*grammar* = soggetto singolare, *is* = verbo singolare)
>
> Am I *a good grammarian?* Sono una buona insegnante di grammatica? (*I* = soggetto singolare, *am* = verbo singolare)
>
> Are *the* grammarians analyzing *that sentence?* Gli esperti di grammatica stanno analizzando quella frase? (*grammarians* = soggetto plurale, *are analyzing* = verbo plurale)

Trasformate questa frase affermativa in una frase interrogativa:

> *Jane meets Larry's parents today.* Oggi Jane incontra i genitori di Larry.

Risposta: Does *Jane* meet *Larry's parents today? Jane* è un soggetto singolare. Per formare la frase interrogativa, aggiungete il verbo ausiliare *does.*

Frasi interrogative al past tense

Le frasi interrogative al *past tense* ricorrono all'ausiliare *did*. Sarete felici di sapere che *did* serve a formare frasi interrogative con soggetti sia singolari che plurali. Le domande con il verbo *to be* (che resta un tipo stravagante) non hanno bisogno di verbi ausiliari, ma l'ordine delle parole cambia. Ecco alcuni esempi di frasi interrogative al *past tense*:

> Did Zoe play *the same song for eight hours?* Zoe ha suonato la stessa canzone per otto ore? (*Zoe* = soggetto singolare, *did play* = verbo singolare al *past tense*)
>
> Did *the* grammarians complain *about that question?* Gli esperti di grammatica si sono lamentati di quella domanda? (*grammarians* = soggetto plurale, *did complain* = verbo plurale al *past tense*)
>
> Was Lola *on the Committee to Combat Body Piercing?* Lola faceva parte del Comitato per la lotta al body piercing? (*Lola* = soggetto singolare, *was* = verbo singolare al *past tense*)
>
> Were *the* villagers *angry about the new tax?* Gli abitanti erano furiosi per la nuova tassa? (*villagers* = soggetto plurale, *were* = verbo plurale al *past tense*)

Trasformate questa frase affermativa in una frase interrogativa.

> *Jane and Larry* printed *the invitations.* Jane e Larry hanno stampato gli inviti.

Risposta: Did *Jane and Larry* print *the invitations?* Per costruire la frase interrogativa al *past tense* aggiungete l'ausiliare *did.*

Frasi interrogative al future tense

Ancora una volta il *future tense* ci facilita la vita. I *future tenses* possiedono già degli ausiliari, dunque non servono aggiunte. Altra buona notizia: gli ausiliari non cambiano a seconda che il soggetto sia singolare o plurale. Leggete queste frasi interrogative al *future tense*:

> Will Lola *and* Lulu *ever* see *the error of their ways?* Lola e Lulu capiranno mai dove stanno sbagliando? (*Lola* e *Lulu* = soggetto plurale, *will see* = verbo plurale al *future tense*)

> Will George be seeing *you in all the old familiar places?* George continuerà a vederti in tutti i vecchi luoghi familiari? (*George* = soggetto singolare, *will be seeing* = verbo singolare al *future tense*)

> Will both *of you* be ordering *another dessert?* Ordinerete entrambi un altro dessert? (*both* = soggetto plurale, *will be ordering* = verbo plurale al *future tense*)

Frasi negative e concordanza soggetto-verbo

Anche alcune frasi negative al *present tense* vengono formate aggiungendo *do* o *does*, insieme alla parola *not*, a un verbo principale. Il *not* si infila tra il verbo ausiliare (*do* o *does*) e il verbo principale. Ricordate che *does* è sempre singolare.

L'ausiliare *do* accompagna i soggetti singolari *I* e *you* e viene usato anche con tutti i soggetti plurali. Ecco alcuni esempi:

> Larry does *not* drive *a sports car because he wants to project a wholesome image.* Larry non guida una macchina sportiva perché vuole dare un'impressione di serietà. (*Larry* = soggetto singolare, *does drive* = verbo singolare al *present tense*)

The killer bees do *not* chase *Roger because they are afraid of him.* Le api assassine non inseguono Roger perché hanno paura di lui (*bees* = soggetto plurale, *do chase* = verbo plurale al *present tense*)

I do *not* want *to learn anything else about verbs ever again.* Non voglio imparare mai più niente sui verbi. (*I* = soggetto singolare, *do want* = verbo singolare al *present tense*)

You do *not* dance *like that in this club!* Non si balla così in questo club! (*You* = soggetto singolare o plurale, *do dance* = verbo singolare o plurale al *present tense*)

Altra nota positiva: per formare frasi negative al *past tense* vi basta l'ausiliare *did* sia per i soggetti singolari che per quelli plurali:

Roger did *not* dance *all night.* Roger non ha ballato tutta la notte. (*Roger* = soggetto singolare, *did dance* = verbo singolare al *past tense*)

Lola *and* Lulu did *not* send *a package of killer bees to Roger.* Lola e Lulu non hanno mandato a Roger un pacchetto di api assassine. (*Lola* e *Lulu* = soggetto plurale, *did send* = verbo plurale al *past tense*)

Le frasi negative al *future tense* sono perfino più facili. Non vi servono altri ausiliari, e quelli che già avete (*shall* o *will*) restano invariati al singolare e al plurale:

Roger will *not* write *a thank-you note to Lola.* Roger non scriverà un biglietto di ringraziamento a Lola. (*Roger* = soggetto singolare, *will write* = verbo singolare al *future tense*)

The killer bees will *not* shy *away from Larry.* Le api assassine non si terranno alla larga da Larry. (*bees* = soggetto plurale, *will shy* = verbo plurale al *future tense*)

QUIZ A SORPRESA

Trasformate questa frase affermativa in una frase negativa.

George gave me help during the grammar test. George mi ha aiutato durante il test di grammatica.

Risposta: *George* did *not* give *me help during the grammar test.* La frase negativa viene formata con l'ausiliare *did*.

Le distrazioni: locuzioni preposizionali e altre espressioni irrilevanti

I soggetti e i loro verbi sono come genitori a spasso nel parco con i loro bambini: vanno sempre in giro insieme. Un passante potrà fermarsi a vezzeggiare un bambino, attirandone l'attenzione, ma si tratterà solo di una distrazione: sarà cioè irrilevante dal punto di vista del legame tra genitori e figli. Il mondo delle frasi è pieno di passanti che fanno capolino, si imbucano tra un soggetto e il suo verbo e vi distraggono. La strategia migliore consiste nell'identificare le distrazioni e poi cancellarle (almeno idealmente) per arrivare al nocciolo della frase: la coppia soggetto-verbo.

Le distrazioni più frequenti, ma non le sole, sono le locuzioni preposizionali. Una locuzione preposizionale, in inglese *prepositional phrase*, contiene una preposizione (*on, to, for, by* e così via) e un oggetto della preposizione (un nome o un pronome). Questo tipo di locuzione può contenere anche alcune parole descrittive. (Le locuzioni preposizionali sono trattate nel Capitolo 8.) Altre distrazioni possono essere rappresentate da proposizioni subordinate o da participi. Nelle frasi seguenti ho aggiunto un po' di depistaggi. Le distrazioni (non esclusivamente locuzioni preposizionali) sono evidenziate in tondo.

> *The accountant* with 10,000 clients and only two assistants *works way too hard.* Il contabile con 10.000 clienti e solo due assistenti lavora troppo. (*accountant* = soggetto, *works* = verbo)

In questa frase *accountant* è il soggetto singolare. Se prestate troppa attenzione alla locuzione preposizionale rischiate di scambiare *clients* e *assistants*, entrambi plurali, per i soggetti della frase.

> *The FBI agent,* fascinated by my last three tax returns, *is ruining my vacation plans.* L'agente dell'FBI, affascinato dalle mie ultime tre dichiarazioni dei redditi, sta guastando i miei progetti di vacanza. (*agent* = soggetto, *is ruining* = verbo)

Ignorando la locuzione sulla dichiarazione dei redditi potete facilmente identificare la coppia soggetto-verbo.

> *The deductions,* not the tax rate, *are a problem.* Il problema sono le detrazioni, non l'aliquota fiscale. (*deductions* = soggetto, *are* = verbo)

In questa frase *deductions* è il soggetto plurale. Se vi lasciate distrarre, rischiate di accordare il vostro verbo con *rate*, che è singolare.

In conclusione: ignorate tutte le espressioni che possono distrarvi e concentratevi sulla vera coppia soggetto-verbo. Se c'è qualche funzionario del fisco che sta leggendo questo libro, lo prego invece di ignorare le mie dichiarazioni dei redditi.

Qual è la frase corretta?

A. *The boy in the first row, along with all the girls throwing spitballs, is ignoring the teacher.* Il ragazzo in prima fila, insieme a tutte le ragazze impegnate a lanciare palline di carta, sta ignorando l'insegnante.

B. *The boy in the first row, along with all the girls throwing spitballs, are ignoring the teacher.*

Risposta: la frase corretta è la A. Il soggetto è *boy*. *Along with all the girls throwing spitballs* è una distrazione (in questo caso, una locuzione preposizionale).

Riprovate: qual è la frase corretta?

A. *The girl in the last row, but not the football players in the hall, are firing spitballs at the teacher.* La ragazza in ultima fila, ma non i giocatori di football nell'atrio, sta lanciando palline di carta all'insegnante.

B. *The girl in the last row, but not the football players in the hall, is firing spitballs at the teacher.*

Risposta: la frase corretta è la B. Il soggetto è *girl*. Il verbo deve pertanto essere al singolare (*is firing*). Ignorate le parole tra le virgole; sono semplici distrazioni che non influiscono sull'accordo soggetto-verbo.

Non possiamo cercare di andare d'accordo? Concordanze con soggetti difficili

In tutte le famiglie c'è almeno un parente "difficile", quello che tutti cercano di evitare durante i pranzi festivi. Sotto questo aspetto la grammatica inglese è simile a una famiglia. Purtroppo non è possibile scaricare i parenti pazzi, né ignorare i soggetti difficili che vado a descrivervi.

Cinque pronomi imbarazzanti

Poco fa vi ho consigliato di ignorare le locuzioni preposizionali. Adesso devo confessarvi che questa regola ha una piccola eccezione. Be', cinque piccole eccezioni.

Cinque pronomi – cinque paroline che hanno l'unico scopo di mettervi nei guai – passano dalla forma singolare a quella plurale a causa delle locuzioni preposizionali che li seguono.

I cinque piantagrane sono:

- ✓ *any* (qualsiasi)
- ✓ *all* (tutti)
- ✓ *most* (la maggior parte)
- ✓ *none* (nessuno)
- ✓ *some* (alcuni)

Un buon metodo per ricordare questi cinque pronomi è una frase *nonsense*. (Come? Dite che questo libro non contiene che frasi nonsense? Grazie per il complimento.) Ecco la frase:

> *Alice's aunt makes nice salads.* La zia di Alice fa buone insalate. (*Alice's* = any, *aunt*= all, *makes* = most, *nice* = none, *salads* = some)

Ecco i nostri cinque pronomi in compagnia di alcune locuzioni preposizionali. Come potete notare, la locuzione preposizionale influisce sul numero del verbo.

Singolare	**Plurale**
any *of the information is* (qualsiasi di queste informazioni è)	any *of the magazines are* (qualsiasi rivista è)
all *of the pie is* (tutta la torta è)	all *of the shoes are* (tutte le scarpe sono)
most *of the city is* (la maggior parte della città è)	most *of the pencils are* (la maggior parte delle matite è)
none *of the pollution is* (nessun aspetto dell'inquinamento è)	none *of the toenails are* (nessuna delle unghie dei piedi è)
some *of the speech is* (il discorso è in parte)	some *of the politicians are* (alcuni politici sono)

Capita la logica? Per queste cinque parole la locuzione preposizionale è il fattore determinante. Se la locuzione si riferisce a un'idea plurale, il verbo è al plurale. Se la locuzione si riferisce a un'idea singolare, il verbo è al singolare.

Qualche problema qua e là

Le frasi che cominciano con *here* o *there* sono tra quelle caratterizzate da un ordine insolito delle parole. Negli esempi seguenti, le coppie soggetto-verbo sono in tondo:

> *Here* is *the* baby parakeet *that just bumped his head on the window.* Ecco il giovane pappagallino che è andato a sbattere con la testa contro la finestra.
>
> *There* are *no flying* schools *for birds.* Non esistono scuole di volo per uccelli.

Come potete osservare, le parole *here* e *there* non sono in tondo. Queste parole non sono mai soggetti! Il vero soggetto in questo tipo di frase viene dopo il verbo, ed è lì che dovete cercare quando fate una concordanza soggetto-verbo.

Ones, things, bodies

Ones, *things* e *bodies* sono famiglie di pronomi a cui piace mettervi in imbarazzo.

Date un'occhiata ai loro alberi genealogici:

> *Ones*: *one, everyone, someone, anyone, no one*
>
> *Things*: *everything, something, anything, nothing*
>
> *Bodies*: *everybody, somebody, anybody, nobody*

Questi pronomi sono sempre al singolare, anche se sono circondati da locuzioni preposizionali di senso plurale. Vogliono dunque verbi al singolare. Osservate questi esempi:

> *So* everybody is *happy because* no one has *caused any trouble, and* anything goes. Allora tutti sono felici perché nessuno ha combinato guai, e tutto è permesso.
>
> Anyone *in the pool of candidates for dogcatcher* speaks *better than Lulu.* Nel gruppo di aspiranti accalappiacani chiunque parla meglio di Lulu.
>
> One *of the million reasons to hate you* is *your tendency to split infinitives.* Una delle mille ragioni per odiarti è la tua tendenza a spezzare le infinitive.

Not one *out of a million spies* creates *as much distraction as George.* Su un milione di spie, non ce n'è una che crei tanto scompiglio quanto George.

Each ed every

Each e *every* sono abbastanza forti da trasformare tutti i soggetti che li seguono in un'idea al singolare. Date un'occhiata a questi esempi:

Each *shoe and sock* is *in need of mending, but Larry refuses to pick up a needle and thread.* Tutte le scarpe e tutte le calze hanno bisogno di essere riparate e rammendate, ma Larry si rifiuta di prendere in mano ago e filo.

Every *dress and skirt in that store* is *on sale, and Lulu's in a spending mood.* Tutti i vestiti e le gonne di quel negozio sono in saldo, e Lulu oggi è spendacciona.

Queste frasi si sembrano sbagliate? Certo, ciascuna di essa ha senso plurale: il soggetto è costituito da due cose (*shoe* e *sock*) nella prima frase e da altre due cose (*dress* e *skirt*) nella seconda. Ma quando davanti a un gruppo vengono posizionati *each* o *every*, gli elementi di quel gruppo vanno presi uno alla volta. Nella prima frase il soggetto consiste in *one shoe*, *one sock*, *another shoe*, *another sock* e via dicendo. Dunque la frase ha bisogno di un verbo al singolare che concordi con il soggetto al singolare. Lo stesso vale per la seconda frase.

Either e neither: da soli o in compagnia

Either è spesso accompagnato da *or* e *neither* passa molto tempo in compagnia di *nor*. Ma quando sono soli, *either* e *neither* sono sempre al singolare:

Either *of the two armies* is *strong enough to take over the entire planet.* L'uno o l'altro dei due eserciti è abbastanza forte da conquistare l'intero pianeta.

Neither *of the football captains* has shown *any willingness to accept Lola as quarterback.* Nessuno dei due capitani della squadra di football ha mostrato la minima intenzione di accettare Lola come quarterback.

Dato che nelle frasi si parla di eserciti e di squadre di football, potreste avere la tentazione di scegliere verbi al plurale. Resistete. Quale che sia il senso della frase, se il soggetto è *either* o *neither* ci vuole il verbo al singolare.

Quando *either* e *neither* sono accompagnati dai loro amici per la pelle, *or* e *nor*, succedono due cose. In primo luogo, *either* e *neither* si trasformano in congiunzioni. In secondo luogo, se uniscono due soggetti, il soggetto più vicino al verbo determina se il verbo debba essere singolare o plurale. Proprio così. È un problema grammaticale che potete risolvere con l'uso di un righello. Osservate queste frasi:

> *Either* Jane *or* her bridesmaids have eaten *the icing on the cake.* La glassa della torta se la sono mangiata o Jane o le sue damigelle. (*bridesmaids* = soggetto più vicino, plurale; *have eaten* = verbo al plurale)
>
> *Neither* the waiters *nor* Larry is planning *to eat the leftovers.* Né i camerieri né Larry intendono mangiare gli avanzi. (*Larry* = soggetto più vicino, singolare; *is planning* = verbo singolare)

La maggior parte delle frasi interrogative contiene verbi ausiliari, e gli ausiliari sono la parte del verbo che cambia. Non temete: continuate a usare il righello. Il soggetto che si trova più vicino alla parte variabile del verbo guida la scelta del singolare o del plurale. Date un'occhiata a questi esempi:

> Does *either* Jane *or* her cousins want *antacids?* Jane o i suoi cugini vogliono degli antiacido? (*Jane* = soggetto più vicino all'ausiliare *does*; *Jane* = soggetto singolare, *does want* = verbo al singolare)
>
> Do *neither* her cousins *nor* Jane know *how to cook?* Né Jane né i suoi cugini sanno cucinare? (*cousins* = soggetto più vicino al verbo ausiliare *do*; *cousins* = soggetto plurale, *do know* = verbo al plurale)

Politics e altri soggetti irregolari

Oltre alla vuota retorica, ai tatticismi e ai colpi bassi, il problema della politica (almeno in inglese) è il numero: la parola *politics* è singolare o plurale? Sembra plurale perché finisce con *s*, come *mathematics* (matematica), *tactics* (tattica), *news* (notizie), *economics* (economia), *civics* (educazione civica), *physics* (fisica), *athletics* (atletica), *measles* (morbillo), *mumps* (orecchioni) e *analysis* (analisi). Sorpresa! Tutti questi sostantivi sono singolari e vogliono il verbo al singolare:

> Politics is *a dirty sport, very much suited to Bob's view of the world.* La politica è uno sport sporco, che ben si addice alla visione del mondo di Bob.

Roger thinks that mathematics is *overrated.* Civics hasn't captured *his attention either.* Physics, *however,* has been *his favorite subject since second grade.* Roger pensa che la matematica sia sopravvalutata. Neanche l'educazione civica ha attirato la sua attenzione. La fisica, invece, è la sua materia preferita fin dalla seconda elementare.

Athletics is *not my strong point.* L'atletica non è il mio forte.

I may have to change my diet because the news *about doughnuts* is *not encouraging.* Forse devo cambiare alimentazione perché le notizie sui bomboloni non sono incoraggianti.

"Economics is *my thing," commented Cedric as he stuffed money into his pockets.* "L'economia è la mia specialità", commentò Cedric ficcandosi del denaro nelle tasche.

"Do you think that measles is *a serious disease?" asked Eggworthy.* "Pensi che il morbillo sia una malattia grave?" chiese Eggworthy.

"No, mumps is *a lot worse" replied Michael.* "No, gli orecchioni sono molto peggio" rispose Michael.

"Your troubles are all in your mind" said Lola. "Analysis is *the answer."* "I tuoi guai sono tutti nella tua mente" disse Lola. "L'analisi è la soluzione."

Un'altra parola – *statistics*, statistica – può essere sia singolare che plurale. Se state parlando di numeri è plurale:

Statistics show *that grammar knowledge is declining.* La statistica mostra che la conoscenza della grammatica è in declino.

Se state parlando di un settore di studio o di un corso universitario, *statistics* è singolare:

Statistics is *a difficult course.* Il corso di statistica è difficile.

Nella lingua inglese ci sono anche parole che sono sempre plurali. Eccone alcune: *eyeglasses* (occhiali), *pants* (pantaloni [inglese americano]), *trousers* (pantaloni [inglese britannico]), *jeans* (jeans), *shorts* (calzoncini) e *scissors* (forbici). (Molti di questi termini si riferiscono a capi di vestiario, avete notato?) Altre parole sempre plurali sono *credentials* (credenziali), *acoustics* (acustica), *earnings* (guadagni), *headquarters* (quartier generale) e *ceramics* (ceramica).

Se avete un dubbio controllate sul dizionario, e ricordate di concordare sostantivi singolari con verbi al plurale e sostantivi plurali con verbi al plurale.

Parte III

I meccanismi

"C'mon Fogelman-talk! And I don't want to hear any of your non-parallel sentence structures, incomplete sentences or dangling participles!"

Avanti, Fogelman, parla! E non voglio sentirti biascicare frasi sbilenche o incompiute e piene di participi assoluti!

In questa parte...

Vi è mai capitato di passare accanto a un cantiere edile? Se sì, avrete probabilmente notato imponenti mucchi di legno, ferro o mattoni, tutti materiali molto ingombranti e utili per la costruzione di un edificio. Ma avrete anche visto piccole cose altrettanto indispensabili: i chiodi, i dadi e le viti. In questa parte spiegherò i chiodi, i dadi e le viti dell'inglese scritto: gli apostrofi, le virgolette e altri segni d'interpunzione. Quando avrete finito di leggere questa parte capirete perché questi piccoli elementi – che gli insegnanti di inglese chiamano *meccanismi* – sono una parte essenziale del pacchetto di informazioni che volete trasmettere al lettore.

Capitolo 10

La legge sulla punteggiatura che dovrebbe essere abrogata: gli apostrofi

In questo capitolo

- Denotare possesso con gli apostrofi
- Abbreviare parole e frasi con gli apostrofi
- Evitare gli errori più frequenti relativi agli apostrofi

Succede tutte le volte che esco a fare una passeggiata. Me ne vado in giro, formulando ogni genere di pensieri (grammaticalmente corretti, naturalmente!), quando mi cade lo sguardo su un'insegna.

Bagel's Sold Here Qui vendita bagel

Mens Suits — the Best Deals in Town! Completi maschili – i migliori affari della città

Cos'è questo rumore? È la regola degli apostrofi che cade a terra con un tonfo. Gli apostrofi sono quei piccoli segni curvi sospesi tra certe lettere, come nell'insegna dei bagel. Perché quelle insegne mi disturbano? Perché in entrambi i casi l'apostrofo (o la sua assenza) è un problema. Quei testi avrebbero dovuto essere scritti così:

Bagels Sold Here

Men's Suits — the Best Deals in Town!

Perché non sono scritti correttamente? Non lo so. Per qualche strano motivo anche le persone istruite infilano gli apostrofi dove non servono e li omettono quando sono necessari. È per questo che vorrei abrogare la regola degli apostrofi. Cancellarla dai libri. Togliere il tasto dell'apostrofo dalle tastiere dei computer. Eliminare l'apostrofo dalla mente collettiva degli insegnanti di inglese. Fatto, finito, chiuso.

In attesa del giorno felice in cui gli apostrofi spariranno, dovete imparare le regole che ne disciplinano l'uso. In questo capitolo spiego come usare gli apostrofi per denotare possesso e abbreviare le parole.

The pen of my aunt or my aunt's pen? Usare gli apostrofi per indicare possesso

Quasi tutte le altre lingue sono più furbe dell'inglese. Per indicare possesso in italiano dite:

la penna di mia zia – *the pen of my aunt*

gli ottimi vini di quel bar all'angolo – *the fine wines of that corner bar*

le lettere degli innamorati – *the letters of the lovers*

In inglese potete usare la stessa forma, ma avete anche un'altra possibilità: il genitivo sassone, che si forma con l'apostrofo. Adesso date un'occhiata a queste frasi, che usano il genitivo sassone per esprimere il medesimo significato:

my aunt's pen

that corner bar's fine wines

the lovers' letters

Tutte queste frasi contengono nomi che esprimono possesso. Mi piace immaginare l'apostrofo come una manina che si tiene aggrappata a una *s* per indicare appartenenza. Nei primi due esempi notate che l'apostrofo serve a indicare che un nome singolare possiede qualcosa (*aunt's*, *bar's*). Nel terzo esempio l'apostrofo ci dice che a possedere qualcosa è un nome plurale (*lovers'*).

CONSIGLIO

Il genitivo sassone precede il sostantivo perché ha la funzione di un aggettivo, cioè di dire qualcosa a proposito della cosa posseduta. Per comprendere meglio la sua funzione è utile confrontarlo con l'aggettivo possessivo italiano, poiché viene usato come questo.

Il possesso per i nomi al singolare

Per indicare il possesso nel caso di nomi al singolare aggiungete al possessore un apostrofo e la lettera *s* e fatelo seguire dalla cosa posseduta:

> *the* dragon's *burnt tooth* – il dente bruciato del drago (il dente bruciato appartiene al drago)
>
> Lulu's *pierced tooth* – il dente di Lulu con il piercing (il dente con il piercing appartiene a Lulu)
>
> Michael's *gold-filled tooth* – Il dente di Michael con l'otturazione d'oro (il dente otturato appartiene a Michael)

CONSIGLIO

Un altro modo per capire questa regola è vedere se la parola *of* esprime quello che state cercando di dire. Con il metodo *of*, notate che:

> *the sharp tooth* of *the crocodile* = *the* crocodile's *sharp tooth* (il dente affilato del coccodrillo)
>
> *the peanut-stained tooth* of *the elephant* = *the* elephant's *peanut-stained tooth* (il dente dell'elefante macchiato dalle noccioline)

A volte il possessore non è chiaramente indicato. Accade soprattutto con le espressioni temporali.

Se nella frase potete inserire *of*, probabilmente vi serve un apostrofo. Per capire come eseguire la "prova dell'*of*", leggete queste frasi:

> *one week's tooth cleaning* = *one week of tooth cleaning* (una settimana di pulizia dei denti)
>
> *one year's dental care* = *one year of dental care* (un anno di cure dentistiche)

In conclusione: quando si parla di tempo, sottoponete la vostra frase alla "prova dell'*of*". Se la passa, inserite un apostrofo.

QUIZ A SORPRESA

Qual è la frase corretta?

A. *Lulu told Lola that Roger needs a years work on his gum disease.* Lulu ha detto a Lola che Roger ha bisogno di un anno di lavoro per il suo disturbo alle gengive.

B. *Lulu told Lola that Roger needs a year's work on his gum disease.*

Risposta: la frase corretta è la B perché Roger ha bisogno di *a year of work*. (In realtà ha bisogno di denti finti e forse di una rinoplastica, ma il lavoro sulle gengive è già qualcosa.)

Il possesso per i nomi al plurale

Se tutto appartenesse a una sola persona avremmo chiuso la questione degli apostrofi. Ma neanche Bill Gates (per ora) possiede tutto. Dunque dobbiamo occuparci dei possessori al plurale. I plurali della maggior parte dei sostantivi inglesi terminano già con la lettera *s*. Per indicare possesso non dovete fare altro che aggiungere un apostrofo dopo la *s*. Date un'occhiata a questi esempi:

> *ten* gerbils' *tiny teeth* – i denti minuscoli di dieci gerbilli (i denti minuscoli appartengono a dieci gerbilli)
>
> *many* dinosaurs' *petrified teeth* – i denti pietrificati di molti dinosauri (i denti pietrificati appartengono a un branco di dinosauri)
>
> *a thousand sword* swallowers' *sliced teeth* – i denti scheggiati di mille mangiatori di spade (i denti scheggiati appartengono a mille mangiatori di spade)

CONSIGLIO

La "prova dell'*of*" funziona anche per i plurali. Se potete riformulare l'espressione impiegando la parola *of*, probabilmente vi serve un apostrofo. Ricordatevi di aggiungere l'apostrofo dopo la lettera *s*:

DIAVOLETTI

Il canto della civetta: who's, whose

Whose denota possesso. Pone raramente problemi, tranne quando lo si confonde con un'altra parola: *who's*. *Who's* è una contrazione di *who is*.

Esempi:

> *The boy* whose *hat was burning was last seen running down the street screaming, "*Who's *in charge of fire fighting in this town?"* Il ragazzo con il cappello in fiamme fu visto per l'ultima volta mentre correva per la strada urlando "Chi si occupa di spegnere gli incendi, in questa città?".

oppure:

> Whose *box of firecrackers is on the radiator?* Who's *going to tell Eggworthy that his living room looks like the Fourth of July?* Di chi è la scatola di fuochi d'artificio sul radiatore? Adesso chi dice a Eggworthy che il suo salotto ricorda i festeggiamenti del 4 luglio?

three days' *dental work on those false teeth = three days* of *dental work* (tre giorni di lavoro dentistico su quei denti finti)

sixteen years' *neglect on the part of Lulu's dentist = sixteen years* of *neglect* (sedici anni di negligenza da parte del dentista di Lulu)

two centuries' *pain of rotten teeth = two centuries* of *pain* (due secoli di dolore provocati dai denti guasti)

Qual è la frase corretta?

A. *The dentist has only one goal in life: to clean the Yankee's teeth.* Il dentista ha un solo scopo nella vita. Fare la pulizia dei denti agli Yankees.

B. *The dentist has only one goal in life: to clean the Yankees' teeth.*

Risposta: la frase corretta è la A se parlate di un solo giocatore. La frase corretta è la B se parlate di tutti i giocatori della squadra.

Riprovate. Qual è la frase corretta?

A. *The Halloween decorations are decaying, especially the pumpkins teeth. Sam carved all ten jack-o-lanterns and he can't bear to throw them away.* Le decorazioni di Halloween stanno marcendo, soprattutto i denti delle zucche. Sam ha intagliato tutte e dieci le lanterne e non sopporta di gettarle via.

B. *The Halloween decorations are decaying, especially the pumpkins' teeth. Sam carved all ten jack-o-lanterns, and he can't bear to throw them away.*

C. *The Halloween decorations are decaying, especially the pumpkin's teeth. Sam carved all ten jack-o-lanterns, and he can't bear to throw them away.*

Risposta: la frase corretta è la B. Il contesto della frase (*all ten jack-o-lanterns*) ci dice che che le zucche che stanno marcendo sono più d'una. Nella frase B, *pumpkins'* esprime possesso da parte di un sostantivo plurale. Nella frase A, *pumpkins* non ha l'apostrofo, anche se indica chiaramente possesso. Nella frase C l'apostrofo è collocato prima della *s*, come se parlassimo di una sola zucca.

Il possesso nel caso dei plurali irregolari

In molti esempi di questo capitolo utilizzo la parola *teeth* (cominciate a sognarvela la notte, vero?). *Teeth* è un sostantivo plurale, ma *teeth* non termina con la lettera *s*. In altri termini, *teeth* è un plurale irregolare. Per indicare possesso nel caso dei plurali irregolari aggiungete un apostrofo e poi la lettera *s* (*teeth's*).

Date un'occhiata a questi esempi:

teeth's *cavities* – carie dei denti (le carie appartengono ai denti)

children's *erupting teeth* – denti di bambini che stanno spuntando (i denti che stanno spuntando appartengono ai bambini)

the three blind mice's *imaginary teeth* – i denti immaginari dei tre topini ciechi (i denti immaginari appartengono ai tre topini ciechi)

the women's *lipstick-stained teeth* – i denti macchiati di rossetto delle donne (i denti macchiati di rossetto appartengono alle donne)

the mice's *cheesy teeth* – i brutti denti dei topi (i brutti denti appartengono ai topi)

the geese's *missing teeth* – i denti mancanti delle oche (le oche non possiedono nessun dente, anche perché hanno il becco)

Possessivi plurali composti

Cosa succede quando due persone possiedono la stessa cosa? Nella vita reale finiscono spesso in tribunale. Nella vita grammaticale aggiungono uno o due apostrofi, a seconda del tipo di possesso. Se due persone possiedono qualcosa insieme, come coppia, usano solo un apostrofo.

George and Martha Washington's *home* – la casa di George e Martha Washington (la casa appartiene a entrambi)

Larry and Jane's *wedding* – il matrimonio di Larry e Jane (il matrimonio coinvolgeva sia l'imbarazzato sposo che la bruttissima sposa)

Lulu and Lola's *new set of nose rings* – il nuovo set di anellini da naso di Lulu e Lola (il set era troppo costoso per una sola persona, così Lulu e Lola hanno fatto a metà e si sono accordate per portare gli anellini a settimane alterne)

Roger and the superspy's *secret* – il segreto di Roger e della superspia (Roger ha vuotato il sacco con la superspia e adesso conoscono entrambi il segreto: una losca vicenda di bomboloni alla crema ed esplosivi)

Se due persone possiedono le cose separatamente, in quanto singoli, usate due apostrofi:

George's *and* Martha's *teeth* – i denti di George e di Martha (George ha i suoi denti, che peraltro sono falsi, e Martha i suoi)

Lulu's *and* Gary's *new shoes* – le scarpe nuove di Lulu e di Gary (lei porta il 34 e lui il 45; quelle di lei sono pitonate tacco dieci, quelle di lui sono di plastica tacco dodici)

Eggworthy's *and* Roy's *attitudes towards dieting* – i comportamenti alimentari di Eggworthy e di Roy (Eggworthy non bada al colesterolo. Roy controlla ogni briciola di cibo che mette in bocca)

Lester's *and* Archie's *sleeping habits* – i cicli del sonno di Lester e Archie (non volete conoscerli; basti dire che Lester dorme tutta la notte e Archie tutto il giorno)

Cedric's and *Lola's* fingernails – le unghie di Cedric e Lola (ciascuno ha le sue; in entrambi i casi sono laccate e molto lunghe)

ATTENZIONE!

A proposito di plurali: ricordate che un apostrofo indica possesso. Non usatelo in presenza di un plurale che *non* esprime possesso. Ecco alcuni esempi:

GIUSTO: *Bagels stick to your teeth.* I bagel ti si attaccano ai denti

SBAGLIATO: *Bagel's stick to your teeth.*

SBAGLIATO: *Bagels' stick to your teeth.*

GIUSTO: *The gnus gnashed their teeth when they heard the news.* Gli gnu digrignarono i denti quando sentirono la notizia.

SBAGLIATO: *The gnus' gnashed their teeth when they heard the news.*

SBAGLIATO: *The gnu's gnashed their teeth when they heard the news.*

Per riassumere la regola su plurali e apostrofi: se il plurale non indica possesso *non* usate l'apostrofo. Se il plurale indica possesso, *aggiungete* un apostrofo dopo la *s* (nel caso di plurali regolari). In presenza di plurali irregolari aggiungete *'s.*

Il possesso nel caso di nomi propri

Anche le compagnie, i negozi e le organizzazioni possiedono cose. Dunque anche questi nomi propri – siano essi singolari o plurali – vogliono l'apostrofo. Ponete l'apostrofo alla fine del nome:

Macy's *finest shoes* – le scarpe più eleganti di Macy's

Microsoft's *finest operating system* – il migliore sistema operativo di Microsoft

McGillicuddy, Pinch, and Cinch's *finest lawsuit* – la più bella causa di McGillicuddy, Pinch e Cinch

Grammar, Inc.'s *finest apostrophe rule* – la più bella regola sugli apostrofi di Grammar, Inc.

Una particolarità: alcuni nomi di negozi contengono già l'apostrofo, anche senza esprimere possesso:

> Macy's *occupies an entire city block.* Macy's occupa un intero isolato.

Macy's è sempre scritto con l'apostrofo, anche quando non è seguito da un nome. Probabilmente *Macy's* è la versione abbreviata di un nome più lungo (forse *Macy's Department Store*).

Dopo il genitivo sassone si possono sottintendere anche le seguenti parole: *house* (casa, edificio), *home* (casa, pareti domestiche), *church* (chiesa), *theatre* (teatro):

> *I have seen St. Peter's.* Ho visto la chiesa di S. Pietro.
>
> *He goes to his aunt's every day.* Va dalla (a casa della) zia ogni giorno.

Collocate gli apostrofi dove servono:

> *Jeff went to Macys Department Store to buy a suit for Lolas party. His shopping list also included a heart for the Valentines Day dinner and a card for his brothers next anniversary. Jeffs shopping spree was successful, in spite of Lulus and Lolas attempts to puncture his tires.* Jeff è andato da Macy's per comprare un completo in vista della festa di Lola. Doveva poi acquistare anche un cuore per la cena di San Valentino e un biglietto d'auguri per l'anniversario di suo fratello. Il suo attacco di shopping frenetico ha avuto successo, nonostante i tentativi di Lulu e Lola di bucargli le gomme.

Risposta: *Jeff went to* Macy's *Department Store to buy a suit for* Lola's *party. His shopping list also included a heart for the* Valentine's *Day dinner and a card for his* brother's *next anniversary.* Jeff's *shopping spree was successful, in spite of* Lulu's *and* Lola's *attempts to puncture his tires.* (Notate che Lulu e Lola hanno tentato entrambe di bucargli le gomme.)

Il possesso nel caso di parole composte

Altri casi particolari di possesso sono quelli relativi alle parole composte: *son-in-law* (genero), *mother-of-pearl* (madreperla) e tutte le altre parole con gli *hyphens*, i trattini.

La regola è semplice: mettete l'apostrofo alla fine della parola, mai al suo interno. Ecco alcuni esempi di nomi composti al singolare:

> *the* secretary-treasurer's *report on teeth* – il rapporto del segretario del tesoro sui denti (il rapporto appartiene al segretario del tesoro)

> *the* dogcatcher-in-chief's *canine teeth* – i canini dell'accalappiacani in capo (i canini appartengono all'accalappiacani in capo)
>
> *my* mother-in-law's *elderly teeth* – i vetusti denti di mia suocera (i vetusti denti appartengono a mia suocera. Ciao, mamma!)

La stessa regola si applica ai nomi composti plurali. Date un'occhiata a questi esempi:

> *the* doctors-of-philosophy's *study lounge* – la sala di studio dei dottori in filosofia (la sala di studio appartiene a tutti i dottori in filosofia)
>
> *my* fathers-in-law's *wedding present* – il regalo di nozze dei miei suoceri (il regalo di nozze veniva da entrambi i suoceri)

La formazione del plurale dei nomi è trattata nel Capitolo 4.

Il possesso con i nomi che terminano in s

I nomi singolari che terminano in *s* pongono particolari problemi. Mi spiego: il mio cognome è Woods. Il mio nome di battesimo è singolare, perché sono una sola persona. Quando i miei studenti parlano di me, possono dire:

> *Mrs. Woods's grammar lessons can't be beat.* Le lezioni di grammatica della signora Woods sono imbattibili.

oppure

> *Mrs. Woods' grammar lessons can't be beat.*

(D'accordo, dicono molte altre cose, ma questo è un libro raccomandato anche alle famiglie, quindi ometterò gli altri commenti.)

CONSIGLIO

Entrambe le frasi che si riferiscono a me e alle mie lezioni di grammatica (sembra una vecchia canzone: "*Me and my grammar lessons / down in the good old school / where we learned apostrophes / so we wouldn't drool*" "Io e le mie lezioni / là nel buon vecchio istituto / dove imparavamo gli apostrofi / con fervore assoluto") sono corrette. Perché ci sono due alternative, *Mrs. Woods's* e *Mrs. Woods'*? La risposta ha a che vedere con il suono. Se pronunciate la prima delle due frasi, quando arriverete a *grammar* avrete sibilato in abbondanza nonché sputacchiato generosamente sul vostro ascoltatore. Non è una buona idea. La seconda frase suona meglio. Così la polizia grammaticale ha deciso di arrendersi su questo punto. Se un nome termina in *s* potete aggiungere solo un apostrofo per indicare possesso invece di un apostrofo e di un'altra *s*. Ma se vi piace sibilare e sputacchiare, accomodatevi. Sappiate che entrambe le versioni sono accettabili.

Qual è la frase corretta?

A. *The walrus' tusk gleamed because the walrus brushed it for ten minutes after every meal.* La zanna del tricheco brillava perché il tricheco la spazzolava per cinque minuti dopo ogni pasto.

B. *The walrus's tusk gleamed because the walrus brushed it for ten minutes after every meal.*

Risposta: sono entrambe corrette. La frase B richiede più saliva, ma segue la regola. La frase A infrange la cara vecchia regola ma oggi è accettabile. (Sì, era una domanda trabocchetto. Sapete come sono gli insegnanti.)

Riprovate. Qual è la frase corretta?

A. *My whole family got together for Thanksgiving. The Woods' are a large group.* Tutta la mia famiglia si è riunita per la Festa del ringraziamento. I Woods sono un gruppo numeroso.

B. *My whole family got together for Thanksgiving. The Woodses are a large group.*

Risposta: altra domanda trabocchetto. La frase corretta è la B perché *Woodses* è un plurale, non un possessivo. Nella frase A l'apostrofo è un errore perché i plurali che non esprimono possesso non devono essere accompagnati da apostrofo.

Errori correnti nell'uso degli apostrofi con i pronomi

Per indicare possesso l'inglese vi fornisce anche i pronomi e gli aggettivi possessivi. I più diffusi sono *my*, *your*, *his*, *her*, *its*, *our* e *their*. Quella che sto per enunciare è una regola così importante – e così spesso ignorata – che dovreste tatuarvela sul mignolo: nessun pronome/aggettivo possessivo ha mai l'apostrofo.

Ecco alcuni casi di pronomi possessivi in azione:

> GIUSTO: your *completely unruly child* – il tuo bambino assolutamente indisciplinato
>
> SBAGLIATO: *your' completely unruly child*
>
> SBAGLIATO: *that completely unruly child of yours'*
>
> GIUSTO: our *extremely well-behaved youngster* – il nostro giovanotto estremamente compito
>
> SBAGLIATO: *our' extremely well-behaved youngster*
>
> SBAGLIATO: *the extremely well-behaved youngster of ours'*
>
> GIUSTO: their *tendency to fight* – la loro tendenza ad attaccar briga
>
> SBAGLIATO: *their' tendency to fight*
>
> SBAGLIATO: *the tendency of theirs' to fight*
>
> GIUSTO: his *call to the police* – la sua telefonata alla polizia
>
> SBAGLIATO: *his' call to the police*

QUIZ A SORPRESA

Qual è la frase corretta?

A. *Roy stole Jenny's mouthwash because of their' ancient feud.* Roy ha rubato il collutorio di Jenny per via della loro vecchia faida.

B. *Roy stole Jenny's mouthwash because of their ancient feud.*

C. *Roy stole Jennys mouthwash because of their ancient feud.*

Risposta: la frase corretta è la B. Nella frase A in *Jenny's* serve l'apostrofo perché Jenny è la proprietaria del collutorio. Invece *their* non deve avere l'apostrofo perché i pronomi/aggettivi possessivi non prendono mai l'apostrofo. Nella frase C, *their* è scritto correttamente ma a *Jennys* manca l'apostrofo.

Riproviamo. Qual è la frase corretta?

A. *Eggworthy claims that a weeks mouthwash is not worth fighting over and has pledged his support to Roy.* Eggworthy dice che non vale la pena di combattere per una settimana di collutorio e ha assicurato il suo appoggio a Roy.

B. *Eggworthy claims that a week's mouthwash is not worth fighting over and has pledged his' support to Roy.*

C. *Eggworthy claims that a week's mouthwash is not worth fighting over and has pledged his support to Roy.*

Risposta: la frase corretta è la C. Nella frase A, *a weeks* vuole l'apostrofo perché l'espressione significa *a week of*. Nella frase B, *his'* non dovrebbe avere l'apostrofo perché (ditelo a voce alta, urlatelo!) i pronomi/aggettivi possessivi non vogliono mai l'apostrofo.

Abbreviazioni per gente che ha troppo da fare: le contrazioni

Andate di fretta? È probabile. Dunque anche voi quando parlate usate le contrazioni. Una contrazione accorcia una parola eliminando una o più lettere e sostituendole con un apostrofo. Per esempio, togliete *wi* da *I will*, mettete un apostrofo e otterrete *I'll*. La parola risultante è più breve e rapida da pronunciare, con una sola sillaba invece di due.

Date un'occhiata alla Tabella 10.1, che elenca le contrazioni più frequenti. Notate che un paio di contrazioni sono irregolari. (*Won't*, per esempio, è la contrazione di *will not*.)

Tabella 10.1 Contrazioni

Espressione	*Contrazione*	*Espressione*	*Contrazione*
are not	aren't	she is	she's
can not	can't	that is	that's
could not	couldn't	they are	they're
do not	don't	they will	they'll
does not	doesn't	they would	they'd
did not	didn't	we are	we're
he will	he'll	we will	we'll
he would	he'd	we would	we'd
he is	he's	we have	we've
is not	isn't	what is	what's
it is	it's	who is	who's
I am	I'm	will not	won't
I will	I'll	would not	wouldn't
I would	I'd	you are	you're
I have	I've	you have	you've
she will	she'll	you will	you'll
she would	she'd	you would	you'd

Il vostro diritto a usare l'apostrofo

You're in trouble if your apostrophes are in the wrong place, siete nei guai se i vostri apostrofi non sono al posto giusto, soprattutto quando scrivete alla seconda persona. (La seconda persona è la forma che usa *you, your, yours*, sia al singolare che al plurale.) *You're* significa *you are*. *Your* denota possesso. Queste due parole non sono intercambiabili. Alcuni esempi:

> "You're *not going to eat that rotten pumpkin" declared Rachel.* "Non intenderai mangiare quella zucca marcia" dichiarò Rachel. (*You are not going to eat.*)

> "Your *refusal to eat the pumpkin means that you will be given mystery meat instead" commented Dean.* "Il tuo rifiuto di mangiare la zucca significa che al posto della zucca riceverai della carne di dubbia provenienza" commentò Dean. (Il rifiuto viene da *you*, dunque avete bisogno di un aggettivo possessivo.)

> "You're *going to wear that pumpkin if you threaten me," said Lola.* "Te la dovrai mettere addosso, quella zucca, se mi minacci", disse Lola. (*You are going to wear.*)

> *"I'm not afraid of* your *threats!" stated Art.* "Non mi spaventano le tue minacce!" dichiarò Art. (Le minacce vengono da *you*, dunque avete bisogno di un aggettivo possessivo.)

Se volete fare una contrazione che non è riportata nella tabella 10.1, verificate sul dizionario che abbia tutte le carte in regola!

Gli errori di contrazione più frequenti

Se vi è capitato di andare in un centro commerciale, è facile che abbiate visto insegne come queste:

> *Doughnuts 'N Coffee* – Bomboloni e Caffè

o

> *Skirts 'N Shirts* – Gonne e magliette

o

> *Broken Grammar Rules* – Regole grammaticali infrante

Va bene, dubito che abbiate mai visto la terza. Però sicuramente avrete notato *'n* come contrazione di *and*. Ecco una regola grammaticale infranta, vedete? So che la mia è una battaglia persa, e so che dovrei preoccuparmi di questioni più importanti come l'economia e l'ambiente.

Ma mi interessa anche l'ambiente grammaticale, e rivolgo un appello ai negozianti e ai creatori di insegne del mondo anglofono. Vi prego, non usate *'n*. È un grugnito, non una parola. Grazie.

Woulda, coulda, shoulda. Questi tre "verbi" sono altrettante voragini sulla strada che conduce a una grammatica migliore. Perché? Perché non esistono. Ecco la ricetta per compiere un crimine grammaticale. Prendete tre espressioni verbali corrette: *would have*, *could have* e *should have*. E trasformatele in contrazioni: *would've*, *could've* e *should've*.

Adesso trasformatele nuovamente in parole. Ma non nelle parole di partenza. Fatevi guidare dall'orecchio. (Meglio se avete dei tappi nelle orecchie, perché i suoni non devono corrispondere del tutto.) Adesso pronunciate le seguenti espressioni: *would of*, *could of* e *should of*.

Queste tre espressioni non sono corrette. Non usatele! Date un'occhiata a queste frasi:

> SBAGLIATO: *If George had asked me to join the spy ring, I would of said, "No way.".* Se George mi avesse chiesto di entrare nel giro di spie, avrei detto "Neanche per sogno".
>
> GIUSTO: *If George had asked me to join the spy ring, I would have said, "No way".*
>
> GIUSTO: *If George had asked me to join the spy ring, I would've said, "No way".*

Ecco un altro esempio:

> SBAGLIATO: *When I heard about the spy ring, I should of told the Central Intelligence Agency.* Quando ho sentito parlare del giro di spie avrei dovuto dirlo alla CIA.
>
> GIUSTO: *When I heard about the spy ring, I should have told the Central Intelligence Agency.*
>
> GIUSTO: *When I heard about the spy ring, I should've told the Central Intelligence Agency.*

Qual è la frase corretta?

A. *Jane wouldnt go to the dentist even though she needed a new tooth.* Anche se aveva bisogno di un dente nuovo, Jane non voleva andare dal dentista.

B. *Jane wouldn't go to the dentist, even though she needed a new tooth.*

Risposta: la frase corretta è la B. *Wouldn't* è la contrazione di *would not.*

Contrazioni per poeti

Quando hanno bisogno di un certo numero di sillabe in un verso, i poeti creano spesso contrazioni insolite. Nella vita reale nessuno dice:

o'er (*over*) *o'* (*of*) *'gainst* (*against*)

ne'er (*never*) *wi'* (*with*) *ta'en* (*taken*)

e'en (*evening*) *'twas* (*it was*) *ow'st* (*owest*)

In poesia però queste e altre contrazioni sono abbastanza frequenti.

Uso degli apostrofi con simboli e numeri

Questa regola è semplice. Per formare il plurale di un numero o di un simbolo potete aggiungere un apostrofo seguito dalla lettera *s*. Date un'occhiata a questi esempi:

Lulu's mother blushes whenever her daughter mentions the 1960's. La madre di Lulu arrossisce ogni volta che sua figlia menziona gli anni Sessanta.

When Eggworthy writes 0's, they have a curious oval shape. Quando Eggworthy scrive degli zero, essi hanno una curiosa forma ovale.

Questa regola è sul punto di scomparire. Da un po' di tempo si tende a semplificare le cose aggiungendo solo la lettera *s*:

Lola's mother turns pale when anyone mentions the 1950s. La madre di Lola sbianca quando qualcuno menziona gli anni Cinquanta.

Eggworthy's 0s seem fragile. Gli zero di Eggworthy hanno un'aria fragile.

Capitolo 11

Una pausa rinfrescante: le virgole

In questo capitolo

- Capire l'importanza delle virgole
- Inserire i segni di interpunzione negli elenchi e nelle descrizioni multiple
- Usare le virgole per distinguere tra informazioni essenziali e informazioni aggiuntive
- Posizionare un virgola per indicare la persona a cui vi state rivolgendo
- Scrivere correttamente date e indirizzi

Ripetete a voce alta: le virgole (*commas*) sono il suono del silenzio, pause di breve durata rispetto alla lunga pausa che segna la fine di ciascuna frase. Per il vostro lettore le virgole sono segnali. Fèrmati qui, dicono, ma per poco. Le virgole, inoltre, isolano parti della vostra frase dal tutto, separando qualcosa dagli elementi circostanti per cambiare il senso della frase. Quando parlate, ottenete lo stesso effetto con l'intonazione e il ritmo del respiro.

Le regole che governano l'uso delle virgole non sono molto difficili. Anzi, dopo averne compresa la logica, posizionare correttamente le virgole è *a piece of cake*, un gioco da ragazzi. In questo capitolo vi guiderò attraverso quella logica.

Separare gli elementi di un elenco

Immaginate di aver mandato il vostro amico Cedric al supermercato con una lista di cose da acquistare per la vostra festa di compleanno.

Dato che avevate a disposizione solo un piccolo pezzo di carta, avete scritto su un'unica riga:

> *flashlight batteries butter cookies ice cream cake*
>
> pile torcia biscotti burro torta gelato

Quante cose deve acquistare Charlie? Forse solo tre:

> *flashlight batteries* – pile torcia
>
> *butter cookies* – biscotti burro
>
> *ice cream cake* – torta gelato

Oppure cinque:

> *flashlight* – torcia
>
> *batteries* – pile
>
> *butter cookies* – biscotti burro
>
> *ice cream* – gelato
>
> *cake* – torta

Come fa Charlie a saperlo? Non lo sa, a meno che non usiate le virgole. Ecco le quattro cose che deve acquistare Charlie:

> *flashlight batteries, butter cookies, ice cream, cake*

O meglio, per formulare una frase compiuta:

> *Charlie has to buy flashlight batteries, butter cookies, ice cream, and cake.* Charlie deve acquistare pile per la torcia, biscotti al burro, gelato e torta.

Le virgole tra questi articoli sono dei segnali. Quando leggete l'elenco ad alta voce, si trasformano in brevi respiri (*breath*):

> *Charlie has to buy flashlight batteries [breath] butter cookies [breath] ice cream [breath] and cake.*

Tra un articolo e l'altro della lista è necessaria una virgola, con un'importante eccezione. La virgola davanti alla parola *and* è facoltativa. Perché? Perché quando dite *and* avete già separato gli ultimi due articoli. Ma se volete metterci una virgola in più accomodatevi pure. Sta a voi.

Non mettete mai una virgola davanti al primo articolo della lista.

> SBAGLIATO: *Charlie has to buy, flashlight batteries, butter cookies, ice cream and cake.*
>
> GIUSTO: *Charlie has to buy flashlight batteries, butter cookies, ice cream and cake.*
>
> GIUSTO: *Charlie has to buy flashlight batteries, butter cookies, ice cream, and cake.*
>
> GIUSTO, MA NON UNA BUONA IDEA: *Charlie has to buy flashlight batteries and butter cookies and ice cream and cake.*

Nell'ultima frase non vi servono le virgole perché la congiunzione *and* si occupa di tutto. Dal punto di vista grammaticale la frase va bene. In realtà, se scrivete una frase con ben tre *and* chi vi legge penserà che siete un bambino o che siete andati in loop.

Inserite i segni di interpunzione nella seguente frase.

> *Belle requested a jelly doughnut a silk dress four sports cars and a racehorse in exchange for the rights to the computer code she had written.* Belle chiese un bombolone alla marmellata un vestito di seta quattro auto sportive e un cavallo da corsa in cambio del codice di programmazione che aveva scritto.

Risposta: *Belle requested a jelly doughnut, a silk dress, four sports cars, and a racehorse in exchange for the rights to the computer code she had written.*

Nota: potete omettere la virgola prima di *and.*

Usare le virgole per aggiungere informazioni

Per farvi capire usate i sostantivi e i verbi. Ma la vostra frase ha spesso bisogno di essere arricchita da descrizioni. Dal punto di vista della terminologia grammaticale servono cioè aggettivi e avverbi, participi e locuzioni, apposizioni. Vi tranquillizzo subito: non siete obbligati a ricordare questi termini per scrivere e condire con i giusti segni di interpunzione una buona frase. Dovete solo tenere a mente un paio di concetti essenziali. In questa sezione vedremo come posizionare le virgole per far sì che i vostri testi esprimano quello che intendete dire.

Separare una serie di descrizioni

Chi scrive spesso inanella una serie di descrizioni riferite a un'unica parola. In grammatica si chiamano aggettivi, e ne abbiamo parlato diffusamente nel Capitolo 7. Se avete una serie di descrizioni, probabilmente avete anche una serie di virgole. Date un'occhiata a queste frasi:

> *"What do you think of me?" Belle asked Jill in an idle moment.* "Cosa pensi di me?" chiese Belle a Jill in un momento libero.
>
> *Jill took a deep breath, "I think you are a sniffling, smelly, pimple-tongued, frizzy-haired monster."* Jill respirò profondamente, "Penso che tu sia un mostro che tira su rumorosamente col naso, maleodorante, con la lingua piena di pustole e i capelli crespi.
>
> *"Thank you" said Belle, who was trying out for the part of the wicked witch in the school play. "Do you think I should paint my teeth black too?"* "Grazie" disse Belle, che stava provando la parte della strega cattiva per la recita scolastica. "Pensi che dovrei anche dipingermi i denti di nero?"

Notate le virgole nella risposta di Jill. Ci sono quattro descrizioni: *sniffling*, *smelly*, *pimple-tongued*, *frizzy-haired*.

Ciascuna di queste descrizioni è separata da quella successiva da una virgola, ma non c'è nessuna virgola tra l'ultima descrizione (*frizzy-haired*) e la parola che sta descrivendo (*monster*).

Ecco un altro pezzo di conversazione tra Belle e Jill.

> *"So do I get the part?" asked Belle.* "Allora la parte è mia?" domandò Belle.
>
> *"Maybe" answered Jill. "I have four sniffling, smelly, pimple-tongued, frizzy-haired monsters waiting to audition. I'll let you know."* "Forse" rispose Jill. "In attesa di provino ho ancora quattro mostri che tirano su rumorosamente col naso, maleodoranti, con la lingua piena di pustole e i capelli crespi. Ti farò sapere."

Ora osservate bene la risposta di Jill. Questa volta ci sono cinque descrizioni della parola *monster*: *four*, *sniffling*, *smelly*, *pimple-tongued*, *frizzy-haired*. Ci sono virgole dopo *sniffling*, *smelly* e *pimple-tongued*. Come abbiamo visto in precedenza, dopo *frizzy-haired* non c'è nessuna virgola perché non si mette la virgola tra l'ultima descrizione e la parola a cui si riferisce. Ma perché non c'è una virgola dopo *four*? Ecco il perché: *sniffling*, *smelly*, *pimple-tongued* e *frizzy-haired* hanno più o meno la stessa importanza nella frase. Hanno diversi significati, ma svolgono lo stesso lavoro: dirvi quanto è disgustoso il travestimento di Belle. *Four* sta in una categoria diversa. Vi fornisce un'altra informazione, dicendovi quanti mostri sono in attesa di provino, non qual è il loro aspetto. Dunque non si mescola al resto.

I numeri non sono separati dalle altre descrizioni o dalle parole a cui si riferiscono. Non mettete una virgola dopo un numero. E non usate virgole per separare le altre descrizioni dalle parole che indicano un numero o una quantità: *many*, *more*, *few*, *less* (molti, più, pochi, meno) e via dicendo. Le parole descrittive che non vanno separate dalle altre descrizioni o dalle parole a cui si riferiscono comprendono *other*, *another*, *this*, *that*, *these*, *those* (altro, un altro, questo, quello, questi, quelli). Osservate la punteggiatura di queste frasi:

> *Sixteen smelly, bedraggled, stained hats were lined up on the shelf marked "WITCH COSTUME".* Sedici cappelli maleodoranti, trasandati e macchiati erano allineati sullo scaffale contrassegnato come "TRAVESTIMENTO DA STREGA".
>
> *No drippy, disgusting, artificial wounds were in stock.* Erano finite le scorte di disgustose ferite artificiali sgocciolanti.
>
> *This green, glossy, licorice-flavored lipstick belongs in the witch's makeup kit.* Questo rossetto verde, lucido e al sapore di liquirizia fa parte del cofanetto dei trucchi da strega.
>
> *Those shiny, battery-powered, factory-sealed witches' wands are great.* Quelle scintillanti bacchette da strega a batteria sigillate dal produttore sono fantastiche.

Inserite i segni di interpunzione in questa frase:

> *Jill was worried about the musical number in which one hundred scraggly fluorescent flowing beards come to life and dance around the stage.* Jill era preoccupata per il numero musicale in cui un centinaio di barbe incolte, fluorescenti e fluttuanti prendono vita e si mettono a danzare sul palcoscenico.

Risposta: *Jill was worried about the musical number in which one hundred scraggly, fluorescent, flowing beards come to life and dance around the stage.*

Nota: non mettete una virgola dopo un numero (*one hundred*) o dopo l'ultima descrizione (*flowing*).

Quando scrivete potete comporre altre frasi in cui le descrizioni non siano separate da virgole. Per esempio, a volte alcune parole descrittive sembrano fondersi insieme per creare un'unica descrizione più lunga in cui una parola è chiaramente più importante del resto. Tecnicamente la serie di descrizioni può fornire due o tre diverse informazioni sulla parola che accompagna, ma in pratica queste descrizioni non hanno tutte la stessa importanza. Date un'occhiata a questo esempio:

> *Jill just bought that funny little French hat.* Jenny ha appena comprato quel buffo piccolo cappello francese.

Sapete già che non dovete separare con una virgola *that* e *funny*. Ma per quanto riguarda *funny*, *little* e *French*? Se scrivete che *Jill just bought that funny, little, French hat* date lo stesso peso a ciascuna delle tre descrizioni. Volete davvero sottolineare tutte e tre le qualità? Probabilmente no. Anzi, forse per voi non ha molta importanza che il cappello sia *funny* e *little*. Quello su cui ponete l'accento è che il cappello è *French*. Dunque non servono le virgole.

CONSIGLIO

Frasi come questa richiedono una scelta oculata. Fatevi guidare da questa regola: se le parole che compongono una descrizione non hanno tutte la stessa importanza, non separatele con una virgola.

Essenziali oppure no? Ve lo dicono le virgole

Le descrizioni contenute in una frase possono essere più lunghe di una parola. Potete avere un'espressione soggetto-verbo (che in grammatica è chiamata proposizione) o una forma verbale (tecnicamente un *participio*). Quale che sia il loro nome, queste descrizioni più lunghe seguono una semplice regola: se una descrizione è fondamentale per il senso di una frase, non racchiudetela tra due virgole. Se la descrizione fornisce informazioni aggiuntive, non essenziali, isolatela con le virgole.

Esaminate questa situazione:

> *In her quest to reform Larry's government, Jane made this statement: Taxes, which are a hardship for the people, are not acceptable. Lou, who is a member of Larry's Parliament, declared himself in complete agreement with Jane's statement. However, his version had no commas: Taxes which are a hardship for the people are not acceptable.* Nel tentativo di riformare il governo di Larry, Jane ha fatto questa dichiarazione: le tasse, che rappresentano un sacrificio per la popolazione, non sono accettabili. Lou, che è un membro del Parlamento di Larry, si è detto completamente d'accordo con la dichiarazione di Jane. La sua versione però era priva di virgole: le

tasse che rappresentano un sacrificio per la popolazione non sono accettabili.

Davvero le virgole sono importanti? Sì. Molto. Se la descrizione *which are a hardship for the people* è isolata dal resto della frase per mezzo di virgole, la descrizione è un extra, non è essenziale al senso della frase. Potete barrarla e la frase avrà sempre lo stesso significato. Se però la frase non viene isolata dal resto, la descrizione è fondamentale per il senso della frase. Non può essere cancellata senza alterare quello che state dicendo. Adesso riuscite a notare la differenza tra la dichiarazione di Jane e quella di Lou? Ecco la versione estesa di ciascuna dichiarazione:

VERSIONE ESTESA DELLA DICHIARAZIONE DI JANE: *The government should not impose taxes. We can run the government perfectly well by selling postage stamps to foreign tourists. I suggest a tasteful portrait of the royal bride (me) on a new stamp. No taxes – that's the bottom line.* Il governo non dovrebbe imporre tasse. Possiamo governare benissimo vendendo francobolli ai turisti stranieri. Suggerisco un elegante ritratto della sposa reale (cioè me) su un nuovo fancobollo. Niente tasse, il punto è questo.

Dato che la frase originale di Jane comprende delle virgole, la descrizione *which are a hardship for the people* è un'informazione aggiuntiva. Potete ometterla. Così Jane è contraria a tutte le tasse.

VERSIONE ESTESA DELLA DICHIARAZIONE DI LOU: *The government is against any taxes which are a hardship for the people. No one wants to place a burden on the working families of our great nation. However, a 90 percent income tax is not a hardship; it pays my salary. This particular tax is acceptable.* Il governo è contrario a tutte le tasse che rappresentano un sacrificio per la popolazione. Nessuno vuole gravare sulle famiglie lavoratrici del nostro grande Paese. Tuttavia, una tassa del 90 per cento sul reddito non è un onere; serve a pagare il mio stipendio. Questa specifica tassa è accettabile.

La proposta di Lou è molto meno estrema di quella di Jane. Senza le virgole, la descrizione è una parte fondamentale della frase. Essa fornisce al lettore un'informazione essenziale sul significato di *taxes*. Lou è contrario solo ad alcune tasse (quelle che considera gravose), non a tutte. Questa descrizione non si limita ad aggiungere una motivazione. Identifica invece le tasse a cui Lou è contrario.

CONSIGLIO

I pronomi *which* e *that* possono aiutarvi a decidere se avete bisogno di virgole oppure no. *That* introduce generalmente informazioni di cui la frase non può fare a meno, informazioni essenziali che non vanno isolate per mezzo di virgole. Il pronome *which*, invece, introduce spesso informazioni non essenziali che possono essere racchiuse da virgole. Ricordate, comunque, che queste distinzioni non valgono nel cento per cento dei casi. A volte *which* introduce una descrizione essenziale (e allora niente virgole). In rare occasioni, il pronome *that* introduce materiale non essenziale.

Date un'occhiata a questi esempi, con la descrizione in tondo:

FRASE: *The students* who are planning a sit-in tomorrow *want to be paid for doing homework.* Gli studenti che organizzano un sit-in per domani vogliono essere pagati per fare i compiti.

ANALISI DELLA PUNTEGGIATURA: La descrizione non è isolata dal resto per mezzo di virgole, dunque non è possibile ometterla.

SIGNIFICATO DELLA FRASE: Alcuni studenti – quelli che organizzano un sit-in – chiedono di essere pagati per fare i compiti. Non tutti gli studenti vogliono essere pagati. Gli altri sono contenti di risolvere problemi di matematica gratis.

FRASE: *The senators,* planning to revolt, *have given the television network exclusive rights to cover their rebellion.* I senatori, intenzionati a ribellarsi, hanno concesso al canale televisivo l'esclusiva della rivolta.

ANALISI DELLA PUNTEGGITURA: Le virgole indicano che la descrizione è un'informazione in più, non essenziale.

SIGNIFICATO DELLA FRASE: Nella ribellione sono coinvolti tutti i senatori. Sono tutti molto agitati e hanno preparato dichiarazioni e stilato comunicati stampa.

Quale frase significa che non potete andare a Cincinnati per il matrimonio di vostro cugino?

A. *The pilots who are going on strike demand that soft music be piped into the cockpit.* I piloti che intendono scioperare chiedono che in cabina venga diffusa musica soft.

B. *The pilots, who are going on strike, demand that soft music be piped into the cockpit.* I piloti, che intendono scioperare, chiedono che in cabina venga diffusa musica soft.

Risposta: è la frase B che vi impedirà di andare a Cincinnati, perché parla di *tutti* i piloti. Sono tutti i piloti a chiedere che in cabina venga diffusa musica soft, e a voler scioperare. La descrizione compresa tra due virgole aggiunge un piccolo supplemento di informazione. Nella frase A intendono scioperare solo i piloti che amano la musica soft.

Generalmente la parola *because* (poiché) introduce un motivo, una causa. All'inizio di una frase, la subordinata causale introdotta da *because* viene separata dal resto mediante una virgola.

> *Because the tattoo was on sale, Lulu whipped out her credit card and rolled up her sleeve.* Dato che il tatuaggio era in saldo, Lulu sfoderò la sua carta di credito e si arrotolò la manica.

Alla fine di una frase, la subordinata causale introdotta da *because* è a volte separata da virgole, nel qual caso può essere tolta dalla frase senza cambiarne il senso. Senza virgole è invece essenziale. Date un'occhiata a queste due frasi:

> CON VIRGOLE: *Lulu didn't get that tattoo, because it was in bad taste.* Lulu non si è fatta fare quel tatuaggio, perché era di cattivo gusto.
>
> SENSO: Niente tatuaggio per Lulu! L'informazione introdotta da *because* è un extra, serve solo a spiegare perché Lulu ha rinunciato.
>
> SENZA VIRGOLE: *Lulu didn't get that tattoo because it was in bad taste.* Lulu non si è fatta fare il tatuaggio perché era di cattivo gusto.
>
> SENSO: Lulu ha avuto il suo tatuaggio, ma non perché era di cattivo gusto. Se l'è fatto per un'altra ragione (forse perché era in saldo). Il fatto che il tatuaggio abbia disgustato tutti quelli che l'hanno visto è per Lulu un vantaggio in più, perché a lei piace apparire strana.

Virgole e apposizioni

Se quando leggete una frase vi sembra di vedere doppio, vi siete imbattuti in un'apposizione. Le apposizioni non sono descrizioni in senso stretto, anche se in effetti forniscono informazioni su una parte della frase. Le apposizioni sono nomi o pronomi che equivalgono esattamente al nome o al pronome che li precede nella frase. Alcune apposizioni sono separate da virgole e altre no. Ecco la regola che riguarda le virgole e le apposizioni: se siete sicuri che i vostri lettori sappiano di cosa state parlando ancora prima di arrivare all'apposizione, separatela per mezzo di virgole. Se no, non usate le virgole. (Questa regola è una variante di quella che ho spiegato nella sezione precedente.)

Adesso mettete in pratica la regola: qual è la differenza tra queste due frasi?

> *Michael's play* Dinner at the Diner *won the Drama Critics' "Most Boring Play Award."* L'opera teatrale di Michael *Dinner at the Diner* ha vinto il "Premio della critica per la pièce più noiosa".
>
> Dinner at the Diner, *Michael's play, won the Drama Critics' "Most Boring Play Award." Dinner at the Diner*, l'opera teatrale di Michael, ha vinto il "Premio della critica per la pièce più noiosa".

Nella prima frase *Dinner at the Diner* è l'apposizione di *Michael's play*. Quando dite o scrivete a *play* chi vi ascolta o legge non sa quale sia l'opera teatrale di Michael di cui state parlando. L'apposizione ne fornisce il titolo. Dunque l'apposizione è essenziale e non è separata dalle virgole. Nella seconda frase, *Michael's play* è l'apposizione di *Dinner at the Diner*. Dato che *Dinner at the Diner* viene prima, il lettore conosce già il titolo dell'opera teatrale. Il fatto che l'abbia scritta Michael è un'informazione in più e può essere messa tra due virgole.

Ecco altri due esempi. In ciascuna frase Mary è l'apposizione di *sister*:

> *Lulu has five sisters, but her sister Mary is definitely her favorite.* Lulu ha cinque sorelle, ma sua sorella Mary è decisamente la sua preferita.

Dato che Lulu ha cinque sorelle, non sapete di quale sorella si sta parlando finché non viene nominata. *Mary* identifica la sorella e non va messo tra virgole.

> *Roger has only one sibling. His sister, Mary, does not approve of Roger's espionage.* Roger ha solo una sorella. Sua sorella, Mary, non approva l'attività spionistica di Roger.

Dato che Roger ha solo una sorella, il nome è un'informazione in più che va isolata per mezzo delle virgole.

Qual è la frase corretta?

A. *Lola's mother, Lala, doesn't approve of her daughter's pierced toe.* La madre di Lola, Lala, non approva il piercing all'alluce di sua figlia.

B. *Lola's mother Lala doesn't approve of her daughter's pierced toe.* La madre di Lola Lala non approva il piercing all'alluce di sua figlia.

Risposta: la frase corretta è la A. Lola ha solo una madre, dunque il nome è un extra, non un'informazione essenziale.

Dici a me? Rivolgersi direttamente alle persone

Quando scrivete un messaggio a qualcuno dovete separare il nome della persona dal resto della frase con una virgola. Altrimenti il vostro lettore può fraintendervi. Date un'occhiata al messaggio che Michael ha lasciato sulla porta:

> *Roger wants to kill Wendy. I locked him in this room.* Roger vuole uccidere Wendy. L'ho chiuso a chiave in questa stanza.

Voi leggete il messaggio e pensate: Wendy è in pericolo. Che peccato. Oh be', io invece sono a posto. Ma quando aprite la porta e vi sedete a prendere una tazza di tè, Roger fa un balzo e comincia a inseguirvi per tutta la stanza. Voi scappate e andate a protestare da Michael: "Perché non mi hai detto che Roger era violento?".

Michael confessa il proprio crimine grammaticale: si è dimenticato di mettere la virgola.

Ecco cosa intendeva dire:

> *Roger wants to kill, Wendy. I locked him in this room.* Roger vuole uccidere, Wendy. L'ho chiuso a chiave in questa stanza.

Per vostra sfortuna avete letto un messaggio destinato a Wendy. In grammatichese, *Wendy* fa parte di una *direct-address sentence*, cioè una frase in cui ci si rivolge direttamente all'interlocutore. Più precisamente, è un complemento di vocazione. Dato che Wendy è la destinataria del messaggio, il suo nome deve essere separato dal resto della frase per mezzo di una virgola.

Il destinatario del messaggio può stare anche all'inizio o nel mezzo della frase (in questo caso dovrà essere racchiuso tra due virgole):

> *Wendy, Roger wants to kill, so I locked him in this room.* Wendy, Roger vuole uccidere, così l'ho chiuso in questa stanza.

> *Roger wants to kill, Wendy, so I locked him in this room.* Roger vuole uccidere, Wendy, così l'ho chiuso in questa stanza.

Qual è la frase corretta?

A. *The teacher called, Emma, but I answered.* L'insegnante ha chiamato, Emma, ma ho risposto io.

B. *The teacher called Emma, but I answered.* L'insegnante ha chiamato Emma, ma ho risposto io.

Risposta: dipende. Se vi state rivolgendo a Emma, per dirle che la signorina Sharkface ha telefonato per lamentarsi della mancata consegna dei compiti per casa, ma avete risposto voi e non vostra madre, la frase corretta è la A. Se invece state dicendo che l'insegnante ha telefonato per sbraitare a Emma "Porta subito qui i tuoi compiti per casa!" e invece avete risposto voi dicendo "Signorina Sharkface, Emma mi ha detto di dirle che i suoi compiti per casa se li è mangiati il cane", la frase giusta è la B.

L'uso delle virgole negli indirizzi e nelle date

Le virgole sono buoni e versatili separatori. Non vi terranno lontani dal vostro peggiore nemico, ma fanno un buon lavoro con gli indirizzi e le date, soprattutto quando elementi che solitamente vengono collocati su singole righe sono collocati di seguito, uno accanto all'altro.

Gli indirizzi

Voi di dove siete? Jill viene da Mars (Marte). Belle è di una piccola città chiamata Venus (Venere). Ecco il suo indirizzo (inventato), come potete leggerlo su una busta:

Ms. Belle Planet

223 Center Street

Venus, New York 10001

Nel corpo di una lettera potete inserire un indirizzo in *envelope form* (stile busta) così:

Please send a dozen rockets to the following address (Vi prego di mandare una dozzina di razzi al seguente indirizzo):

Ms. Belle Planet

223 Center Street

Venus, New York 10001

Le parole introduttive (*Please send a dozen rockets to the following address*) si concludono con i due punti se esprimono un'unità compiuta. Se le parole introduttive vi lasciano in sospeso (*Please send a dozen rockets to*, per esempio), non usate i due punti.

Se inserite l'indirizzo di Belle in una frase, dovete separare ciascun elemento come vedete qui:

Belle Planet lives at 223 Center Street, Venus, New York 10001.

Ecco l'indirizzo (stile busta) della sua migliore amica Jill:

Jill Willis

> *53 Asimov Court*
>
> *Mars, California 90210*

E questa è la versione in forma di frase:

> *Jill Willis lives* (abita) *at 53 Asimov Court, Mars, California 90210.*

Osservate che la via e il numero non sono separati da una virgola, come non lo sono il nome dello Stato e il codice postale.

Se la frase continua, dovete separare l'ultimo elemento dell'indirizzo dal resto della frase con un'altra virgola:

> *Belle Planet lives at 223 Center Street, Venus, New York 10001, but she is thinking of moving to Mars in order to be closer to her friend Jill.* Belle Planet abita al 223 di Center Street, Venus, New York 10001, ma pensa di traslocare a Mars per essere più vicina alla sua amica Jill.

Se non c'è la via ma solo una città e uno Stato, mettete una virgola tra la città e lo Stato. Se la frase continua dopo il nome dello Stato, mettete una virgola dopo lo Stato.

> *Belle Planet lives in Venus, New York, but she is thinking of moving to Mars.* Belle Planet vive a Venus, New York, ma sta pensando di traslocare a Mars.

Le virgole separano anche i Paesi dall'insieme città/Stato/provincia:

> *Roger lives in Edinburgh, Scotland, near a large body of water. His brother Michael just built a house in Zilda, Wisconsin.* Roger vive a Edinburgo, Scozia, vicino a un grande distesa d'acqua. Suo fratello Michael ha appena comprato una casa a Zilda, Wisconsin.

Inserite i segni di interpunzione nella frase seguente:

> *Police believe that the missing salamander ran away from his home at 77 Main Street Zilda Wisconsin because of a dispute over the number of insects he would receive for each meal.* La polizia ritiene che la salamandra scomparsa sia scappata dalla sua casa al 77 di Main Street Zilda Wisconsin a causa di un diverbio sul numero di insetti che doveva ricevere a ciascun pasto.

Risposta: *Police believe that the missing salamander ran away from his home at 77 Main Street, Zilda, Wisconsin, because of a dispute over the number of insects he would receive for each meal.*

Le date

È giunto il momento di fare una confessione: oggi le regole che riguardano la posizione delle virgole nelle date non sono molto stabili. Ciò che era (letteralmente) scolpito nella pietra è spesso considerato datato. Per rendere il tutto ancora più complicato, autori specializzati in aree diverse (scienza, letteratura e via dicendo) preferiscono sistemi diversi. In questa sezione vi indicherò la forma tradizionale e alcune possibili varianti. Queste istruzioni dovrebbero bastarvi se scrivete in ambito professionale o scolastico. Se mirate a un pubblicazione, chiedete alla vostra casa editrice le norme editoriali.

Se la data è isolata (magari in cima a una lettera), i formati corretti sono questi:

> *September 28, 2060* (tradizionale)
>
> *Sept. 28, 2060* (tradizionale)
>
> *28 September 2060* (moderno negli Stati Uniti, tradizionale in molti altri paesi)

Quando le date sono incorporate in una frase, il formato cambia a seconda di a) quanto volete rispettare la tradizione b) quante informazioni volete fornire. Date un'occhiata alla virgole – o all'assenza di virgole – in queste frasi:

> *On September 28, 2060, Lulu ate several thousand gummy candies.* Il 28 settembre 2060 Lulu mangiò alcune migliaia di caramelle gommose. (Tradizionale: le virgole separano il giorno dall'anno e l'anno dal resto della frase.)
>
> *In October, 2060, Lulu gave up sugary snacks.* Nell'ottobre del 2060 Lulu rinunciò alle merendine dolci. (Tradizionale: le virgole separano il mese dall'anno e l'anno dal resto della frase.)
>
> *Lulu pigs out every October 31st.* Ogni 31 ottobre Lulu si abbuffa. (Forma senza tempo: sia lo stile tradizionale che quello moderno in questo caso omettono le virgole.)
>
> *In October 2060 Lulu suffered from severe indigestion.* Nell'ottobre del 2060 Lulu patì una grave indigestione. (Moderno: niente virgole.)
>
> *Lulu visited a nutritionist on 20 October 2060.* Il 20 ottobre del 2060 Lulu andò da un nutrizionista. (Moderno: niente virgole.)

Inserite i segni di interpunzione in questa frase.

Lola testified under oath that on December 18 2011 she saw Lulu place a carton of gummy bears under the counter without paying for them. Lola dichiarò sotto giuramento che il 18 dicembre del 2011 aveva visto Lulu prendere sottobanco una scatola di orsetti gommosi senza pagarli.

Risposta secondo la regola tradizionale: *Lola testified under oath that on December 18, 2011, she saw Lulu place a carton of gummy bears under the counter without paying for them.*

Risposta secondo l'uso moderno: *Lola testified under oath that on 18 December 2011 she saw Lulu place a carton of gummy bears under the counter without paying for them.*

Le parole introduttive

Sì, questa sezione spiega un'altra regola riguardante le virgole. No, non è facoltativa. Be', probabilmente già la conoscete. D'accordo, la spiegherò comunque. La regola è che dovete isolare le parole che non fanno parte della frase ma esprimono un commento a proposito di essa. In altri termini: la parole introduttive che appaiono all'inizio di una frase sono separate da ciò che segue per mezzo di virgole. Se omettete queste parole, la frase conserva il suo significato. Le parole introduttive più frequenti comprendono *yes*, *no*, *well*, *oh* e *okay*.

Leggete queste frasi due volte, una con le parole introduttive e una senza di esse. Il senso rimane lo stesso, vedete?

Yes, you are allowed to chew gum balls during class, but don't complain to me if you break a tooth. Sì, ti è consentito masticare palline di chewing-gum durante la lezione ma non lamentarti con me se ti rompi un dente.

No, you are not allowed to write the exam in blood as a protest against the amount of studying you need to do in order to pass this course. No, non ti è consentito scrivere la prova d'esame con il sangue in segno di protesta contro la mole di studio che devi affrontare per essere promosso.

Well, you may consider moving on to another topic if you have exhausted the creative possibilities of "My Favorite Lightbulb." Be', puoi prendere in considerazione il passaggio a un altro argomento se hai esaurito le possibilità creative di "La mia lampadina preferita".

Oh, I didn't know that you needed your intestines today. Oh, non sapevo che il tuo intestino oggi ti servisse.

Per riassumere la regola sulle parole introduttive: usate le virgole per separarle dal resto della frase oppure omettetele.

Qual è la frase corretta?

A. *Well Ella plays the piano well when she is in the mood.* Be', Ella suona bene il piano quando ha l'estro giusto.

B. *Well, Ella plays the piano, well, when she is in the mood.*

C. *Well, Ella plays the piano well when she is in the mood.*

Risposta: la frase corretta è la C. Se omettete la prima parola il significato della frase resta inalterato. *Well* è una parola introduttiva che deve essere isolata dal resto della frase con una virgola. Nella frase A non c'è una virgola dopo il primo *well*. Nella frase B la prima virgola è corretta ma il secondo *well* non dovrebbe essere separato dal resto della frase perché non è una parola introduttiva.

Virgole e congiunzioni

Quando unite due frasi compiute per mezzo delle congiunzioni *and*, *or*, *but*, *nor*, *yet*, *so* o *for*, collocate una virgola prima della congiunzione. Ecco alcuni esempi:

Agnes robbed the bank, and then she went out for a hamburger. Agnes rapinò la banca e poi andò a mangiarsi un hamburger.

James spies, but apart from that lapse he is not a bad fellow. James è una spia, ma a parte questo passo falso non è una cattiva persona.

Sam bribed the judges of this year's state spitball contest, for he is determined to qualify for the national tournament. Sam ha corrotto i giudici della gara annuale di lancio di palline di carta, perché è deciso a qualificarsi per il torneo nazionale.

Per maggiori informazioni sulle congiunzioni e le frasi compiute andate al Capitolo 5.

Alcune frasi hanno un solo soggetto (la persona o la cosa di cui si sta parlando) e due verbi uniti da *and*, *but*, *or* e *nor*. Tra i due verbi non devono esserci virgole. Non state unendo due frasi compiute ma solo due parole o gruppi di parole. Ecco alcuni esempi:

SBAGLIATO: *Jane wrote a statement for the media, and then screamed at her press agent for an hour.* Jane ha scritto una dichiarazione per i media e poi ha strillato per un'ora al suo addetto stampa.

PERCHÉ È SBAGLIATO: La frase ha un soggetto (*Jane*) e due verbi (*wrote, screamed*). Non state unendo due frasi compiute e dunque non dovete mettere una virgola prima di *and*. In ogni caso Jane deve imparare a controllare le sue reazioni.

GIUSTO: *Jane wrote a statement for the media and then screamed at Larry for an hour.* Jane ha scritto una dichiarazione per i media e poi ha strillato per un'ora a Larry.

SBAGLIATO: *Larry has proposed a toast to his bride, but has given her nothing but a headache.* Larry ha proposto un brindisi a sua moglie ma le ha regalato solo un mal di testa.

PERCHÉ È SBAGLIATO: La frase ha un solo soggetto (*Larry*) e due verbi (*has proposed, has given*). La parola *but* unisce i due verbi, non due frasi compiute, dunque non ci vuole la virgola. E se la moglie di Larry lo sopporta si merita un regalo di nozze.

GIUSTO: *Larry has proposed a toast to his bride but has given her nothing but a headache.*

Qual è la frase corretta?

A. *Al slits envelopes with his teeth, but Dorothy opens the mail with a fork.* Al apre le buste con i denti, ma Dorothy apre la posta con una forchetta.

B. *Al answers every letter on the day he receives it but doesn't pay any bills.* Al risponde a tutte le lettere il giorno in cui le riceve ma non paga mai le bollette.

Risposta: entrambe le frasi sono corrette. Nella frase A, la congiunzione *but* unisce due frasi compiute e deve essere preceduta da una virgola. Nella frase B, *but* unisce due verbi (*answers, does pay*) e non deve essere preceduto da una virgola.

Capitolo 12

Utili segni di interpunzione: punti e virgola, due punti e lineette

In questo capitolo

- Unire due frasi con il punto e virgola
- Posizionare i due punti in una lettera d'affari, in un elenco e in una citazione
- Separare due parti di una frase per mezzo dei due punti
- Usare correttamente le lineette emme e le lineette enne

In un classico episodio di un vecchio telefilm poliziesco, *Agenzia Rockford*, l'amico del protagonista si mette in testa di scrivere un libro. A lavoro terminato allunga una corposa pila di fogli al detective e ne attende la reazione. Rockford osserva perplesso che il dattiloscritto è completamente privo di punteggiatura. L'amico gli spiega allora che "tutta quella roba" intende metterla dopo. Sono in molti a simpatizzare con lui. Perché preoccuparsi della punteggiatura quando si è bruciati dal fuoco della creatività? Ma la verità è che i tre piccoli segni di interpunzione che spiegherò in questo capitolo (punti e virgola, due punti e lineette) contribuiscono molto alla comprensione del testo.

Unire frasi di senso compiuto per mezzo del punto e virgola

Nel Capitolo 5 abbiamo visto che il punto e virgola serve da pit stop tra un'idea e l'altra: concede al lettore un momento di pausa ed è abbastanza forte da tenere insieme due frasi di senso compiuto.

Esempio:

> Frase 1: *Arthur had only one shoelace left.* Ad Arthur restava un solo laccio per scarpe.
>
> Frase 2: *He went to the store.* Andò al negozio.

Potete incollare queste due frasi per mezzo di un punto e virgola:

> *Arthur had only one shoelace left; he went to the store.*

CONSIGLIO

Potete anche incollare due frasi per mezzo di parole quali *and*, *but*, *or*, *nor*, *since*, *because*, *so*, ecc. I punti e virgola uniscono frasi legate tra loro da un rapporto logico, e dunque possono fare a meno di queste parole di collegamento (chiamate congiunzioni coordinanti). Per maggiori informazioni sui modi per legare le frasi e sull'uso dei punti e virgola in questo contesto, andate al Capitolo 5.

Uso del punto e virgola con finte parole di raccordo

Mancano solo pochi minuti all'inizio della maratona quando vi accorgete che la suola della vostra scarpa da corsa si sta staccando. Che fare? Vi precipitate nel negozio più vicino e agguantate una spillatrice: cinque graffette e siete pronti a partire. Non credo proprio. La spillatrice è una falsa soluzione, non è fatta per tenere insieme scarpe sportive. Nel bel mezzo della corsa la vostra suola si staccherà e sarete costretti a ritirarvi. Poi verrete fermati per furto di spillatrice.

Certe parole si comportano come una spillatrice durante una maratona. Sono finte parole di raccordo, in inglese *false joiners*. Superficialmente sono simili a congiunzioni: analizzatele in base al senso e vedrete che legano tra loro delle idee. Dal punto di vista grammaticale, però, non sono congiunzioni ma avverbi, e non hanno la funzione di collegare tra loro idee di senso compiuto. Queste parole hanno anzi il potere di sabotare le vostre frasi.

Esempio:

> *Maxwell ran into the house to get his silver hammer, however, the butler could not find it.* Maxwell corse in casa a prendere il suo martello d'argento, tuttavia, il maggiordomo non riuscì a trovarlo.

Perché la frase è scorretta? Avete due frasi complete:

> Frase 1: *Maxwell ran into the house to get his silver hammer.*

Frase 2: *The butler could not find it.*

However non è una parola di collegamento, anche se lo sembra: le due frasi sono unite a formare una frase più lunga senza che ci sia qualcosa che le tiene insieme. In gergo grammaticale sono diventate una *run-on sentence*. (Per maggiori informazioni sulle *run-on sentences* andate al Capitolo 5.) Se volete conservare *however* aggiungete un punto e virgola. Esempio:

Maxwell ran into the house to get his silver hammer; however, the butler could not find it.

Oppure potete optare per due frasi distinte:

Maxwell ran into the house to get his silver hammer. However, the butler could not find it.

CONSIGLIO

I *false joiners* più frequenti sono *however*, *consequently*, *also*, *moreover*, *therefore*, *nevertheless*, *besides*, *thus*, *indeed* e *then*. Ma non mettete questi avverbi sulla vostra lista nera di parole proibite, perché aggiungono utili sfumature di senso alla vostra frase. Basta che vi ricordiate di non usarli per tenere insieme le frasi. (Nel Capitolo 5 ne parliamo più approfonditamente.)

QUIZ A SORPRESA

Giusto o sbagliato?

A. *Aretha sang with all her heart; therefore, the glass in the recording booth shattered.* Aretha cantava con tutto il cuore; per questo motivo, il vetro della cabina di registrazione andò in mille pezzi.

B. *Aretha sang with all her heart, therefore, the glass in the recording booth shattered.*

C. *Aretha sang with all her heart. Therefore, the glass in the recording booth shattered.*

Risposta: le frasi A e C sono entrambe corrette. La frase B è scorretta perché l'avverbio *therefore* è un *false joiner*: se volete utilizzarlo aggiungete un punto e virgola o una vera parola di raccordo (cioè una congiunzione).

CONSIGLIO

Quando dovete unire due frasi compiute, usate sempre un punto e virgola o una congiunzione. Non usate una virgola, un avverbio o una locuzione preposizionale.

Creare un punto d'arresto: i due punti

I due punti, in inglese *colon*, entrano in scena quando una semplice virgola non basta. (Appaiono anche nelle cosiddette *emoticons*, le faccine usate nelle email e negli sms.) In questa sezione osservo i due punti in alcuni dei loro habitat naturali: lettere di lavoro, elenchi e citazioni.

Indirizzare una lettera professionale

I due punti compaiono nelle lettere professionali, come vedete in questi esempi.

Dear Mr. Ganglia:

You are getting on my nerves. You're fired.

Sincerely,

I.M. Incharj

To Whom It May Concern:

Everyone in the division is fired also.

Sincerely,

I.M. Incharj

Egregio signor Ganglia:

Lei mi sta dando sui nervi. È licenziato.

Distinti saluti,

I.M. Incharj

A chi di competenza:

Tutti i membri del reparto sono anch'essi licenziati.

Distinti saluti,

I.M. Incharj

I due punti rendono più formale una lettera professionale. L'opposto di una lettera professionale è la lettera informale, che gli insegnanti di inglese chiamano *friendly letter* ("lettera amichevole") anche se contiene espressioni come "*I hate you*", "ti odio". Quando componete una lettera informale, mettete una virgola dopo il nome del destinatario.

Introdurre elenchi

Quando inserite in una frase una breve lista di articoli non vi servono i due punti. (Per maggiori informazioni sull'uso delle virgole negli elenchi andate al Capitolo 11.) Quando la lista è lunga, però, i due punti possono servire e devono precedere la prima voce dell'elenco. Ecco alcuni esempi:

> *General Parker needed quite a few things: a horse, an army, a suit of armor, a few million arrows, a map, and a battle plan.* Al generale Parker servivano un bel po' di cose: un cavallo, un esercito, un'armatura, alcuni milioni di frecce, una mappa e un piano di battaglia.

> *Roger sent each spy away with several items: an excerpt from the encyclopedia entry on espionage, a collection of the essays of Mata Hari, a photocopy of the nation's policy on treason, and a poison pill.* Roger congedò ciascuna spia consegnandole diversi oggetti: un estratto della voce enciclopedica sullo spionaggio, un'antologia degli scritti di Mata Hari, una fotocopia della legge sull'alto tradimento e una pillola di veleno.

Quando intendete collocare i due punti prima di un elenco, controllate la parte che li precede. Si regge da sola? Se la risposta è sì, nessun problema. Le parole che precedono i due punti devono formare un pensiero compiuto. In caso contrario non usate i due punti. Date un'occhiata a questi esempi:

> SBAGLIATO: *The problems with Parker's battle plan are: no understanding of enemy troop movements, a lack of shelter and food for the troops, and a faulty trigger for the retreat signal.* I problemi del piano di battaglia di Parker sono: nessuna comprensione dei movimenti delle truppe nemiche, mancanza di cibo e riparo per i soldati e segnale di ritirata difettoso. (Le parole che precedono i due punti – *The problems with Parker's battle plan are* – non formano un pensiero compiuto.)

> GIUSTO: *The problems with Parker's battle plan are numerous: no understanding of enemy troop movements, a lack of shelter and food for the troops, and a faulty trigger for the retreat signal.* I problemi del piano di battaglia di Parker sono molti: nessuna comprensione dei

movimenti delle truppe nemiche, mancanza di cibo e riparo per i soldati e segnale di ritirata difettoso. (Adesso le parole che precedono i due punti – *The problems with Parker's battle plan are numerous* – formano un pensiero compiuto.)

Per maggiori informazioni sulle frasi compiute andate al Capitolo 5.

Introdurre lunghe citazioni

La regola che governa l'uso dei due punti con le citazioni è piuttosto semplice. Se la citazione è breve fatela precedere da una virgola. Se è lunga fatela precedere dai due punti. Date un'occhiata a questi esempi:

> *Lola stated, "I have no comment on the squirrel incident."* Lola disse "Non ho nessun commento da fare sull'incidente dello scoiattolo".

Cos'ha detto Lola alla riunione? Non molto, dunque una virgola è sufficiente.

> *Parker explained: "The media has been entirely too critical of my preparations for war. Despite the fact that I have spent the last ten years and two million gold coins perfecting new and improved armor, I have been told that I am unready to fight."* Parker spiegò: "I media sono stati troppo critici nei confronti dei miei preparativi di guerra. Nonostante il fatto che io abbia speso gli ultimi dieci anni e due milioni di monete d'oro a perfezionare armature nuove e migliorate, mi sono sentito dire che non sono pronto a combattere.

Cos'ha detto il generale Parker alla conferenza stampa? Decisamente troppe cose, meglio usare i due punti.

Quando scrivete una tesina potete disseminare nel testo alcune brevi citazioni (tre righe al massimo). Se una citazione è più lunga di tre righe dovreste usare un doppio rientro e l'interlinea singola, così che il materiale citato appaia isolato dal resto. Queste citazioni sono chiamate *block quotations*. Fatele precedere dai due punti e non usate le virgolette. (Sono già separate tipograficamente dal resto, dunque le virgolette non servono.) Esempio:

> *Flugle, in his essay entitled "Why Homework is Useless", makes the following point:*
>
> > *Studies show that students who have no time to rest are not as efficient as those who do. When a thousand teens were surveyed, they all indicated that sleeping, listening to music, talking on the phone, and watching television were more valuable than schoolwork.*

Flugle, nel suo saggio intitolato "Perché i compiti per casa sono inutili", sostiene la seguente tesi:

> Gli studi dimostrano che gli studenti che non hanno il tempo di riposare non sono efficienti come quelli che ce l'hanno. Su mille adolescenti intervistati, tutti hanno indicato che dormire, ascoltare musica, parlare al telefono e guardare la televisione sono più utili dei compiti per casa.

Se state scrivendo di poesia potete utilizzare la stessa forma:

The post-modern imagery of this stanza is in stark contrast to the imagery of the Romantic period:

> *Roses are red,*
> *Violets are blue,*
> *Eggworthy is sweet,*
> *And stupid, too.*

Il linguaggio figurato post-moderno di questa strofa è in netto contrasto con quello del periodo romantico:

> Le rose son rosse
> Le viole son blu
> Eggworthy è tenero
> E stupido, in più.

I due punti a volte compaiono all'interno delle frasi, legando tra loro due frasi compiute. Possono essere usati in questo modo solo quando la seconda frase spiega il significato della prima, come in questi esempi:

Lola has refused to take the job: She believes the media will investigate every aspect of her life. Lola ha rifiutato il lavoro: è convinta che i media frugheranno in tutti gli aspetti della sua vita.

La seconda parte della frase spiega perché Lola non vuole candidarsi alla presidenza. Anzi, spiega perché quasi nessun americano voglia candidarsi alla presidenza.

Smellyhead has only one problem: His new wig fell in a vat of perfume. Smellyhead ha solo un problema: la sua nuova parrucca è caduta in una tinozza di profumo.

La prima frase vi dice che Smellyhead ha un problema. La seconda vi descrive il problema.

Notate che ho usato la maiuscola per la prima parola che segue i due punti. Alcuni preferiscono la minuscola, ugualmente corretta. È una scelta tipografica, non grammaticale.

Giusto o sbagliato?

A. *Lochness portrayal of the monster was panned by the critics, they called his disappearance into the murky water "melodramatic".* L'interpretazione del mostro offerta da Lochness fu stroncata dai critici, definirono "melodrammatica" la sua scomparsa nelle acque torbide.

B. *Lochness portrayal of the monster was panned by the critics; they called his disappearance into the murky water "melodramatic".*

C. *Lochness portrayal of the monster was panned by the critics: they called his disappearance into the murky water "melodramatic".*

Risposta: sono corrette sia la B che la C. La A è una *run-on sentence*, con due pensieri compiuti separati solo da una virgola. Sbagliato. Nella frase B c'è un punto e virgola e nella C ci sono i due punti: sono entrambe accettabili.

Fornire informazioni supplementari per mezzo delle lineette

Le lineette emme, o *long dashes* (che gli esperti di grammatica chiamano *em dashes*), servono ad attirare lo sguardo e a tenere viva l'attenzione. Ma non solo. Esse inseriscono delle informazioni in una frase e introducono degli elenchi. Le lineette n (tecnicamente *en dashes*) non sono altrettanto appariscenti ma sono comunque molto utili. Esse vengono usate per indicare intervalli o collegare parole quando sono implicite le parole *to* o *and*.

Lineette emme

Il compito principale di una lineetta emme, *em dash* o *long dash*, è dire al lettore che siete saltati solo per un istante a un altro argomento (seppure collegato). Ecco alcuni esempi:

After we buy toenail clippers — the dinosaur in that exhibit could use a trim, you know — we'll stop at the doughnut shop. Dopo aver comprato dei tagliaunghie – il dinosauro di quell'esposizione ne avrebbe bisogno, sapete – ci fermeremo al negozio di bomboloni.

Standing on one manicured claw, the dinosaur — delivered to the museum only an hour before the grand opening — is the star of the exhibit. In equilibrio su un artiglio ben curato, il dinosauro – consegnato al museo solo un'ora prima della grande apertura – è la star dell'esposizione.

L'informazione all'interno delle lineette è fuori tema. Toglietela e la frase avrà senso. Il materiale tra lineette si riferisce alle informazioni contenute nel resto della frase ma si comporta come un'interruzione del discorso.

Le parole tra le lineette possono formare una frase compiuta, ma anche no. Bene! Alcune persone invece usano solo una lineetta per attaccare una frase compiuta a un'altra frase compiuta. Male! Ecco cosa intendo:

> SBAGLIATO: *The curator painted the dinosaur orange — everyone hates the color.* La curatrice ha dipinto il dinosauro d'arancione – tutti odiano quel colore.
>
> GIUSTO: *The curator painted the dinosaur orange — everyone hates the color — because she wanted to "liven the place up."* La curatrice ha dipinto il dinosauro d'arancione – tutti odiano quel colore – perché voleva "ravvivare l'ambiente".
>
> GIUSTO: *The curator painted the dinosaur orange; everyone hates the color.* La curatrice ha dipinto il dinosauro d'arancione; tutti odiano quel colore.
>
> GIUSTO: *The curator painted the dinosaur orange — a color hated by everyone.* La curatrice ha dipinto il dinosauro d'arancione – un colore odiato da tutti.

La prima frase è sbagliata perché una lineetta non può collegare due frasi compiute. Il secondo esempio va bene perché due lineette possono racchiudere una frase compiuta incastrata dentro un'altra frase compiuta. Il terzo esempio evita il problema collegando le due frasi con un punto e virgola. Il quarto esempio è corretto perché una lineetta può aggiungere un'informazione supplementare alla fine di una frase purché l'informazione supplementare non formi una frase compiuta. (*A color hated by everyone* non è una frase compiuta.)

La seguente frase ha tutte le carte in regola o può farvi arrestare dalla polizia grammaticale?

> *The sweet sounds of a thousand tubas wafted through the air — she fell asleep.* Le dolci sonorità di mille tube fluttuarono nell'atmosfera – ella s'addormentò.

Risposta: se avete risposto che ha le carte in regola vi meritate da cinque a dieci anni nel penitenziario della punteggiatura. Dopo *air* serve un punto perché *The sweet sounds of a thousand tubas wafted through the air* è una frase compiuta. *She fell asleep* è anch'essa una frase compiuta. Non potete collegare due frasi compiute con una lineetta.

La versione corretta è la seguente:

> The sweet sounds of a thousand tubas wafted through the air. She fell asleep.

La lineetta ha anche un altro compito: quello di portare il lettore dal generale al particolare, spesso fornendo una definizione. Date un'occhiata a questi esempi:

> *I think I have everything I need for the first day of camp — bug spray, hair spray, sun block, and DVD player.* Penso di avere tutto quello che mi serve per il primo giorno di campeggio – spray insetticida, lacca per i capelli, filtro solare e lettore DVD.

Everything I need è generale; *bug spray*, *hair spray*, *sun block*, *and DVD player* sono i particolari.

> *Louie said that he would perform the ugu-ug-ba — the ritual unwrapping of the season's first piece of chewing gum.* Louie disse che avrebber compiuto l'ugu-ug-ba – l'apertura rituale della prima gomma da masticare della stagione.

La definizione di ugu-ug-ba è *the ritual unwrapping of the season's first piece of chewing gum*.

Le lineette emme possono essere divertenti da scrivere, ma non sempre sono divertenti da leggere. Per cambiare il ritmo della vostra frase potete inserire una nuova idea. Ma non esagerate, o metterete in fuga il vostro lettore.

Lineette enne

L'inglese distingue tra le lineette emme o *long dashes* (viste nella sezione precedente) e la lineette enne (anche dette *short dashes* o *en dashes*). Le lineette enne vengono usate per indicare un intervallo:

> *From May – September, the convicts prune commas from literature written over the winter.* Da maggio a settembre i detenuti potano le virgole dei testi scritti durante l'inverno.

Le lineette enne spuntano anche quando omettete la parola *to* tra due elementi:

> *The New York – Philadelphia train is always on time.* Il treno New York-Philadelphia è sempre in orario.

Infine, esse collegano due o più elementi "alla pari": in questo caso è sottintesa la congiunzione *and.*

> *The catcher – pitcher relationship is crucial to the success of the Yankees.* Il rapporto catcher-pitcher è fondamentale per il successo della squadra.

Parte IV

Levigare la frase: le questioni grammaticali più delicate

Pronomi
You they he she it (tu essi egli ella esso)

Contronomi
Yous yawl whozits (te coso comesichiama)

In questa parte...

Immaginate che questa parte sia un pezzo di carta vetrata: una serie di regole che smussano le asperità dei vostri testi. Dopo aver levigato un paragrafo seguendo questi consigli, il prodotto finale conterrà i corretti pronomi (Capitolo 13) e i giusti tempi e modi verbali (Capitolo 14 e 15). Nessuna descrizione sarà fuori posto (Capitolo 16), tutte le comparazioni saranno logiche e complete (Capitolo 17) e voi avrete scoperto tutto quel che c'è da sapere su *who/whom* (Capitolo 18).

Capitolo 13

I pronomi e i loro casi

In questo capitolo

- Scegliere correttamente il pronome e comprendere i soggetti composti e le apposizioni
- Selezionare il pronome giusto per una comparazione
- Completare con il pronome corretto le frasi contenenti un verbo copulativo
- Usare il pronome oggetto e indicare possesso con i pronomi
- Scegliere il pronome giusto per i nomi in *-ing*

Tarzan, il celebre personaggio creato da Edgar Rice Burroughs, è un ragazzo intelligente. Non solo riesce a cavarsela nella giungla ma è in grado di assimilare un vocabolario inglese di discrete dimensioni, salva l'amata Jane dalle sabbie mobili e – una volta in Inghilterra – impara perfino ad allacciarsi le scarpe. Eppure c'è una cosa che lo fa traballare. Tarzan non sembra essere capace di comprendere le coppie pronome-verbo. "*Me Tarzan, you Jane*" non fa che ripetere. "*I am Tarzan*" sembra essere al di là delle sue possibilità.

Milioni di sventurati studenti di grammatica sanno perfettamente cosa prova Tarzan. La scelta del pronome giusto basta a far venire i capelli grigi a un tredicenne. Ma i pronomi seguono comunque una logica, e bastano pochi suggerimenti per facilitare le vostre scelte. In questo capitolo spiego i tre casi dei pronomi: soggetto, oggetto e possessivo. Agguantate una liana e lanciamoci nella giungla dei pronomi.

Me Like Tarzan: i pronomi soggetto

Il soggetto è la persona o la cosa che sta compiendo l'azione o della quale si parla nella frase. (Per sapere come identificare il soggetto andate al Capitolo 4.)

Non potete fare molti errori quando il soggetto è il nome di una persona, di un luogo o di una cosa – cioè un nome in senso grammaticale – ma i pronomi sono un'altra storia.

Di un pronome soggetto si dice che è al *nominative case*, al nominativo.

I pronomi soggetto comprendono *I, you, he, she, it, we, they, who* e *whoever*. Se volete evitare di commettere crimini grammaticali, quando scegliete un soggetto state alla larga da *me, him, her, us, them, whom* e *whomever*. Evitate anche i pronomi che terminano in *-self* (*myself, himself, herself, ourselves* e così via), a meno che non li affianchiate a un altro soggetto per enfatizzarlo:

> *I myself will select the proper pronoun.* Sarò io stesso a scegliere il pronome giusto.

Ecco alcuni esempi di pronomi nel ruolo di soggetto:

> I *certainly did tell Lulu not to remove her nose ring in public!* Puoi star certo che ho detto a Lulu di non togliersi l'anello al naso in pubblico! (*I* è il soggetto del verbo *did tell*.)
>
> Al and she *will bring their killer bees to the next meeting of the Unusual Pets Association.* Lei e Al porteranno le loro api assassine alla prossima riunione dell'associazione "Animali insoliti". (Al and *She* è il soggetto del verbo *will bring*.)
>
> Whoever *marries Larry next should negotiate a good prenuptial agreement.* La prossima sposa di Larry dovrà negoziare un buon accordo prematrimoniale. (*Whoever* è il soggetto del verbo *marries*.)

Interesse composto: coppie di soggetti

Quasi tutti se la cavano bene quando il soggetto è uno solo, ma le proposizioni con due soggetti sono un'altra storia. Per esempio, i miei pur bravi studenti pronunciano spesso frasi come

> Robert *and* me *are going to the supermarket for some chips.* Io e Robert stiamo andando al supermercato a comprare delle patatine.
>
> *Although* her *and* I *haven't met, we plan to have dinner soon.* Anche se io e lei non ci siamo mai incontrati, prevediamo di cenare presto insieme.

Capite il problema? Nella prima frase il verbo *are going* esprime l'azione. Per trovare il soggetto chiedete *who* o *what are going*. La risposta in questo caso è *Robert and me are going*, ma *me* non è un pronome soggetto. Ecco la versione corretta:

> Robert *and* I *are going to the supermarket for some carrots and celery.* Io e Robert stiamo andando al supermercato a comprare delle carote e del sedano. (Non ho resistito alla tentazione di correggere anche il contenuto nutrizionale.)

Nel secondo esempio, l'azione – il verbo – è *have met*. (*Not* non fa parte del verbo.) *Who* o *what have met?* La risposta in questo caso è *her and I*. *I* è un pronome soggetto in piena regola, ma *her* no. La versione corretta è questa:

> *Although* she *and* I *haven't met, we plan to have dinner soon.*

Un buon metodo per verificare la correttezza dei vostri pronomi è esaminarli separatamente. Se avete sviluppato un discreto orecchio per l'inglese corretto (il Capitolo 20 vi spiega come allenarlo), isolare il pronome vi aiuterà a decidere se la vostra scelta è corretta. Magari dovrete adattare un po' il verbo quando parlate di un soggetto invece di due, ma il principio è lo stesso. Se il pronome non suona bene da solo non lo farà neanche in coppia. Ecco un esempio:

> FRASE ORIGINALE: Jane *and* her *went to the spitball-shooting contest yesterday.* Lei e Jane ieri sono andate alla gara di lancio di palline di carta.
>
> VERIFICA 1: Jane *went to the spitball-shooting contest yesterday.*
>
> Verdetto: suona bene.
>
> VERIFICA 2: Her *went to the spitball-shooting contest yesterday.*
>
> Verdetto: suona malissimo. Sostituite *her* con *she*.
>
> VERIFICA 3: She *went to the spitball-shooting contest yesterday.*
>
> Verdetto: molto meglio.
>
> FRASE INTERA, CORRETTA: Jane *and* she *went to the spitball-shooting contest yesterday.*

Qual è la frase corretta?

A. *Bud, you, and me appointed the judges for the spitball-shooting contest, so we have to live with their decisions, however wrong.* Io, tu e Bud abbiamo nominato i giudici della gara di palline di carta e dobbiamo accettare le loro decisioni, per quanto ingiuste.

B. *Bud, you, and I appointed the judges for the spitball-shooting contest, so we have to live with their decisions, however wrong.*

Risposta: la frase corretta è la B. *I* è un pronome soggetto e *me* no. Se prendete separatamente le parti che compongono il soggetto dovreste poter "sentire" la risposta corretta.

Le apposizioni

Volete dire la stessa cosa due volte? Usate un'apposizione. Un'apposizione è un nome o un pronome che equivale esattamente al nome o al pronome che lo precede nella frase. Date un'occhiata a questi esempi:

> *Raven, the girl whose hair matches her name, is thinking of changing her name to Goldie.* Raven, la ragazza i cui capelli si adattano perfettamente al suo nome [Corvo], sta pensando di cambiare il proprio nome in Goldie.
>
> *Tee Rex, holder of the coveted Dinosaur of the Year trophy, has signed an endorsement deal with a company that makes extra-large sneakers.* T. Rex, detentore dell'ambìto trofeo Dinosauro dell'Anno, ha accettato di fare da testimonial a una compagnia che produce scarpe da ginnastica extra-large.
>
> *Roger, the Spy of the Month, will hold a press conference tomorrow at 10 a.m.* Roger, la Spia del Mese, terrà una conferenza stampa domattina alle 10.
>
> *Lola, a fan of motorcycles, acknowledges that life in the fast lane is sometimes hard on the complexion.* Lola, appassionata di motociclette, ammette che la vita al massimo a volte non è l'ideale per la carnagione.

Vedete la coppia di idee associate tra loro in ciascuna frase? Nella prima, *Raven* e *the girl whose hair matches her name* sono la stessa cosa. Nella frase successiva, *Tee Rex* e *holder of the coveted Dinosaur of the Year trophy* formano una coppia. Nella terza, *the Spy of the Month* equivale a *Roger*. Nell'ultima *Lola* e *a fan of motorcycles* corrispondono. La seconda metà di ciascuna coppia (*the girl whose hair matches her name*, *holder of the coveted Dinosaur of the Year trophy*, *the Spy of the Month* e *a fan of motorcycles*) è un'apposizione.

Le apposizioni ricorrono continuamente nella lingua parlata e scritta, forse perché gli esseri umani sentono la necessità di spiegarsi meglio. Probabilmente non commetterete errori con le apposizioni a meno che non entrino in gioco pronomi o virgole. (Per maggiori informazioni su virgole e apposizioni andate al Capitolo 11.)

I pronomi possono svolgere il ruolo di apposizione, e in quel caso compaiono principalmente quando si tratta di due o più persone o cose. Ecco alcuni esempi di apposizioni con i pronomi:

> *The winners of the raffle — Ali and he — will appear on the* Tonight Show *tomorrow.* I vincitori della tombola – lui e Ali – appariranno domani nel *Tonight Show*. (apposizione = *Ali and he*)
>
> *The judges for the spitball contest, Sally and she, wear plastic raincoats.* I giudici della gara di lancio di palline di carta, lei e Sally, indossano impermeabili di plastica. (apposizione = *Sally and she*)
>
> *The dancers who broke their toenails, Lulu and I, will not appear in the closing number.* Le ballerine che si sono spezzate le unghie dei piedi, Lulu ed io, non appariranno nel numero finale. (apposizione = *Lulu and I*)

Perché sono corretti *he*, *she* e *I*? In queste frasi le apposizioni sono accoppiate con i soggetti della frase (*winners*, *judges*, *dancers*). In un certo senso, le apposizioni sono potenziali sostituti del soggetto. Per questo motivo dovete usare un pronome soggetto.

CONSIGLIO

Il pronome con valore di apposizione deve sempre abbinarsi al suo compagno: se lo accoppiate con un soggetto deve essere un soggetto. Se lo associate a un complemento oggetto dovrà essere un pronome oggetto.

Potete verificare se avete scelto il pronome corretto usando lo stesso metodo che ho descritto nella sezione precedente. Prendete ciascuna parte della coppia o del gruppo separatamente. Concordate il verbo se necessario e poi ascoltate la frase. Ecco la verifica relativa a una delle frasi viste poco fa:

> VERIFICA 1: *The judges for the spitball contest wear plastic raincoats.*
>
> Verdetto: suona bene.
>
> VERIFICA 2: *Sally wears plastic raincoats.* Dovete adattare il verbo perché *Sally* è singolare, non plurale, ma suona bene.
>
> VERIFICA 3: *She wears plastic raincoats.* Ancora una volta dovete concordare il verbo ma il pronome suona bene.

Morale: isolate il pronome e sentite come suona. Se avete passato un po' di tempo ad ascoltare o leggere buoni testi, il vostro orecchio dovrebbe darvi la risposta giusta.

Scegliere i pronomi giusti per le comparazioni

Pigri come siamo, tendiamo tutti a privilegiare le scorciatoie e a eliminare alcune parole per arrivare prima alla fine della frase. Questa pratica è evidente nelle comparazioni. Leggete questi esempi:

> *Lulu denied that she had more facial hair than he.* Lulu negò di avere più peli superflui sul viso di lui.

Questa frase significa in realtà

> *Lulu denied that she had more facial hair than he had.* Lulu negò di avere più peli superflui sul viso di quanti ne avesse lui.

Se svolgete la comparazione come in questo caso, la scelta del pronome è un gioco da ragazzi. Ma se volete tagliare corto e omettere il verbo (*had*), potreste avere la tentazione di usare il pronome sbagliato, come in questa frase:

> Lulu denied that she had more facial hair than him.

Suona giusto, no? Invece è sbagliato. Le parole che pronunciate devono accordarsi con quelle che non pronunciate. Ovviamente non accettereste mai questa frase:

> Lulu denied that she had more facial hair than him had.

Him had è un errore madornale: *him* è un pronome oggetto, ma voi lo usate come soggetto di *had*.

CONSIGLIO

Ogni volta che dovete formulare una comparazione implicita – una comparazione che la frase suggerisce ma non esprime esplicitamente – completate mentalmente la frase. Il pronome giusto vi sembrerà ovvio.

Le comparazioni implicite contengono spesso la parola *than* (come negli esempi precedenti). Anche le parole *so* e *as* vi compaiono spesso:

> *The dancers that Michael hired are not as flexible as they.* I ballerini ingaggiati da Michael non sono flessibili come loro.
>
> *Eggworthy gave Larry as much trouble as her.* Eggworthy ha causato tanti guai a Larry quanti a lei.
>
> *Ralph, live in concert on Broadway, is as entertaining as she.* Ralph, nel suo concerto dal vivo a Broadway, è divertente quanto lei.

Ed ecco le comparazioni complete:

> *The dancers that Michael hired are not as flexible as they are.*
>
> *Eggworthy gave Larry as much trouble as Eggworthy gave her.*
>
> *Ralph, live in concert on Broadway, is as entertaining as she is.*

In alcune comparazioni incomplete manca più di una parola. Per esempio:

> *Grandmother gives my sister more souvenirs than me.*

significa

> *Grandmother gives my sister more souvenirs than Grandmother gives to me, because my sister is a spoiled brat and is always flattering the old bat.* La nonna fa a mia sorella più regali che a me perché mia sorella è una marmocchia viziata e non fa che adulare la vecchia megera.

e

> *Grandmother gives my sister more souvenirs than I.*

significa

> *Grandmother gives my sister more souvenirs than I do because I have better things to do with my allowance.* La nonna fa più regali di me a mia sorella perché io ho di meglio da fare con la mia paghetta.

Riflettete bene prima di prendere una decisione perché la scelta del pronome determina il significato della frase.

Qual è la frase corretta?

A. *Tee Rex broke more claws than I during the fight with Godzilla.* T. Rex ha spezzato più artigli di me durante la battaglia contro Godzilla.

B. *Tee Rex broke more claws than me during the fight with Godzilla.*

Risposta: la frase corretta è la A. Leggetela in questo modo: *Tee Rex broke more claws than* I did *during the fight with Godzilla.* Non potete dire *me did.*

Qual è la frase corretta?

A. *Roger told me more atomic secrets than she.* Roger mi ha rivelato più segreti atomici di lei.

B. *Roger told me more atomic secrets than her.* Roger ha rivelato più segreti atomici a me che a lei.

Risposta: come potete notare dalla traduzione, sono corrette entrambe a seconda della situazione. La frase A significa che Roger mi ha rivelato più segreti atomici di lei (*Roger told me more atomic secrets than she told me*). La frase B significa che Roger ha rivelato più segreti atomici a me che a lei (*Roger told me more atomic secrets than he told her*).

Collegare i pronomi ai verbi copulativi

Immaginate i verbi copulativi come grandi segni di uguale che equiparano le due metà della frase. Tutte le forme del verbo *to be* sono verbi copulativi, e lo sono anche i verbi come *seem*, *appear*, *smell*, *sound* e *taste*. Il tipo di pronome che inizia l'equazione (il soggetto) deve anche essere il tipo di pronome che la conclude. (Per sapere come individuare i verbi copulativi e i pronomi che li accompagnano, andate al Capitolo 2.) In questa sezione parlerò delle coppie di pronomi soggetto che accompagnano i verbi copulativi. Osservare i pronomi a coppie è utile perché la scelta dei pronomi nel caso di soggetti composti è sempre un compito impegnativo. Date un'occhiata a questa frase:

> *The new champions, who spelled "sassafras" correctly for the first and only time, are him and me.* I nuovi campioni, che hanno compitato correttamente "sassofrasso" per la prima e unica volta, siamo io e lui.

Giusto o sbagliato? Ecco come deve procedere la verifica. Pensate al segno di uguale (il verbo copulativo). Se i pronomi sono corretti, dovreste essere in grado di invertire la frase. In fin dei conti, 2 + 2 = 4 e 4 = 2 + 2.

Se inverto l'esempio precedente ottengo

> *Him and me are the new champions who spelled "sassafras" correctly for the first and only time.*

Oh oh. *Him and me are*. Non è una buona idea. Cosa dovreste dire, invece? *He and I are*. Tornate alla frase originale. Cambiate i pronomi. Rileggete:

> *The new champions, who spelled "sassafras" correctly for the first and only time, are he and I.*

ATTENZIONE!

Molte persone ignorano la *reversibility rule*, la regola della reversibilità, e scelgono un pronome oggetto. Nella parlata di tutti i giorni potete anche farla franca, ma nell'inglese formale le regole sono più rigide. Se avete un verbo copulativo seguito da un pronome, scegliete un pronome soggetto.

Qual è la frase corretta?

A. *The students voted "Most Likely to Go to Jail Before Graduation" are Liz and I.* Gli studenti eletti "Più a rischio di finire in carcere prima del diploma" siamo io e Liz.

B. *The students voted "Most Likely to Go to Jail Before Graduation" are Liz and me.*

Risposta: nell'inglese formale la frase giusta è la A. Invertitela: *Liz and I are the students voted "Most Likely to Go to Jail Before Graduation".* Verdetto: bene. Se invertite la frase B, ottenete *Liz and me are*. Questa forma non è una buona idea, anche se accettabile a livello colloquiale. (Per maggiori informazioni sull'inglese colloquiale e l'inglese formale andate al Capitolo 1.)

Uso dei pronomi come complementi oggetto diretti e indiretti

Finora in questo capitolo mi sono concentrata sui pronomi soggetto, ma è giunto il momento di pensare a chi riceve l'azione della frase: il complemento oggetto.

In particolare, è ora di dedicarci agli *object pronouns*, i pronomi oggetto. (Nel Capitolo 6 vi ho spiegato come identificare il complemento oggetto.) I pronomi che hanno le carte in regola per svolgere il ruolo di complemento oggetto sono *me*, *you*, *him*, *her*, *it*, *us*, *them*, *whom* e *whomever*. Ecco alcuni esempi di pronomi oggetto diretti e indiretti, indicati in tondo:

> *Archie married* us, *despite our parents' objections, in a quadruple ring ceremony.* Archie ci ha sposati, nonostante le obiezioni dei nostri genitori, nel corso di una quadrupla cerimonia. (*married* è il verbo; *Archie* è il soggetto; *us* è il pronome oggetto)

> *Olivier, president and chief operating officer of Actors Inc., sent* me *a horrifying* letter. Olivier, presidente e direttore operativo della Actors Srl, mi ha mandato una lettera orribile. (*sent* è il verbo; *Olivier* è il soggetto; *letter* e *me* sono complementi oggetto)

Ed ecco un po' di terminologia grammaticale, se ve la sentite. (Altrimenti non preoccupatevi: non avete bisogno di etichette per saper usare correttamente i pronomi.) Un *complemento oggetto diretto* riceve l'azione direttamente dal verbo e risponde alle domande *whom?* o *what?*. Un *complemento oggetto indiretto* riceve l'azione indirettamente (astuti, questi termini grammaticali), rispondendo alle domande *to whom?* o *to what?*. Nell'esempio precedente, *letter* è il complemento oggetto diretto e *me* il complemento oggetto indiretto. Per maggiori informazioni sui complementi oggetto diretti e indiretti, andate al Capitolo 6.

Qual è la frase corretta?

A. *After a great deal of discussion, the principal punished we, the innocent, for the small herd of cows that disrupted the cafeteria yesterday.* Dopo tante discussioni il capo ha punito noi, gli innocenti, per la piccola mandria di mucche che ieri ha messo a soqquadro la mensa.

B. *After a great deal of discussion, the principal punished us, the innocent, for the small herd of cows that disrupted the cafeteria yesterday.*

Risposta: la frase giusta è la B. *Us* è il complemento oggetto del verbo *punished*.

Scegliere i pronomi oggetto da abbinare alle preposizioni

Anche le preposizioni – parole che esprimono relazione, come *about*, *after*, *among*, *by*, *for*, *behind*, *since* e altre – possono avere dei complementi oggetti. (Per una trattazione più esauriente delle preposizioni andate al Capitolo 8.) Ecco alcuni esempi, in cui la preposizione e il pronome oggetto sono evidenziati in tondo:

> *Max, fearful for his pet tarantula, gave his dog* to us *yesterday.* Max, preoccupato per la sua tarantola da compagnia, ieri ci ha dato il suo cane.
>
> *Belle's dance solo is a problem* for her *because she can't find a suitable costume.* Per Belle l'assolo di danza è un problema perché non riesce a trovare un costume adatto.
>
> *Michael's latest play received a critical review* from them. L'ultimo lavoro teatrale di Michael ha ricevuto da loro una recensione negativa.
>
> *Archie didn't like the window so he simply plastered* over it. Ad Archie non piaceva la finestra e allora l'ha semplicemente murata.

Ricordate che il complemento oggetto risponde alla solita domanda relativa al complemento oggetto (*whom? what?*), come in questi esempi:

> *Max, fearful for his pet tarantula, gave his dog to* whom*?*

Risposta: *to us.*

Belle's dance solo is a problem for whom?

Risposta: *for her.*

Michael's latest play received a critical review from whom?

Risposta: *from them.*

Archie didn't like the window, so he simply plastered over what?

Risposta: *over it.*

Osservate anche che tutti i pronomi – *us*, *him*, *her*, *them*, *it* – sono pronomi oggetto.

QUIZ A SORPRESA

Qual è la frase corretta?

A. *The conversation between Al and I always revolves around piano-tuning.* La conversazione tra me e Al è sempre incentrata sull'accordatura dei pianoforti.

B. *The conversation between Al and me always revolves around piano-tuning.*

Risposta: la frase corretta è la B. *Between* è una preposizione. *Between whom? Between Al and me*. *Me* è uno degli complementi oggetto della preposizione *between*.

ATTENZIONE!

Chissà per quale motivo, la frase *between you and I* ha preso piede. È giunto il momento di scalzarla. *Between* è una preposizione e deve essere seguita da pronomi oggetto. Il pronome *I* è fatto per i soggetti e *me* è fatto per i complementi oggetto. Dunque, *between you and me*, quello che vi serve è *me*.

Aggiungere complementi oggetto ai nomi verbali

Verbal, che strana parola. Sembra un animaletto che va tenuto in gabbia e passa il tempo a correre dentro una ruota. Ma non lo è. *Verbal*, in italiano nome verbale, è una parola derivata da un verbo (parola che esprime uno stato o un'azione) e che funziona come un nome o una descrizione (in altri termini, si comporta come un aggettivo o un avverbio). In questa sezione vi spiegherò come scegliere il pronome adatto a ricoprire il ruolo di complemento oggetto di un nome verbale.

Più avanti, nella sezione di questo capitolo intitolata "Pronomi e nomi in -ing", mi occuperò di un altro modo in cui i pronomi interagiscono con i nomi verbali.

La lingua inglese vanta ben tre tipi di *verbals*: gerundio, participio e infinito. Non siete costretti a ricordarne i nomi, è sufficiente che scegliate il pronome giusto. Date un'occhiata a questi nomi verbali e ai loro complementi oggetto, entrambi evidenziati in tondo, e notate anche il vero verbo di ciascuna frase, che ho sottolineato:

> *Melanie loves* dancing the Apostrophe, *but Lulu thinks that dance is strange.* Melanie adora ballare l'Apostrofo, ma Lulu pensa che sia un ballo strano.
>
> *Lola left the biker convention* to play some dance tunes *for Melanie.* Lola ha lasciato il raduno dei motociclisti per suonare un po' di musiche da ballo per Melanie.
>
> *Oliver,* having watched Melanie, *signed up for polka lessons.* Oliver, dopo aver guardato Melanie, si è iscritto a un corso di polka.

Come potete vedere, i nomi verbali hanno l'aspetto di verbi. Nella prima frase, però, *dancing* non si comporta come un verbo. *Dancing* è una cosa che Melanie adora. In altri termini, è un nome. Nel secondo esempio, *to play* spiega perché Lola abbia lasciato il raduno dei motociclisti. Dunque *to play* descrive il verbo *left* (*left why? to play*). Nel terzo esempio, *having watched Melanie* vi fornisce un'informazione in più su *Oliver*, un nome. Tutto ciò che descrive un nome funziona come un aggettivo.

CONSIGLIO

Per trovare il complemento oggetto di un nome verbale, ponete le domande relative al complemento oggetto: *whom? what?* dopo il nome verbale.

Per fortuna non siete costretti a conoscere la provenienza dei nomi verbali in cui vi imbattete. Basta che vi ricordiate di accompagnarli con un pronome oggetto. Ecco gli esempi precedenti, questa volta con i pronomi al posto dei nomi:

> *Melanie loves* dancing it.
>
> *Lola left the biker convention* to play them *for her friend Melanie.*
>
> *Oliver,* having watched her, *signed up for polka lessons.*

QUIZ A SORPRESA

Qual è la frase corretta?

A. *Oliver loves to show Melanie and I his new dance moves.* Oliver adora mostrare a me e a Melanie i suoi nuovi passi di danza.

B. *Oliver loves to show Melanie and me his new dance moves.*

Risposta: la frase corretta è la B. *To show* è un nome verbale. *To show whom? To show Melanie and me*. *Me* è uno dei complementi oggetto del nome verbale *to show*.

Vedere doppio causa qualche problema

Avete buone probabilità di azzeccare il pronome oggetto quando nella frase ce n'è solo uno, ma le coppie (o i gruppi più numerosi) causano qualche problema. La soluzione è relativamente semplice. Controllate ciascuna parte del gruppo separatamente. L'orecchio vi guiderà nella scelta. Ecco qualche esempio:

> FRASE ORIGINALE: *Paris, pleading poverty, presented Perry and me with a check for fifteen cents.* Paris, piangendo miseria, ha dato a me e a Perry un assegno di quindici cent.
>
> VERIFICA 1: *Paris, pleading poverty, presented Perry with a check for fifteen cents.*
>
> Verdetto: la frase suona bene.
>
> VERIFICA 2: *Paris, pleading poverty, presented me with a check for fifteen cents.*
>
> Verdetto: la frase suona bene. Se isolate il pronome, *me* è chiaramente la scelta giusta. Difficile che possiate trovare accettabile *Paris, pleading poverty, presented I with a check for fifteen cents.*

Riprovate.

> FRASE ORIGINALE: *Perry, claiming to be far richer than Donald Trump, presented the government and he with a billion dollars.* Perry, affermando di essere molto più ricco di Donald Trump, diede a lui e al governo un miliardo di dollari.
>
> VERIFICA 1: *Perry, claiming to be far richer than Donald Trump, presented the government with a check for a billion dollars.*
>
> Verdetto: la frase suona bene.
>
> VERIFICA 2: *Perry, claiming to be far richer than Donald Trump, presented he with a check for a billion dollars.*
>
> Verdetto: *presented he*? Ma neanche per sogno. La frase non funziona.

VERIFICA 3: *Perry, claiming to be far richer than Donald Trump, presented him with a check for a billion dollars.*

Verdetto: adesso la frase suona bene.

FRASE INTERA, CORRETTA: *Perry, claiming to be far richer than Donald Trump, presented the government and him with a check for a billion dollars.*

I pronomi e gli aggettivi possessivi

I pronomi e gli aggettivi possessivi indicano (rullo di tamburi!) possesso e sono *my*, *your*, *his*, *her*, *its*, *our*, *their*, *mine*, *yours*, *hers*, *ours*, *theirs* e *whose*. Date un'occhiata a queste frasi:

> *Michael took* his *apple out of the refrigerator marked "Open Only in Case of Emergency."* Michael prese la sua mela dal frigo dove c'era scritto "Aprire solo in caso d'emergenza".
>
> *Sure that the computer had beeped* its *last beep, Lola shopped for a new model.* Certa che il computer avesse reso l'ultimo bip, Lola andò a comprare un nuovo modello.
>
> *To* our *dismay, Roger and Lulu opened* their *birthday presents two days early.* Con nostro sgomento, Roger e Lulu hanno aperto i loro regali di compleanno due giorni prima.
>
> *Vengeance is* mine. Mia è la vendetta.
>
> *Lester slapped the dancer* whose *stiletto heels had wounded Lola's big toe.* Lester schiaffeggiò la ballerina i cui tacchi a spillo avevano ferito l'alluce di Lola.

I possessivi in tutti questi esempi indicano che la mela appartiene a Michael, il bip al computer, lo sgomento a noi, il regalo a Roger e Lulu e la vendetta a me (*mine* è il pronome possessivo che si riferisce a qualcosa che possiedo io, qualcosa che appartiene a me). L'ultima frase è un po' più complicata. La parola *whose* si riferisce a *dancer*. I tacchi a spillo appartengono alla ballerina. L'alluce appartiene a Lola, ma il possesso in questo caso è indicato con un genitivo sassone (*Lola's*), non con un possessivo (*her*).

CONSIGLIO

Osservate che nessuno dei pronomi/aggettivi possessivi ha l'apostrofo. Mai. Aggiungere gli apostrofi ai possessivi è un errore tra i più frequenti. (*It's* non significa *belongs to it*. Significa *it is*.) Tutto quello che volete sapere sugli apostrofi è contenuto nel Capitolo 10.

Qual è la frase corretta?

A. *Smashing the pumpkin on his mother's clean floor, Rocky commented "I believe this gourd is yours".* Fracassando la zucca sul pavimento pulito di sua madre, Rocky commentò "Credo che questa sia tua".

B. *Smashing the pumpkin on his mother's clean floor, Rocky commented, "I believe this gourd is your's".*

Risposta: la frase corretta è la A. I pronomi possessivi non vogliono l'apostrofo, e *yours* è un pronome possessivo.

I possessivi e i nomi in -ing

La regola che riguarda i possessivi e in nomi in *-ing* è così poco rispettata che è forse una battaglia persa in partenza. Però non è una regola completamente inutile, come spesso accade. E poi è logica. Alcuni nomi che terminano in *-ing* sono formati a partire da verbi. (In termini grammaticali si chiamano gerundi e appartengono alla famiglia dei nomi verbali che ho trattato poco fa in "Aggiungere complementi oggetto ai nomi verbali".)

Quando mettete un pronome davanti a uno di questi nomi dovete essere certi che sia un pronome possessivo. Ecco alcuni esempi:

> *Just because I once got a speeding ticket, my parents object to* my taking *the car for even short drives.* Solo perché una volta ho preso una multa per eccesso di velocità, i miei genitori si oppongono al fatto che io prenda la macchina anche per i minimi spostamenti. (non *me taking*)
>
> *Lola knows that* their creating *a dress code has nothing to do with the fact that she recently pierced her toes.* Lola sa che il fatto che abbiano stilato un codice d'abbigliamento non ha niente a che fare con il suo recente piercing agli alluci. (non *them creating*)
>
> *Eggworthy's wife likes his singing in the shower.* Alla moglie di Eggworthy piace sentirlo cantare sotto la doccia. (non *him singing*)
>
> *The goldfish accept our placing food in the tank so long as we don't try to shake their fins.* I pesciolini rossi accettano che gli mettiamo del cibo nell'acquario purché non tentiamo di scuoter loro le pinne. (non *us placing*)

Perché un possessivo? La logica è questa. Quando mettete un possessivo davanti a un nome, l'idea principale è costituita dal nome. Se leggete

> *Lulu couldn't stop talking about my* Lulu non riusciva a smettere di parlare di mio

non avete l'informazione che vi serve. Rimanete in attesa della parola successiva. Adesso guardate questa frase:

> *Lulu couldn't stop talking about me.* Lulu non riusciva a smettere di parlare di me.

Ora potete fermarvi. Avete tutte le informazioni che vi servono, tranne naturalmente quello che Lulu ha detto di me. Torniamo alla grammatica: il possessivo vi lancia in avanti; un pronome oggetto vi blocca. Pertanto:

> *My parents object to the* taking *of the car. They don't object to* me.

> *Lola knows something about the* creating *of a dress code. She may not know anything about* them.

> *Eggworthy's wife likes the* singing. *She may not like* him.

> *The goldfish accept* placing *food. They don't accept* us.

CONSIGLIO

Alcuni vocaboli in *-ing* non provengono da verbi, e alcuni vocaboli in *-ing* non sono nomi. Non preoccupatevi di distinguere gli uni dagli altri. Limitatevi ad applicare questo semplice test: vi serve un possessivo se il significato della frase cambia radicalmente quando eliminate la parola in *-ing*. Date un'occhiata a questo esempio:

> *Roger loves me singing and always invites me to perform at his concerts.* Roger adora sentirmi cantare e mi invita sempre a esibirmi nei suoi concerti.

Se elimino la parola in *-ing*, la frase dice

> *Roger loves me.*

Il significato cambia un bel po'. Chiaramente la frase è sbagliata. La versione corretta è

> *Roger loves my singing.*

Adesso al centro dell'attenzione c'è *singing*, non *me*.

Qual è la frase corretta?

A. *The boss hates you answering the phone with "Whassup, dude?"*. Il capo detesta la tua abitudine di rispondere al telefono con "Come butta, amico?".

B. *The boss hates your answering the phone with "Whassup, dude?"*

Risposta: la frase corretta è la B. Il capo non ti conosce abbastanza per detestarti (il significato della frase A). Naturalmente, se ti conoscesse meglio… ma lasciamo perdere. La frase B sottolinea *answering*. Al capo non piace che tu accolga i clienti con "*Whassup, dude?*". Non riesco proprio a capire perché.

Capitolo 14

Perfezionare i verbi

In questo capitolo

- Distinguere tra forma attiva e passiva
- Scegliere verbi forti
- Scegliere i verbi giusti per descrivere eventi che si svolgono in momenti diversi
- Riferire informazioni con il tempo giusto
- Descrivere idee che sono sempre vere

I verbi vi si annodano in bocca e vi costringono a correggervi costantemente per evitare problemi? Nel Capitolo 3 mi occupo dei fondamentali: scegliere il verbo giusto in situazioni non complicate. Qui tratto argomenti più complessi: le frasi che disorientano la maggior parte delle persone. Se volete affinare la vostra competenza verbale continuate a leggere.

Dar voce ai verbi

I verbi possono avere due forme, attiva o passiva (per usare una terminologia grammaticale corretta, si chiamano "diatesi", dal greco *diáthesis*, letteralmente "disposizione"). Date un'occhiata a questi due esempi:

> *"The window* was broken *yesterday" reported Eggworthy, carefully hiding his baseball bat under the sofa.* "La finestra è stata rotta ieri" ha riferito Eggworthy, nascondendo accuratamente la sua mazza da baseball sotto il divano.
>
> *"I* broke *the window yesterday" reported Eggworthy, regretfully handing his baseball bat to his mother.* "Ieri ho rotto la finestra" ha riferito Eggworthy, consegnando con rammarico la mazza da baseball a sua madre.

In cosa differiscono le due versioni? Grammaticalmente, la frase pronunciata da Eggworthy nel primo esempio si concentra su ciò che riceve l'azione, *the window*. Il verbo è passivo perché il soggetto non è la persona o la cosa che compie l'azione ma la persona o la cosa che la riceve. Nella seconda frase il verbo è alla forma attiva perché il soggetto (*I*) ha compiuto l'azione (*broke*). Quando il soggetto agisce o è protagonista di un modo d'essere o di uno stato, il verbo è *attivo*.

Per trovare il soggetto di una frase, individuate il verbo e chiedete *Who?* o *What?*. Per maggiori informazioni sui soggetti andate al Capitolo 4.

Ecco alcuni verbi attivi e passivi:

> *Lulu* gives *a free-tattoo coupon to Lola.* Lulu regala a Lola un buono per un tatuaggio gratis. (attivo)
>
> *Lola* is convinced *by Lulu to get a tattoo.* Lola è convinta da Lulu a farsi un tatuaggio. (passivo)
>
> *Roger* convinces *Lulu to visit the tattoo parlor too.* Roger convince anche Lulu ad andare dal tatuatore. (attivo)
>
> *Lulu* is tattooed *by Lola.* Lulu viene tatuata da Lola. (passivo)

Classificate i verbi di queste frasi come attivi o passivi.

A. *The omelet was made with egg whites, but the yolks were discarded.* La frittata è stata fatta con gli albumi, ma i tuorli sono stati scartati.

B. *Eggworthy slobbers when he eats eggs.* Quando mangia le uova Eggworthy sbava.

Risposta: la frase A è passiva (*was made*, *were discarded*) e la frase B è attiva (*slobbers*, *eats*).

Riprovate. Qual è attiva e quale passiva?

A. *The nail was hammered into that sign by Roger.* Il chiodo è stato piantato in quell'insegna da Roger.

B. *Roger is building a tank for his pet piranhas.* Roger sta costruendo un acquario per i suoi piranha.

Risposta: la frase A è passiva (*was hammered*) e la B è attiva (*is building*).

Scegliere la forma migliore

Se non avete qualcosa da nascondere o una conoscenza confusa dei fatti, dovete rendere i vostri testi il più possibile precisi. La precisione sta nella forma attiva. Confrontate queste coppie di frasi:

> *The president of the Egg-Lovers' Club* was murdered *yesterday.* Il presidente dell'associazione "Amanti delle uova" è stato assassinato ieri. (La polizia sta ancora cercando il delinquente che ha brandito il martello e ha spaccato il teschio del presidente come un... be', come un guscio d'uovo.)
>
> *Sir Francis Bacon* murdered *the president of the Egg-Lovers' Club yesterday.* Sir Francis Bacon ieri ha assassinato il presidente dell'associazione "Amanti delle uova". (Bacon verrà presto trasferito in una cella di massima sicurezza.)
>
> *It is* recommended *that the furnace not be cleaned until next year.* Si raccomanda che la caldaia non venga pulita prima del prossimo anno. (Qualcuno vuole risparmiare, ma nessuno vuole prendersi la responsabilità di questa scelta. Se in pieno inverno la caldaia si guasterà perché troppo sporca, non si potrà incolpare nessuno.)
>
> *The superintendent* recommends *that the furnace not be cleaned until next year.* L'amministratore raccomanda che la caldaia non venga pulita prima del prossimo anno. (Adesso i condomini possono minacciare l'amministratore con i ghiaccioli che spuntano loro dal naso.)

Avete notato che le frasi con il verbo alla voce attiva forniscono maggiori informazioni?

Nella prima coppia di frasi sappiamo il nome dell'assassino, nella seconda sappiamo chi propone di rimandare la manutenzione della caldaia. Nella vita come nella grammatica, sapere è solitamente meglio di non sapere, e la forma attiva – generalmente più prodiga di informazioni – è spesso preferibile a quella passiva.

La forma attiva è migliore della passiva anche perché tende a usare meno parole per dire le stesse cose. Paragonate le seguenti frasi:

> *Lulu was failed by the teacher because the grammar book was torn up by Lulu before it was ever opened.* Lulu ha ricevuto un brutto voto dall'insegnante perché il libro di grammatica è stato stracciato da Lulu prima ancora di essere aperto. (la frase in inglese è composta da 20 parole)

The teacher failed Lulu because Lulu tore up the grammar book before opening it. L'insegnante ha dato un brutto voto a Lulu perché Lulu ha stracciato il libro di grammatica ancora prima di aprirlo. (la frase in inglese è composta da 14 parole)

D'accordo, sei parole non equivalgono alla differenza tra un romanzo fiume e un racconto di tre pagine, ma le parole si accumulano. Se state scrivendo una lettera o una tesina, passare dalla forma passiva a quella attiva significa che potete risparmiare un terzo delle parole, e dunque un terzo dell'energia e della pazienza del vostro lettore.

Poniamo che il vostro insegnante vi chieda di scrivere 500 parole sull'*Amleto* e voi abbiate solo una vaghissima idea della tragedia di Shakespeare. Magari pensate che la soluzione sia infarcire il vostro compito di frasi inutili. Sbagliato. Il vostro insegnante se ne accorgerebbe. Invece di essere puniti per sapere troppo poco, sarete puniti perché avete fatto perdere tempo a chi vi legge. La soluzione? Usate la voce attiva e non riempite il vostro testo di cose inutili.

Quale di queste frasi funziona meglio?

A. *The omelet was made with whipped egg whites and chopped ham, but the yolks were discarded.* La frittata è stata fatta con gli albumi sbattuti e il prosciutto tritato, ma i tuorli sono stati scartati.

B. *Eggworthy made an omelet of whipped egg whites and chopped ham but discarded the yolks.* Eggworthy ha fatto una frittata di albumi sbattuti e prosciutto tritato ma ha scartato i tuorli.

Risposta: la frase B, che ricorre alla voce attiva (*made*, *discarded*), è preferibile alla frase A, che è composta da verbi alla voce passiva (*was made*, *were discarded*). La frase B non è solo più breve (di una parola), ma fornisce anche maggiori informazioni (il nome del cuoco).

Riprovate. Scegliete la frase migliore.

A. *The Omelet Contest was run so poorly that some entries were labeled "dangerous" by the health officer.* La gara di frittate è stata gestita così male che alcuni piatti sono stati sono stati giudicati "pericolosi" dall'ufficiale sanitario.

B. *Sal Monella ran the Omelet Contest so poorly that the health officer labeled some entries "dangerous."* Sal Monella ha gestito così male la gara di frittate che l'ufficiale sanitario ha giudicato "pericolosi" alcuni piatti.

Risposta: vince la frase B. Il verbo alla forma attiva (*ran*) crea una frase più forte rispetto al verbo passivo (*was run*) della frase A. Inoltre la frase B fornisce il nome della persona che ha dimenticato di conservare in frigo gli ingredienti.

Usare verbi forti per aggiungere senso alla frase

Anche se la *Grammatica inglese for Dummies* si concentra sulla grammatica, non posso esimermi dal darvi qualche suggerimento stilistico. Potete trarre un grande profitto dai verbi forti, cioè quelli che aggiungono senso e dettagli alla vostra frase. Usando espressioni vacue e verbi deboli, al contrario, finite per annacquare il testo. In questa sezione vi spiego come scegliere verbi che non vi faranno sfigurare.

"There is": il problema dei verbi noiosi

Mi capita spesso di chiedere ai miei studenti di descrivere una normale sedia. Inevitabilmente mi ritrovo a leggere frasi come queste:

> *There is a curved seat.* C'è un sedile curvo.
>
> *There are five slats on the back.* Ci sono cinque assicelle nella parte posteriore.
>
> *There is a school identification mark on the bottom of the chair.* C'è un segno identificativo della scuola sulla parte inferiore della sedia.

In queste frasi non c'è niente che non va. Sono tutte grammaticalmente corrette. Sono descrizioni accurate. Ma scommetto che vi hanno fatto sbadigliare. *There is* e *there are* – come i loro cugini *there was*, *there will be*, *there has been*, ecc. – sono espressioni standard (e di conseguenza noiose). Che ne dite di sostituirle con qualcosa di più forte? Ecco come:

> *The seat curves to fit your bottom.* Il sedile è incurvato per adattarsi alle vostre forme.
>
> *Five slats support your back.* Cinque assicelle offrono sostegno alla vostra schiena.
>
> *The school stamps an identification mark on the bottom of each chair.* La scuola stampa un segno di identificazione sulla parte inferiore di ciascuna sedia.

Non vi sembra che queste ultime versioni siano più interessanti? Sono più informative, e i verbi – *curves*, *support* e *stamps* – attirano l'occhio del lettore.

Avete un problema con "have"?

Se vengono usate troppo spesso, anche le forme del verbo *to have* possono essere un potente sonnifero per il vostro lettore. (Sono costretta a ricordarvi che *to have* è un infinito: dà il nome alla famiglia di un verbo ma non svolge mai il ruolo di verbo nella frase.)

Adesso torniamo alla nostra scelta di verbi. A volte niente funziona meglio di *to have*, e naturalmente alcune forme di questo verbo vi servono per esprimere il tempo in cui si svolge un'azione o un modo di essere. (Il paragrafo "Mettiamo ordine: sequenze temporali", in questo capitolo, approfondisce la questione dei tempi verbali, già trattati nel Capitolo 3.)

Spesso, però, *has*, *had* e *have* finiscono in una frase perché chi scrive è troppo stanco o pigro per cercare qualcosa di più creativo. Cercate di trasformare

> *The chair has a shiny surface.* La sedia ha una superficie lucida.

in

> *The chair shone under the fluorescent light.* La sedia brillava sotto la luce fluorescente.

Ho aggiunto qualche informazione, ma ci siamo capiti. *Shone* (simple past di *to shine*) è più interessante di *has*. E non dimenticate che quando infilate nella frase un buon verbo solitamente vi vengono altre idee, e l'intero testo ne risulta migliorato.

"Say" e "walk"

To say e *to walk* sono bravi membri della comunità verbale, ma non vi offrono molte informazioni. Perché dire *say* quando potete dire *declare* (dichiarare), *scream* (urlare), *whisper* (sussurrare), *hint* (accennare), *bellow* (urlare), *assert* (asserire), *remark* (osservare) o una delle tante varianti a vostra disposizione? Per esprimere movimento prendete in considerazione *stroll* (girellare), *saunter* (passeggiare), *plod* (trascinarsi), *strut* (incedere impettiti), *rush* (precipitarsi), *speed* (sfrecciare), *zig-zag* (zigzagare)... insomma, avete capito. Cercate verbi che vanno un po' oltre il minimo garantito, che aggiungono sfumature di significato alla vostra frase.

Probabilmente il vostro programma di videoscrittura dispone di un *thesaurus*, cioè di un dizionario dei sinonimi. Potete anche acquistare un dizionario dei sinonimi e dei contrari cartaceo. Se state limando i vostri testi e vi servono dei verbi un po' più sfiziosi, il dizionario vi proporrà alcune valide alternative. State attenti, però: i verbi, come tutte le parole, possono assomigliarsi ma non coincidere. Tra i sinonimi di *stroll* ci sono *ramble* e *promenade*. *Ramble* (o *amble*, altro sinonimo) significa vagare senza una destinazione o uno scopo. Con *promenade* siete probabilmente sempre in modalità ricreativa, ma questa volta passeggiate mettendovi in mostra. Morale: non inserite un verbo nella vostra frase se non siete certi del suo significato.

Mettiamo ordine: sequenze temporali

Tutti i verbi esprimono informazioni su tre tempi: il presente, il passato e il futuro. Sfortunatamente gli esseri umani tendono a volere informazioni più specifiche. Questo comporta un milione di sfumature e circa altrettante regole.

Il Capitolo 3 contiene le informazioni di base sui tempi verbali. In questo capitolo mi concentrerò su alcuni casi particolari: quali verbi usare quando sta succedendo più di una cosa.

CONSIGLIO

Per spiegare cosa sta accadendo e in quale momento, alcuni degli esempi di questa sezione saranno accompagnati da sequenze temporali. Abbinate gli eventi della sequenza temporale ai verbi della frase per capire come i tempi collocano cronologicamente gli eventi.

Caso 1: eventi simultanei – verbi principali

Osservate i verbi in tondo in ciascuna di queste frasi:

> *Maya* swiped *a handkerchief and daintily* blew *her noise.* Maya sgraffignò un fazzoletto e si soffiò graziosamente il naso. (*swiped* e *blew* = due eventi che accadono quasi simultaneamente; entrambi i verbi sono al *past tense*)
>
> *Maya* will be *in court tomorrow, and the judge* will rule *on her case.* Maya domani sarà in tribunale e il giudice si pronuncerà sul suo caso. (*will be* e *will rule* = due eventi che accadono simultaneamente; entrambi i verbi sono al *future tense*)
>
> *Maya* is *extremely sad about the possibility of a criminal record, but she* remains *hopeful.* Maya è estremamente triste per la possibilità di ritrovarsi con la fedina penale sporca, ma resta speranzosa.

(*is* e *remains* = condizioni che sussistono contemporaneamente; entrambi i verbi sono al *present tense*)

Se due azioni si svolgono contemporaneamente (o quasi), usate lo stesso tempo per ciascun verbo.

Caso 2: eventi simultanei – nomi verbali

Alcune forme verbali non si comportano come verbi ufficiali della frase; anzi, non si comportano come verbi e basta, pur fornendo informazioni su un evento. Queste forme verbali si chiamano *verbals*, nomi verbali. Nelle frasi seguenti, osservate i nomi verbali in tondo. Tenete d'occhio anche il verbo principale, che è sottolineato. Notate che lo stesso nome verbale si accorda con verbi al presente, al passato e al futuro e colloca le due azioni sullo stesso piano temporale o abbastanza vicine da rendere la differenza irrilevante. Osservate anche che i nomi verbali non sono formati con le parole *have* o *had*. (*Have* e *had* aiutano a esprimere azioni che si svolgono in tempi diversi. Per maggiori informazioni su *have* e *had* in azione, andate al Caso 6.)

> Swiping *a handkerchief, Maya daintily <u>blows</u> her nose.* Sgraffignando un fazzoletto, Maya si soffia graziosamente il naso. (lo *swiping* e il *blowing* si svolgono quasi nello stesso momento, nel presente)
>
> Swiping *a handkerchief, Maya daintily <u>blew</u> her nose.* Sgraffignando un fazzoletto, Maya si soffiò graziosamente il naso. (lo *swiping* e il *blowing* si sono svolti quasi nello stesso momento, nel passato)
>
> Swiping *a handkerchief, Maya <u>will</u> daintily <u>blow</u> her nose.* Sgraffignando un fazzoletto, Maya si soffierà graziosamente il naso. (lo *swiping* e il *blowing* si svolgeranno quasi nello stesso momento, nel futuro)

Altra variante:

> To blow her nose daintily, *Maya <u>swipes</u> a handkerchief.* Per soffiarsi graziosamente il naso, Maya sgraffigna un fazzoletto. (il *blowing* e lo *swiping* si svolgono quasi nello stesso momento, nel presente)
>
> To blow her nose daintily, *Maya <u>swiped</u> a handkerchief.* Per soffiarsi graziosamente il naso, Maya sgraffignò un fazzoletto. (il *blowing* e lo *swiping* si sono svolti quasi nello stesso momento, nel passato)

To blow her nose daintily, *Maya will swipe a handkerchief.* Per soffiarsi graziosamente il naso, Maya sgraffignerà un fazzoletto. (il *blowing* e lo *swiping* si svolgeranno quasi nello stesso momento, nel futuro)

Nessuno al mondo ha bisogno dell'informazione che segue, dunque continuate a leggere solo se avete un debole per la terminologia grammaticale. I participi sono forme verbali che possono svolgere il compito di aggettivi. Nelle frasi precedenti, *swiping* è un participio presente, e *swiping a handkerchief* è una proposizione participiale che descrive *Maya*. L'azione espressa dal participio presente si svolge contemporaneamente (o quasi) all'azione espressa dal verbo principale. *To blow* è un infinito, la forma base del verbo. Gli infiniti non svolgono mai il compito di verbi nella frase. Negli esempi citati, *to blow her noise daintily* è una proposizione infinitiva che descrive *Maya*.

Caso 3: eventi che si sono svolti in due diversi momenti del passato

Tutto quello che è già accaduto si è svolto esattamente nello stesso momento, vero? Se solo fosse così. Gli esami di storia sarebbero molto più facili e anche la grammatica ne trarrebbe giovamento. Purtroppo ci si trova spesso a dover parlare di eventi che si sono svolti in diversi momenti del passato. I tempi verbali creano un ordine di accadimenti – una cronologia, una sequenza temporale – per il vostro lettore. Date un'occhiata ai verbi in tondo di questa frase:

Maya had *already* swiped *the handkerchief when she* discovered *the joys of honesty.* Maya aveva già sgraffignato il fazzoletto quando scoprì le gioie dell'onestà.

Ci sono due eventi che si svolgono uno prima dell'altro. (Sfortunatamente per Maya, le gioie dell'onestà sono giunte dopo il furto, che le è costato vent'anni di prigione.)
Osservate la sequenza temporale:

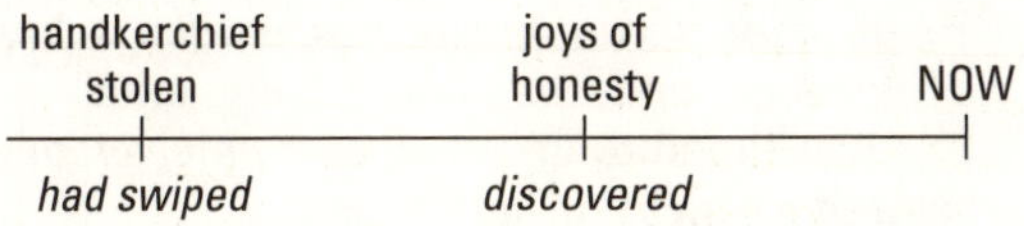

Quando due eventi si sono svolti in momenti diversi del passato, usate *had* per il primo evento e il simple past (senza *had*) per l'evento più recente. Per gli amanti della grammatica: i verbi scritti con *had* sono al past perfect tense. (Per le definizioni dei tempi verbali andate al Capitolo 3.)

Osservate bene questi esempi:

> *Because of Lulu's skill with a needle, where a hole in the sock* had gaped, *a perfect heel now* enclosed *her tender foot.* Grazie all'abilità di Lulu nel maneggiare ago e filo, nel punto della calza in cui si era spalancato un buco, un tallone perfetto ora rivestiva il suo delicato piede. (evento 1: c'è un buco nella calza; evento 2: la calza rammendata copre il piede)
>
> *When Roger* had inserted *the microfilm, he* sewed *the hole in the teddy bear.* Dopo aver inserito il microfilm, Roger cucì il buco nell'orsacchiotto. (evento 1: Roger inserisce il microfilm; evento 2: Roger ricuce l'orsacchiotto)
>
> *Though she* had lost *her wallet, Jane* kept *a tight grip on her sanity.* Benché avesse perso il portafogli, Jane mantenne i nervi saldi. (evento 1: Jane perde il portafogli; evento 2: Jane non perde la testa)
>
> *After the song* had been played *at least twelve times, Michael* shouted, *"Enough!".* La canzone era stata eseguita almeno dodici volte quando Michael urlò: "Basta!". (evento 1: la canzone viene eseguita dodici volte; evento 2: Michael si spazientisce)

ATTENZIONE!

Un errore frequente consiste nell'impiegare *had* per tutte le situazioni. Sbagliato! Non usate *had* a meno che non stiate consapevolmente ordinando gli eventi in senso cronologico:

> SBAGLIATO: *Maya had dried her eyes and then she had gone to see the judge.* Maya si era asciugata gli occhi e poi si era presentata dal giudice.
>
> GIUSTO: *After Maya had dried her eyes, she went to see the judge.* Dopo essersi asciugata gli occhi, Maya si presentò dal giudice.

A volte vi potrà capitare di voler parlare di eventi del passato senza badare al momento specifico.

> *You went on vacation, had a great time, sent some postcards, ate a lot of junk food, and came home.* Siete andati in vacanza, vi siete divertiti, avete spedito un po' di cartoline, avete mangiato un sacco di schifezze e siete tornati a casa.

In questa descrizione non c'è bisogno di *had* perché l'ordine cronologico non ha importanza: state solo facendo un elenco. Usate *had* quando è importante sottolineare una sequenza cronologica. Non abusatene.

Nota: potrete imbattervi in un altro uso di *had*, il congiuntivo (*subjunctive*). Se volete assolutamente sapere tutto di *had* – e credetemi, non lo volete veramente – andate al Capitolo 15.

Quale frase vi parla di eventi accaduti in momenti diversi?

A. *Slipping the judge a fifty-dollar bill, Maya hoped for mercy.* Allungando al giudice una banconota da cinquanta dollari, Maya sperò nella grazia.

B. *Although she had slipped the judge only one fifty-dollar bill, Maya hoped for mercy.* Anche se aveva allungato al giudice una banconota da cinquanta dollari, Maya sperava nella grazia.

Risposta: la frase che descrive eventi accaduti in momenti diversi è la B. Maya ha cercato di corrompere il giudice alle 10 del mattino e ha trascorso il resto della giornata a progettare un viaggio a Rio (cancellato quando è stata pronunciata la sentenza con la condanna da dieci a venti anni di carcere). Nella frase A, Maya corrompe e spera contemporaneamente.

Riprovate. Quale frase vi parla di eventi accaduti in momenti diversi?

A. *To prepare for her trial, Maya bought a copy of* Be Your Own Lawyer! Per prepararsi al processo, Maya acquistò una copia di *Sii l'avvocato di te stesso!*.

B. *Maya had bought a copy of* Be Your Own Lawyer! *when the trial began.* Maya aveva acquistato una copia di *Sii l'avvocato di te stesso!* quando il processo ebbe inizio.

Risposta: la frase B descrive due eventi accaduti in successione. L'acquisto del libro (*had bought*) è avvenuto prima che iniziasse il processo (*began*). Nella frase A i due eventi (*to prepare*, *bought*) avvengono nello stesso momento.

Caso 4: più di due eventi che si sono svolti nel passato, in momenti tutti diversi tra loro

Questa regola è simile a quella descritta nel Caso 3. Applicatela quando parlate di più di due eventi che si sono svolti nel passato:

> *Maya* had baked *a cake and* had inserted *a sharp file under the icing before she* began *her stay in jail.* Prima di entrare in carcere Maya

aveva preparato una torta e aveva inserito sotto la glassa una lima affilata.

Adesso la sequenza temporale è questa:

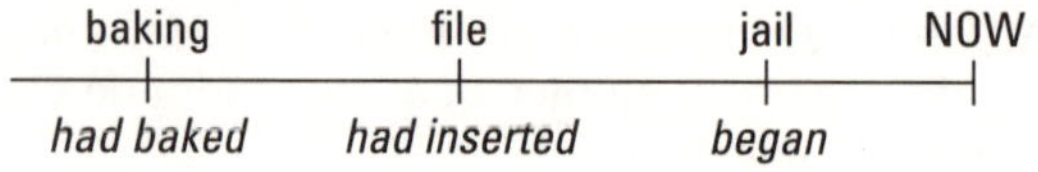

Cosa notate? L'evento più recente (*began her stay in jail*) è scritto senza *had*. In altri termini, l'evento più recente è al simple past tense. Tutto ciò che è accaduto prima è scritto con *had*, cioè al past perfect tense. (Per maggiori informazioni sui tempi verbali andate al Capitolo 3.)

Ecco alcuni esempi:

> *Max* had bent *his knees and* had bowed *his head before he* shot *the spitball.* Max aveva piegato le ginocchia e chinato il capo prima di lanciare la pallina di carta. (eventi 1 e 2: Max ostenta un comportamento beneducato; evento 3: Max lancia la pallina di carta, dimostrando una volta per tutte che non sa comportarsi educatamente)

> *Michael* had planned *the shower, and Lola* had *even* planned *the wedding by the time Jane* agreed *to marry Larry.* Michael aveva già organizzato la festa di addio al nubilato e Lola aveva perfino organizzato il matrimonio prima che Jane accettasse di sposare Larry. (eventi 1 e 2: Michael e Lola contattano un organizzatore di matrimoni; evento 3: Jane commette il più grande errore della sua vita)

Come avrete capito, *shower* si riferisce alla festa organizzata in onore della futura sposa. Le origini dell'espressione *bridal shower* risalgono forse all'uso vittoriano di raccogliere i doni in un ombrello per poi riversarli sulla festeggiata.

Identificate gli eventi descritti in questa frase e ordinateli cronologicamente:

> *Where patriots had fought and wise founders had written a constitution, a fast-food catfish restaurant stood.* Dove i patrioti avevano combattuto e i padri fondatori avevano scritto una costituzione sorgeva un fast food di pesce.

Risposta: eventi 1 e 2: i patrioti combattono il vecchio regime e scrivono la costituzione di un nuovo Stato; evento 3: nella libera e prospera società che ne deriva, qualcuno mette su un ristorante dopo aver ottenuto l'autorizzazione a demolire l'edificio storico.

Caso 5: due eventi che si svolgeranno nel futuro

Lasciamoci alle spalle il passato e pensiamo al futuro. Leggete questa frase:

> *Ratrug* will have completed *all 433 college applications before they are due.* Ratrug avrà compilato tutte le 433 domande d'ammissione al college entro i termini previsti.

I moduli compilati da Ratrug saranno pieni di errori – in almeno tre di essi ha scritto *Ratrig* invece di Ratrug – ma saranno tutti pronti entro la scadenza. Qui la parola chiave è appunto *deadline*, scadenza, almeno per quanto riguarda i tempi verbali. La forma del futuro con *have*, chiamata anche future perfect tense, comporta una scadenza. Nella frase non vedete necessariamente due verbi, ma sicuramente venite a conoscenza di due eventi:

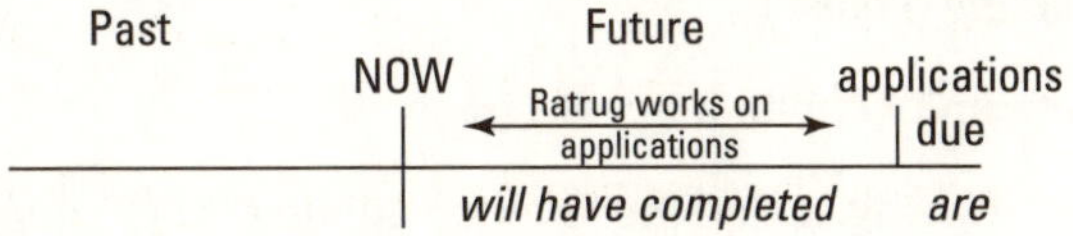

Usate il future perfect tense per parlare dell'evento che avviene prima. Ecco alcuni esempi:

> *Maya* will have served *all of her sentence before the parole board* meets. Maya avrà scontato tutta la pena prima che si riunisca la commissione per la libertà condizionale. (La scadenza è la riunione della commissione.)

> *By nine tonight, Eggworthy will have successfully scrambled the secret message.* Entro le nove di stasera Eggworthy sarà perfettamente riuscito a disturbare con interferenze il messaggio segreto. (La scadenza è rappresentata dalle 9 di sera.)

> *Anna will have left for Lulu's trip up Mount Everest by the time the mountaineering supply company sends her gear.* Quando il fornitore di articoli di alpinismo le spedirà la sua attrezzatura Anna sarà partita per raggiungere la spedizione di Lulu sul Monte Everest. (La scadenza è la consegna dell'attrezzatura alpinistica.)

Qual è la frase corretta?

A. *Shakey will have tossed the salad tonight.* Stasera Shakey avrà buttato l'insalata.

B. *Shakey will have tossed the salad out the window before anyone has a chance to taste it.* Shakey avrà gettato l'insalata fuori dalla finestra prima che qualcuno abbia avuto la possibilità di assaggiarla.

Risposta: la frase giusta è la B. Il future perfect tense comporta una scadenza, che nella frase è costituita da *before anyone has a chance to taste it.*

Caso 6: diversi tempi, diverse forme verbali

Ricordate le strane forme verbali viste nel Caso 2? I normi verbali? Quando esprimono tempi diversi entra in gioco un verbo ausiliare (*having* o *have*).

Date un'occhiata a questa frase:

> Having sealed *the letter containing his job application, Nobrain* remembered *his name.* Dopo aver sigillato la lettera contenente la sua domanda d'impiego, Nobrain ricordò il proprio nome.

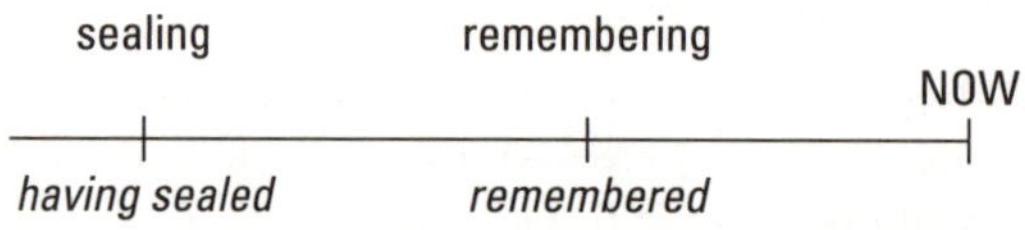

In altri termini, a meno che non decida di strappare la busta, la domanda d'impiego di Nobrain è anonima perché la lettera è stata sigillata prima che il ragazzo ricordasse il proprio nome.

Ecco altri esempi:

> Having finished *her homework, Elizabeth* turned *on the television to watch the oatmeal-wrestling tournament.* Dopo aver finito di fare i compiti, Elizabeth accese la televisione per assistere al torneo di lotta nell'avena. (evento 1: Elizabeth finisce di fare i compiti alle 2 del pomeriggio; evento 2: il torneo comincia alle 3; i canali televisivi si rifiutano di trasmettere il match in prima serata, mi chiedo come mai)

Having won *all the votes, Lola* named *herself "Empress-in-Chief".* Dopo aver preso il cento per cento dei voti, Lola si nominò "Imperatrice in capo". (evento 1: Lola fa il pieno di voti; evento 2: Lola va a comprarsi una corona)

Having exhibited *the painting in Mel's new gallery, Elizabeth* considered *herself an all-around artistic genius.* Dopo avere esposto il dipinto nella nuova galleria di Mel, Elizabeth si considerava un genio artistico a tutto tondo. (evento 1: Elizabeth convince Mel ad appendere il suo quadro intitolato *Natura morta con libro di matematica*; evento 2: Elizabeth aggiunge al suo sito web un link vagamente artistico)

Se conducete una vita normale, saltate questo paragrafo. Se vi piace la grammatica continuate a leggere. Parleremo di terminologia. Il participio presente (*finishing*, per esempio) si combina con verbi al presente, al passato e al futuro per mostrare due eventi che accadono nello stesso momento o quasi. La forma al *present perfect* del participio (*having finished*) si combina con verbi al presente, al passato e al futuro per mostrare due eventi che accadono in momenti diversi.

Anche l'infinito può indicare eventi che si svolgono in momenti diversi. Se ne occupa il *present perfect infinitive* (*to have finished*, per esempio). Non badate al nome: guardate solo *have*. Ecco un esempio:

It was helpful to have bought *the cookbook before the dinner party.* Fu utile aver acquistato il libro di ricette prima del pranzo di gala. (evento 1: prima del pranzo, panico e salto in libreria; evento 2: arrivano gli invitati, ignari del fatto che stanno per mangiare una Sorpresa di fagiolini e trifoglio)

Il present perfect infinitive colloca sempre un evento prima di un altro evento nel passato. Non usatelo se non state assegnando un ordine cronologico agli eventi:

SBAGLIATO: *I was wrong to have attended the party.* Ho fatto male a essere andato alla festa.

GIUSTO: *I was wrong to attend the party. The music was terrible and there was nothing to eat but vegetables.* Ho fatto male ad andare alla festa. La musica era tremenda e da mangiare c'erano solo verdure.

GIUSTO: *I was wrong to have attended the party before I got a chance to investigate the menu. Shakey's salad was terrible.* Ho fatto male a essere andato alla festa prima di potermi informare sul menu. L'insalata di Shakey era tremenda.

She done him wrong

Done non può mai stare da solo in quanto verbo. È un animale sociale, e insiste per essere accompagnato da ausiliari. In termini grammaticali, *done* è il participio passato del verbo *to do*.

I participi nudi, tremanti e completamente soli non possono mai fungere da verbi. Ecco alcuni esempi:

SBAGLIATO: *He done all he could, but the sky fell anyway.* Aveva fatto quel che poteva, ma il cielo è caduto comunque.

GIUSTO: *He had done all he could, but the sky fell anyway.*

SBAGLIATO: *She done him wrong.* Gli ha fatto un torto.

GIUSTO, MA BRUTTO: *She has done him wrong.*

FRASE MIGLIORE: *What she has done to him is wrong.*

Il fatto che tante persone formino frasi come *He done all he could* può essere attribuito a una delle gioie della grammatica inglese. Alcuni participi passati – quelli dei verbi regolari – hanno esattamente lo stesso aspetto del past tense. Prendete il verbo *to walk:*

PAST TENSE: *I* walked *twenty miles.* Camminai venti miglia.

PRESENT PERFECT TENSE: *I* have walked *twenty miles.* Ho camminato venti miglia.

COS'HANNO IN COMUNE LE DUE FRASI: la parola *walked*, che nel primo esempio è un verbo e nel secondo un participio passato, cioè parte di un verbo.

MORALE: potete usare *walked* sia da solo che con un ausiliare perché la stessa parola può essere sia un verbo al past tense che un participio. Invece non potete usare *done* da solo come verbo perché non è il past tense di *to do*. Il past tense di *to do* è *did*.

QUIZ A SORPRESA

Quale frase vi mostra due eventi che accadono contemporaneamente e quale vi indica due eventi che accadono in momenti diversi?

A. *Running up the clock, the mouse chatted with his friends.* Correndo sull'orologio, il topo chiacchierava con i suoi amici.

B. *Having run up the clock, the mouse chatted with his friends.* Dopo aver corso sull'orologio il topo chiacchierò con i suoi amici.

Risposta: la frase A mostra due eventi che accadono contemporaneamente. Il topo corre e chiacchiera con gli amici. La frase B mostra due eventi che accadono in momenti diversi. Il topo è arrivato in cima all'orologio e adesso chiacchiera con gli amici. (Osservate che è entrata in gioco la parola *having*, a indicare eventi distinti che si svolgono in momenti diversi.)

Riferire informazioni: il verbo racconta la storia

> *Flipping his hair over each of his three shoulders, the alien* told *us about the explosion on his planet. The gas of three rocket tanks* caught *fire and* destroyed *the spaceport terminal, he* said. *He* went *on to explain that almost everyone on the planet* was affected, *including the volleyball team, which* sustained *significant losses. All their courts, he* said, were covered *with rubble, and they* forfeited *the intergalactic tournament.*
>
> Buttando indietro i capelli che gli scendevano sulle tre spalle, l'alieno ci raccontò dell'esplosione sul suo pianeta. Il gas di tre razzi aveva preso fuoco e aveva distrutto il terminale spaziale, disse. Poi spiegò che erano stati colpiti quasi tutti gli abitanti del pianeta, compresa la squadra di pallavolo, che aveva subito pesanti perdite. Tutti i loro campi, disse, erano coperti di macerie, e avevano dovuto rinunciare al torneo intergalattico.

La storia dell'alieno è il riassunto di un discorso. Non lo sto citando direttamente. Se lo facessi, inserirei alcune parole da lui pronunciate:

> *"Oh, the humanity!" he cried.* "Oh, l'umanità" gridò.

Nel discorso indiretto riportato all'inizio di questa sezione i verbi sono tutti al past tense. Anche se succede raramente, è possibile riassumere un discorso anche usando il tempo presente. Il presente vivacizza ulteriormente il racconto:

> *Flipping his hair over each of his three shoulders, the alien* tells *us about the explosion on his planet. The gas of three rocket tanks* catches *fire and* destroys *the spaceport terminal, he* says. *He* goes *on to explain that almost everyone on the planet* is affected, *including the volleyball team, which* sustains *significant losses. All their courts, he* says, are covered *with rubble, and they* forfeit *the intergalactic tournament.*
>
> Buttando indietro i capelli che gli scendono sulle tre spalle, l'alieno ci racconta dell'esplosione sul suo pianeta. Il gas di tre razzi prende fuoco e distrugge il terminale spaziale, dice. Poi spiega che vengono colpiti quasi tutti gli abitanti del pianeta, compresa la squadra di pallavolo, che subisce pesanti perdite. Tutti i loro campi, dice, sono coperti di macerie, e devono rinunciare al torneo intergalattico.

Quando si fornisce il resoconto di un evento vanno bene sia il presente che il passato. È proibito invece mescolare i tempi verbali. Non andate avanti e indietro nel tempo, tranne che in un caso eccezionale che descriverò nella prossima sezione, "Verità eterne: affermazioni che sono sempre al presente".

> SBAGLIATO: *Shakey* said *that he* had tossed *the salad out the window. It* hits *a pedestrian, who* sues *for lettuce-related damages.* Shakey disse che aveva lanciato l'insalata fuori dalla finestra. Colpisce un passante, che gli fa causa per danni da lattuga. (I primi due verbi sono al past tense e gli altri due sono al present tense.)

> GIUSTO: *Shakey* said *that he* had tossed *the salad out the window. It* hit *a pedestrian, who* sued *for lettuce-related damages.* Shakey disse che aveva lanciato l'insalata fuori dalla finestra. Colpì un passante, che gli fece causa per danni da lattuga. (Tutti i verbi sono al passato.)

Correggete il tempo verbale in questo paragrafo. I verbi sono in tondo.

> *Lola* testified *that she* excavated *at the town dump every Tuesday afternoon before she* attends *choir practice. She often* found *arrow heads, broken pottery, discarded automobile tires, and other items of interest. One day she* discovers *a metal coil about two feet long. On one end of the coil* was *a piece of gum. As she thoughtfully* removes *the gum and* starts *to chew, a whistle* blew. *Roger* sprinted *into the dump at top speed. "Get your hands off my gum" he* exclaims. *Roger* smiles. *His anti-gum-theft alarm* had worked *perfectly.*

> Nella sua testimonianza Lola dichiarò che si recava a scavare alla discarica cittadina ogni martedì pomeriggio prima di andare alle prove del coro. Spesso trovava punte di frecce, vasellame rotto, vecchi pneumatici e altri oggetti d'interesse. Un giorno scopre una molla di metallo lunga circa sessanta centimetri. A un'estremità della molla c'era un pezzo di gomma. Quando stacca premurosamente la gomma e comincia a masticare, si udì un fischio assordante. Roger si precipitò nella discarica a tutta birra. "Giù le mani dalla mia gomma" esclama. Roger sorride. Il suo antifurto per gomme aveva funzionato alla grande.

Risposta: il racconto mescola passato e presente. Per correggerlo bisogna scegliere l'uno o l'altro. Ecco la versione al passato (le correzioni sono sottolineate):

> *Lola* testified *that she* excavated *at the town dump every Tuesday afternoon before she* attended *choir practice. She often* found *arrow heads, broken pottery, discarded automobile tires, and other items of interest. One day she* discovered *a metal coil about two feet long. On one end of the coil* was *a piece of gum. As she thoughtfully* removed *the gum and* started *to chew, a whistle* blew. *Roger* sprinted *into the*

dump at top speed. "Get your hands off my gum" he exclaimed. *Roger* smiled. *His antigum-theft alarm* had worked *perfectly.*

Nella sua testimonianza Lola dichiarò che si recava a scavare alla discarica cittadina ogni martedì pomeriggio prima di andare alle prove del coro. Spesso trovava punte di frecce, vasellame rotto, vecchi pneumatici e altri oggetti d'interesse. Un giorno scoprì una molla di metallo lunga circa sessanta centimetri. A un'estremità della molla c'era un pezzo di gomma. Quando staccò premurosamente la gomma e cominciò a masticare, si udì un fischio assordante. Roger si precipitò nella discarica a tutta birra. "Giù le mani dalla mia gomma", esclamò. Roger sorrise. Il suo antifurto per gomme aveva funzionato alla grande.

Ecco la versione al presente (le correzioni sono sottolineate)

Lola testifies *that she* excavates *at the town dump every Tuesday afternoon before she* attends *choir practice. She often* finds *arrow heads, broken pottery, discarded automobile tires, and other items of interest. One day she* discovers *a metal coil about two feet long. On one end of the coil* is *a piece of gum. As she thoughtfully* removes *the gum and* starts *to chew, a whistle* blows. *Roger* sprints *into the dump at top speed. "Get your hands off my gum," he* exclaims. *Roger* smiles. *His anti-gum-theft alarm* has worked *perfectly.*

Nella sua testimonianza Lola dichiara che si reca a scavare alla discarica cittadina ogni martedì pomeriggio prima di andare alle prove del coro. Spesso trova punte di frecce, vasellame rotto, vecchi pneumatici e altri oggetti d'interesse. Un giorno scopre una molla di metallo lunga circa sessanta centimetri. A un'estremità della molla c'è un pezzo di gomma. Quando stacca premurosamente la gomma e comincia a masticare, si sente un fischio assordante. Roger si precipita nella discarica a tutta birra. "Giù le mani dalla mia gomma", esclama. Roger sorride. Il suo antifurto per gomme ha funzionato alla grande.

CONSIGLIO

Quando non state riportando il discorso di qualcuno, potete fare un'affermazione generale su qualcosa che accade sempre (un'abitudine) usando il presente. Potete facilmente combinare questa affermazione con una storia al passato che si concentra su un particolare fatto. Pertanto, il racconto precedente può cominciare al present tense e spostarsi al past tense in questo modo:

Lola excavates *at the town dump every Tuesday afternoon before she* attends *choir practice. She often* finds *arrow heads, broken pottery, discarded automobile tires, and other items of interest.*

Lola va a scavare alla discarica cittadina ogni martedì pomeriggio prima di andare alle prove del coro. Spesso trova punte di frecce, vasellame rotto, vecchi pneumatici e altri oggetti d'interesse.

You're hanged, but a picture is hung

Nell'ultimo film di Michael, Lulu interpreta la leader dei ribelli *hanged by the regime* (impiccata da regime). Dopo la vibrante scena della condanna a morte i ribelli insorgono, ispirati da un ritratto di Lulu *that someone hung on the wall of their headquarters* (che qualcuno ha appeso alla parete nel loro quartier generale).

To hang significa *to suspend*, appendere. Al presente questo verbo svolge un doppio compito: *you hang a picture* (si appende un quadro) e *you hang a murderer* (si impicca un omicida), almeno nei paesi in cui vige la pena di morte. Il past tense è un'altra storia: con le persone si usa *hanged*, con le cose *hung*.

Fino a questo punto della storia tutti i verbi sono al presente perché la storia narra le abitudini di Lola. La storia non riferisce il racconto di qualcuno. Nella frase successiva la storia passa al past tense perché si concentra su un momento particolare del passato.

> *One day she* discovered *a metal coil about two feet long. On one end of the coil* was *a piece of gum. As she thoughtfully* removed *the gum and* started *to chew, a whistle* blew. *Roger* sprinted *into the dump at top speed. "Get your hands off my gum" he* exclaimed. *Roger* smiled. *His antigum-theft alarm* had worked *perfectly.*
>
> Un giorno scoprì una molla di metallo lunga circa sessanta centimetri. A un'estremità della molla c'era un pezzo di gomma. Quando staccò premurosamente la gomma e cominciò a masticare, si udì un fischio assordante. Roger si precipitò nella discarica a tutta birra. "Giù le mani dalla mia gomma", esclamò. Roger sorrise. Il suo antifurto per gomme aveva funzionato alla grande.

Verità eterne: affermazioni che sono sempre al presente

Cosa c'è che non va in queste frasi?

> *Anna explained that one plus one* equaled *two.* Anna spiegò che uno più uno faceva due.
>
> *Ms. Belli said that the earth* was *round.* La signorina Belli disse che la terra era rotonda.

She added that diamonds were made *of carbon.* Aggiunse che i diamanti erano fatti di carbonio.

Be', penserete, "uno più uno faceva due"? Perché, oggi cosa fa, uno più uno? Tre? "Era rotonda"? Adesso è forse un cubo? "Erano fatti di carbonio"? Oggi li fanno con il pastrami?

In altri termini, il tempo verbale è sbagliato. Tutte le affermazioni citate rappresentano verità eterne. In questi casi dovete sempre usare il presente, anche se l'affermazione è stata fatta nel passato:

Anna explained that one plus one equals *two.* Anna spiegò che uno più uno fa due.

Ms. Belli told us that the earth is *round.* La signorina Belli disse che la terra è rotonda.

She went on to say that diamonds are made *of carbon.* Aggiunse che i diamanti sono fatti di carbonio.

Qual è la frase corretta?

A. *Michael said that Lulu had a cold.* Michael disse che Lulu aveva il raffreddore.

B. *Michael said that Lulu has a cold.* Michael disse che Lulu ha il raffreddore.

Risposta: la frase corretta è la A. Il raffreddore di Lulu non è una verità eterna, anche se non le ha dato tregua per tre settimane. Siate coerenti con i tempi verbali.

Riprovate. Individuate la frase corretta.

A. *Lulu explained that the sun was very hot.* Lulu spiegò che il sole era caldissimo.

B. *Lulu explained that the sun is very hot.* Lulu spiegò che il sole è caldissimo.

Risposta: la frase corretta è la B. Il sole può scottarvi anche se è lontano milioni di chilometri, come ho personalmente scoperto al mare la settimana scorsa. Difficile che a breve si trasformi in una palla di ghiaccio.

Capitolo 15

L'ultima parola sui verbi

In questo capitolo

- Usare correttamente il modo indicativo
- Padroneggiare l'imperativo
- Usare i verbi al congiuntivo per situazioni che contraddicono i fatti

Daniel si precipita in casa, sbatte la porta, agguanta il telecomando, sintonizza la tv su un incontro di wrestling e alza il volume al massimo. Lola chiede gentilmente "C'è qualcosa che non va?". In tutta risposta, Daniel le lancia un'occhiata furibonda e fa il muso. Che modi, pensa Lola.

Anche i verbi hanno dei modi, che per fortuna sono molto più educati di quelli di Daniel. Una piccola variazione e voilà, il modo del verbo è cambiato.

L'inglese moderno dispone di tre modi verbali: *indicative* (indicativo), *imperative* (imperativo) e *subjunctive* (congiuntivo).

In questo capitolo vi dirò tutto quello che c'è da sapere su questi tre modi.

Il modo indicativo

I verbi all'indicativo sono i più frequenti e comuni. Eccoli in tondo nei seguenti esempi:

> *Betsy* displayed *her musical range when she* played *a Bach concerto and a heavy-metal hit in the same concert.* Betsy rivelò la sua versatilità quando suonò un pezzo di Bach e una canzone heavy-metal durante lo stesso concerto.

Eggworthy often dreams *about bacon.* Eggworthy sogna spesso la pancetta.

I verbi all'indicativo sono come gli attori fissi di una serie televisiva: familiari, riconoscibili, sempre presenti.

Il modo imperativo

Non preoccupatevi degli imperativi: sono molto semplici. I verbi all'imperativo impartiscono ordini. La maggior parte di essi non ha un soggetto esplicito. Il soggetto di una frase imperativa è spesso *you-understood*, il tu sottinteso: la parola *you* normalmente non appare davanti al verbo all'imperativo, ma l'interlocutore capisce che *you* è implicito nella frase.

Ecco alcuni esempi di verbi all'imperativo:

> Eat *a balanced diet.* Segui una dieta bilanciata.
>
> Climb *every mountain.* Scala ogni montagna.
>
> Calculate *the odds.* Calcola le probabilità.
>
> *No matter what happens,* hit *the road.* Qualsiasi cosa accada, mettiti in viaggio.
>
> Fake *a sincere smile and you've got it made.* Fingi un sorriso sincero ed è fatta.

I verbi all'imperativo sono come gli ospiti ricorrenti di una sitcom: spuntano ogni tre o quattro episodi per rendere lo show più sfizioso.

Il modo congiuntivo

Qui si concentrano tutti i problemi. Il modo congiuntivo è raro ma attira gli errori come una calamita. I verbi al congiuntivo spuntano quando state affermando qualcosa che contraddice i fatti. Possono anche esprimere ordini, richieste, desideri. Affronterò ciascuna di queste situazioni nelle prossime sezioni.

I congiuntivi sono come quei divi venerati dal pubblico e dalla critica che si limitano a poche partecipazioni straordinarie: appaiono solo nelle situazioni giuste.

Rise e raise

Scommetto che questa coppia di verbi, *rise* e *raise*, vi fa aggrottare la fronte. Non temete, ho un buon antirughe per voi.

Rise significa "alzarzi", "salire", "aumentare". *Raise* significa "alzare", "allevare". Osserviamo questi due verbi in azione:

> *Eggworthy* rises *when a poultry expert enters the room.* Eggworthy si alza in piedi quando nella stanza fa il suo ingresso un esperto di pollame.

> *Eggworthy is currently an apprentice, but he hopes to rise to the rank of master poultry-breeder some day.* Eggworthy è ancora un apprendista, ma spera di far carriera e di diventare capo-allevatore.

> *He* raises *roosters on his farm, delighting the neighbors every morning at sunrise.* Nella sua fattoria alleva galli, deliziando il vicinato tutti i giorni all'alba.

> *When a nest is too low, Eggworthy* raises *it to a higher shelf.* Quando un nido è troppo basso, Eggworthy lo sposta su un ripiano più alto.

Ecco un altro modo per distinguere *rise* e *raise*: *rise* è intransitivo, cioè esprime un'azione che si esaurisce nel soggetto che la compie. *Raise* è transitivo, cioè esprime un'azione che passa direttamente dal soggetto che la compie all'oggetto (persona, animale o cosa) che la riceve o subisce.

Uso del congiuntivo con "were"

Tevye, il protagonista del musical *Il violinista sul tetto*, canta "If I Were a Rich Man" ("Se fossi ricco") con la malinconia di chi sa che sarà sempre povero. La canzone di Tevye esprime una condizione che contraddice la realtà, qualcosa che non è vero. Osservate il verbo: *were*. In una normale frase indicativa la coppia soggetto-verbo sarebbe *I was*. Ma Tevye canta *If I were* perché lui non è ricco. Il verbo *were* è al congiuntivo.

Non preoccupatevi troppo della terminologia. Sappiate solo che se state esprimendo una condizione che contraddice la realtà avete bisogno del verbo *were* se parlate al presente e al futuro. (Il passato è un'altra storia. Vedete la sezione seguente, "Formare i congiuntivi con 'had'".)

Ecco alcuni esempi al presente e al futuro:

> CONGIUNTIVO: *If Roger* were *an honorable spy, he would not reveal the atomic secret hidden in the bean burrito.* Se Roger fosse una spia degna di rispetto, non rivelerebbe il segreto nucleare nascosto nel suo burrito ai fagioli.

PERCHÉ AL CONGIUNTIVO: Roger non è una spia degna di rispetto e spiattellerà tutto.

QUALE SAREBBE LA NORMALE COPPIA SOGGETTO-VERBO: *Roger was.*

CONGIUNTIVO: *If Anna* were *less talented in mathematics, she would have taken fewer algebra courses.* Se Anna fosse meno portata per la matematica, non si sarebbe iscritta a così tanti corsi di algebra.

PERCHÉ AL CONGIUNTIVO: Anna è un genio della matematica, il tipo di studente che dice sempre che l'esame era difficilissimo e poi prende il massimo dei voti.

QUALE SAREBBE LA NORMALE COPPIA SOGGETTO-VERBO: *Anna was.*

Riassumendo, nelle frasi al congiuntivo normalmente vi basta usare *were*. Ecco alcune regole sull'uso del congiuntivo per descrivere condizioni che contraddicono la realtà, al presente e al futuro:

- ✓ Usate *were* per tutti i soggetti della parte della frase che esprime ciò che non è vero. (*If she* were *entranced by Max's explanation* - Se fosse ipnotizzata dalla spiegazione di Max)
- ✓ Per l'altra parte della frase usate l'ausiliare *would*. (*Lola* would *stare at him in silence* - Lola lo fisserebbe in silenzio)
- ✓ Non usate mai l'ausiliare *would* nella parte della frase che non è vera (quella che solitamente contiene la parola if). Per esempio:

  SBAGLIATO: *If I would have been president, I would ask the Martian colony to secede.* Se fossi presidente chiederei alla colonia marziana di fare secessione.

  GIUSTO: *If I were president, I would ask the Martian colony to secede.*

Qual è la frase corretta?

A. *Jane would be happier if she would have been in the Marines.* Jane sarebbe più contenta se fosse nei Marines.

B. *Jane would be happier if she were in the Marines.*

Risposta: la frase corretta è la B. La parte della frase con *if* (detta *if clause*) contiene un verbo al congiuntivo (*were*) perché esprime qualcosa che non è vero. La parte della frase con *if* non deve mai contenere l'ausiliare *would*.

As though può talvolta fare le veci di *if* in una frase che esprime una condizione contraria alla realtà. Esempio:

> CONGIUNTIVO: *Eggworthy hurtled through the air* as though *a giant metal device were intent on scrambling him.* Eggworthy si scagliò rumorosamente nel vuoto come se rischiasse di essere frantumato da un gigantesco congegno metallico.
>
> PERCHÉ AL CONGIUNTIVO: Eggworthy non viene inseguito da uno sbattitore elettrico di proporzioni gigantesche. Sta semplicemente sfrecciando sul suo skateboard difettoso.
>
> QUALE SAREBBE LA NORMALE COPPIA SOGGETTO-VERBO: *Giant metal device* was.

Formare verbi al congiuntivo con "had"

Di tanto in tanto nei congiuntivi fa la sua comparsa l'ausiliare *had*. Nelle frasi al past tense, *had* figura nella parte della frase che è non è vera. La parte della frase che contraddice la realtà può cominciare con *if*, oppure *if* può essere implicito.

Ecco alcuni esempi di congiuntivo passato:

> CONGIUNTIVO CON IF: *If Lola* had known *about the atomic secret, she would not have eaten that burrito.* Se Lola avesse saputo del segreto nucleare non avrebbe mangiato quel burrito.
>
> CONGIUNTIVO SENZA IF: Had *Lola* known *about the atomic secret, she would not have eaten that burrito.*
>
> PERCHÉ AL CONGIUNTIVO: Lola non sapeva del segreto nucleare; Roger le aveva detto che quella cosa croccante dentro il burrito era un fagiolo crudo.
>
> QUALE SAREBBE LA NORMALE COPPIA SOGGETTO-VERBO: *Lola knew.*
>
> CONGIUNTIVO CON IF: *If Larry* had married *less often, he would have enjoyed this ceremony more.* Se Larry si fosse sposato meno spesso, si sarebbe goduto di più questa cerimonia.
>
> CONGIUNTIVO SENZA IF: Had *Larry* married *less often, he would have enjoyed this ceremony more.*

PERCHÉ AL CONGIUNTIVO: Larry non ricorda nemmeno più quante volte è stato sposato.

QUALE SAREBBE LA NORMALE COPPIA SOGGETTO-VERBO: *Larry married.*

Qual è la frase corretta?

A. *If Betsy would have played the tuba, the gang would have listened to her CD more often.* Se Betsy avesse suonato la tuba, la banda avrebbe ascoltato più spesso il suo CD.

B. *If Betsy had played the tuba, the gang would have listened to her CD more often.*

Risposta: la frase corretta è la B. Betsy ha suonato il piano e non la tuba, dunque serve il congiuntivo. La parola *would* non fa mai parte di una *if clause*.

Usare il congiuntivo per esprimere ordini, desideri e richieste

Larry adora fare il re. Per questo gli servono molti congiuntivi. Nelle seguenti frasi i congiuntivi sono in tondo:

His Majesty decrees that all his subjects be *counted and then beheaded.* Sua Maestà ha decretato che tutti i suoi suddititi vengano contati e in seguito decapitati.

His Majesty asks that the governor of each province climb *the nearest Alp and* jump *off the top.* Sua Maestà chiede che i governatori di ciascuna provincia scalino la vetta della Alpi più vicina e si gettino di sotto.

His Majesty further insists that his favorite wedding planner remain *in the palace.* Sua Maestà insiste inoltre perché il suo organizzatore di matrimoni preferito rimanga a palazzo.

I verbi in tondo sono tutti al congiuntivo. Queste frasi hanno bisogno del congiuntivo perché esprimono desideri, richieste oppure ordini indiretti. (Gli ordini impartiti direttamente alla persona che deve seguirli vengono espressi con l'imperativo, come abbiamo già visto in questo capitolo).

Negli esempi appena riportati, le normali coppie soggetto-verbo (al modo indicativo) sarebbero

subjects-are, *governor-climbs*, *wedding planner-remains*.

Nelle frasi al congiuntivo tutti i soggetti si accompagnano alla stessa forma del verbo: l'infinito meno il *to*. (Per maggiori informazioni sugli infiniti andate al Capitolo 2.)

Pertanto:

to sleep (dormire): congiuntivo = *sleep*

to slobber (sbavare): congiuntivo = *slobber*

to sneak (sgattaiolare): congiuntivo= *sneak*

e così via.

CONSIGLIO

Nella comunicazione di tutti i giorni, anche chi parla un ottimo inglese tende a evitare il congiuntivo e preferisce usare invece un infinito o l'ausiliare *should*. Le richieste di Larry in questo caso diventano:

His Majesty wants his subjects to be counted *and then* beheaded.

His Majesty says that the governor of each province should climb *the nearest Alp and* jump *off the top*.

His Majesty wants his favorite wedding planner to remain *in the palace*.

QUIZ A SORPRESA

Qual è la frase corretta?

A. *Larry requests that his honeymoon attendants are paid by the hour.* Larry chiede che il personale al seguito della luna di miele sia pagato a ore.

B. *Larry requests that his honeymoon attendants be paid by the hour.*

Risposta: la frase corretta è la B. Il congiuntivo (*be*) esprime la richiesta. (L'infinito *to be* meno il *to* equivale a un congiuntivo.)

DIAVOLETTI

Now I lie me down to sleep...

Chi ha inventato i verbi *lie* e *lay* aveva un senso dell'umorismo perverso. Oltre a "mentire", *lie* significa anche "essere sdraiato, disteso" o "essere situato, stare". *Lay* significa "stendere, deporre qualcosa". Esempi:

Sheila likes to lie *down for an hour after lunch. Before she hits the couch, she* lays *a soft sheet over the upholstery.* A Sheila piace stendersi a riposare per un'ora dopo pranzo. Prima di adagiarsi sul divano lo copre con un soffice lenzuolo.

Roger lies *in wait behind those bushes. When unsuspecting tourists* lay *down their picnic blankets, he swoops in and steals their lunches.* Roger sta in agguato dietro quei cespugli. Quando gli ignari turisti stendono i plaid, lui fa un balzo e ruba loro il pranzo.

Per ora niente di complicato. Il problema – e l'aspetto veramente diabolico – sta nel past tense. Perché il *past tense* di *lie* è *lay*. Il past tense di *lay* è *laid*. Date un'occhiata a questi esempi:

Sheila lay *down yesterday, but a car alarm disturbed her rest. She immediately went to the street and* laid *a carpet of nails in front of the offending vehicle.* Ieri Sheila si è stesa a riposare, ma il suono di un antifurto ha disturbato il suo sonno. Allora si è precipitata in strada e ha steso una coltre di chiodi davanti al veicolo molesto.

Yesterday, while Roger lay *in wait, a police officer* laid *a hand on Roger's shoulder. "You are under arrest" intoned the cop.* Ieri, mentre Roger stava in agguato, un poliziotto ha posato una mano sulla sua spalla. "Lei è in arresto" ha intonato l'agente.

Altra complicazione: quando aggiungete *has, had* o *have* al verbo *lie* dite *has lain, had lain, have lain*; quando aggiungete *has, had* o *have* al verbo *lay* dite *has laid, had laid, have laid.* In altri termini:

Sheila has lain *in the hammock all morning, and her brothers* have laid *a basket of red ants on the ground beneath her. When Sheila gets up, she'll be surprised!* Sheila ha riposato sull'amaca per tutto il pomeriggio e i suoi fratelli hanno posato ai suoi piedi un cestino pieno di formiche rosse. Sheila troverà una bella sorpresa al suo risveglio.

Quando "if" non si accompagna al congiuntivo

Potreste pensare che tutte le frasi con la congiunzione *if* richiedano un verbo al congiuntivo. Non è così. Alcune frasi con *if* non esprimono una condizione che contraddice i fatti; esprimono invece una possibilità, qualcosa che può accadere. Le frasi con *if* che esprimono una possibilità vogliono l'indicativo.

Ecco alcuni esempi:

> *If I am elected, I promise to cut taxes.* Se verrò eletto prometto di tagliare le tasse.
>
> PERCHÉ NON AL CONGIUNTIVO: Chi lo dice è convinto che la vittoria sia possibile.
>
> *If Roger goes to prison, he will take a burrito cookbook with him.* Se Roger andrà in carcere porterà con sé un libro di ricette di burritos.
>
> PERCHÉ NON AL CONGIUNTIVO: Il carcere è una possibilità.
>
> *If Larry divorces, he'll remarry soon.* Se Larry divorzia, si risposerà presto.
>
> PERCHÉ NON AL CONGIUNTIVO: Il divorzio è una possibilità. Anzi, Larry si sta già guardando attorno.

Riassumendo: in una frase con *if* usate l'indicativo per qualcosa che è possibile. Se quella condizione è invece irrealizzabile usate il congiuntivo.

QUIZ A SORPRESA

Qual è la frase corretta?

A. *If the weather is as bad as the forecaster predicts, Lola will leave her motorcycle in the garage.* Se il tempo sarà brutto come dice il meteo, Lola lascerà la sua motocicletta in garage.

B. *If the weather were as bad as the forecaster predicts, Lola will leave her motorcycle in the garage.*

Risposta: la frase corretta è la A. Un temporale è una possibilità concreta: anzi, la frase vi dice che il meteo prevede brutto tempo (anche se devo ammettere che il ginocchio di mia nonna era più attendibile delle previsioni del tempo). Ma torniamo alla grammatica: la frase A contiene il verbo all'indicativo, *is*. La frase B, invece, esprime una condizione che contrasta con i fatti. Ma non c'è alcun modo di sapere che tempo farà. Quindi il verbo al congiuntivo *were* è sbagliato.

Identificate la frase corretta:

A. *Lola studied Roger's new tattoo. If Lulu was the designer, Lola concluded, the tattoo would be more artistic.* Lola ha studiato il nuovo tatuaggio di Roger. Se l'avesse disegnato Lulu, ha concluso Lola, il tatuaggio sarebbe più artistico.

B. *Lola studied Roger's new tattoo. If Lulu were the designer, Lola concluded, the tattoo would be more artistic.*

Risposta: la frase corretta è la B. Ci dice che Lola, dopo aver studiato il tatuaggio di Roger, conclude che non è una creazione di Lulu. La *if clause* vi dice qualcosa che non è vero e dunque vuole il verbo al congiuntivo, *were*.

Capitolo 16

Le parole e le frasi descrittive

In questo capitolo

- Usare le descrizioni per fare in modo che la frase abbia il significato desiderato
- Cominciare una frase con una descrizione
- Usare gli infiniti come descrizioni
- Evitare i doppi sensi con le parole descrittive
- Omettere parole senza perdere il significato

L'Old English, l'antenato dell'inglese moderno, disponeva di un ricco sistema flessivo: la maggior parte delle parole aveva diverse forme. Per questo era possibile disporle in molti modi diversi e dire sempre la stessa cosa. Nell'Old English l'ordine delle parole era dunque meno importante. La buona notizia è che chi parla l'inglese moderno non deve imparare decine di forme. La cattiva notizia è che deve stare attento all'ordine delle parole. La maggior parte delle persone se la cava bene con i nomi e i verbi, ma le descrizioni sono un'altra storia. In questo capitolo mi occuperò della posizione delle descrizioni nella frase. In particolare, vi mostrerò come una descrizione nel posto sbagliato possa far deragliare i vostri testi.

Come rovinare una buona frase con una descrizione nel posto sbagliato

Vedete cosa c'è che non va in questa frase?

> *Lulu put a ring in her pierced nose that she had bought last week.* Lulu si mise l'anello al naso che aveva comprato la settimana prima.

Le parole descrittive *that she had bought last week* seguono la parola *nose*. In questa frase *that she had bought last week* descrive *nose*.

Su internet si trovano tante cose, ma non (ancora) nasi, anche se abbondano i siti che offrono rinoplastiche a prezzi stracciati.

Ecco la frase corretta:

> *In her pierced nose Lulu put a ring that she had bought last week.* Lulu si mise al naso un anello che aveva acquistato la settimana prima.

Adesso *that she had bought last week* segue *ring*, l'anello che Lulu ha effettivamente acquistato la settimana prima.

CONSIGLIO

Se nel vostro testo vi imbattete in una descrizione che occupa il posto sbagliato, state attenti a non fare un altro errore apportando la correzione. Ecco un esempio di correzione sbagliata:

> *Lulu put a ring that she had bought last week in her pierced nose.* Lulu si mise l'anello che aveva acquistato la settimana prima sul naso.

In questa versione Lulu è andata a fare shopping nel suo naso, che è certo piuttosto grande ma non tanto da ospitare un'intera gioielleria. *In her pierced nose* vi dice dove è accaduto qualcosa. La frase ha due verbi, *put* e *had bought*. La descrizione si riferisce all'azione più vicina, che nella correzione sbagliata è *had bought*. Nella correzione giusta, *in her pierced nose* sta all'inizio della frase, più vicino a *put* che a *had bought*.

Non vado pazza per la terminologia grammaticale, ma se siete curiosi ecco qui: la descrizione *that she bought last week* è un'*adjective clause*, una frase aggettivale, cioè una proposizione subordinata che ha funzione di aggettivo. Descrive il sostantivo *ring*. Ecco un'altra descrizione che si è allontanata troppo da casa:

> *Lulu also bought a genuine, 1950-model, fluorescent pink hula-hoop with a credit card.* Lulu ha acquistato anche un autentico hula-hoop del 1950 color rosa fluorescente con la carta di credito.

Oggi anche i neonati e i chihuahua hanno la carta di credito, ma credo che il privilegio non riguardi i giocattoli di plastica. Eppure è quello che dice la frase. Come correggerla? Spostando la descrizione:

> *With a credit card Lulu also bought a genuine, 1950-model, fluorescent pink hula-hoop.* Con la carta di credito Lulu ha acquistato anche un autentico hula-hoop del 1950 color rosa fluorescente.

Certo, molte persone riescono a risalire comunque al senso della frase. Viva la logica. Ma è probabile che sulle prime il vostro interlocutore rimanga interdetto e non presti attenzione al seguito del discorso perché troppo impegnato a capire quello che gli avete appena confusamente comunicato.

DIAVOLETTI

Continually o continuously?

Due coppie di descrizioni si invadono reciprocamente il campo: *continuously/continuous* e *continually/continual*. Quale usare? Continuate a leggere e lo saprete.

Continual e *continually* si riferiscono a eventi che si ripetono, ma con pause tra una manifestazione e l'altra. (*Continual* descrive i sostantivi e *continually* i verbi.)

Continuous e *continuously* si riferiscono a una situazione senza pause né soluzione di continuità. (Come avrete capito, *continuous* descrive i sostantivi e *continuously* i verbi.) Un rumore che è *continuous* è stabile, ininterrotto, simile al ronzio del generatore di una centrale elettrica. Un rumore che è *continual* è quello che sento io quando vado a giocare a bowling: c'è il silenzio (quando mi concentro e fisso i birilli), un piccolo rumore (quando la palla rotola) e di nuovo il silenzio (quando la palla scivola nel canale annullando il tiro). Dopo circa un'ora sento un gran rumore (quando finalmente colpisco qualcosa e faccio i salti di gioia). E così via. Sì, sono una pessima giocatrice di bowling.

Ecco le due descrizioni in azione:

> SBAGLIATO: *Jim screamed* continually *until Lola stuffed rags in his mouth.* Jim urlò ripetutamente finché Lola non gli ficcò degli stracci nella bocca.
>
> PERCHÉ È SBAGLIATO: gli urli di Jim non vanno e vengono. Quando è agitato è veramente agitato e serve l'uso della forza per farlo tacere.
>
> GIUSTO: *Jim screamed* continuously *until Lola stuffed rags in his mouth.* Jim urlò in continuazione finché Lola non gli ficcò degli stracci nella bocca.
>
> PERCHÉ È GIUSTO: in questa frase Jim non fa pause.
>
> SBAGLIATO: *Janes's* continuous *attempts to impress Larry were unsuccessful, including the fruit basket she sent him on Monday and the piranha she Fed-Exed on Tuesday.* I continui sforzi di Jane per impressionare Larry non hanno avuto successo, compreso il cesto di frutta che gli ha mandato lunedì e il piranha che gli ha spedito con corriere espresso martedì.
>
> PERCHÉ È SBAGLIATO: gli sforzi di Jane si ripetono, non sono continui. Fa una cosa il lunedì, si riposa, martedì ne fa un'altra.
>
> GIUSTO: *Jane's* continual *attempts to impress Larry were unsuccessful, including the fruit basket she sent him on Monday and the piranha she Fed-Exed on Tuesday.* I ripetuti sforzi di Jane per impressionare Larry sono rimasti senza successo, compreso il cesto di frutta che gli ha mandato lunedì e il piranha che gli ha spedito via corriere espresso martedì.
>
> PERCHÉ È GIUSTO: adesso la frase descrive un'azione ripetuta.

Ricordate: se ripasserete questi esempi *continually*, li avrete in mente *continuously*.

La regola che riguarda la collocazione delle descrizioni è semplice: mettete la descrizione il più vicino possibile alla parola a cui si riferisce.

Qual è la frase giusta?

A. *Roger put the paper into his pocket with atomic secrets written on it.* Roger si mise in tasca il foglietto con su scritti i segreti nucleari.

B. *Roger put the paper with atomic secrets written on it into his pocket.*

Risposta: la frase corretta è la B perché è i segreti nucleari sono scritti sul foglietto, non sulla tasca.

Riprovate. Qual è la frase corretta?

A. *Anna pedaled to the Mathematics Olympics on her ten-speed bicycle with a complete set of differential equations.* Con un set completo di equazioni differenziali, Anna pedalò alle Olimpiadi di matematica sulla sua bicicletta a dieci velocità.

B. *Anna pedaled on her ten-speed bicycle to the Mathematics Olympics with a complete set of differential equations.*

C. *With a complete set of differential equations, Anna pedaled on her ten-speed bicycle to the Mathematics Olympics.*

Risposta: la frase corretta è la C. Nella frase A la bicicletta ha dieci velocità, due ruote e un set di equazioni, non molto utili nelle salite né per scansare i taxi. Nella frase B, le Olimpiadi di matematica hanno un set completo di equazioni differenziali. Magari è anche vero, ma la frase ruota attorno ad Anna e dunque è più probabile che sia lei ad avere le equazioni. Solo nella frase C siamo sicuri che sia Anna ad avere le equazioni.

I modificatori non connessi sintatticamente

Come si fa a descrivere qualcosa che non esiste? Le descrizioni devono pur avere qualcosa da descrivere. Il concetto sembra semplice, ed effettivamente lo è quando la descrizione è una parola che si attacca a un'altra parola. Se meditate di vestirvi da Babbo Natale per una festa, non direste mai:

I want to buy a red. Voglio comprare un rosso.

Quello che automaticamente dite è:

> *I want to buy a red suit.* Voglio comprare un vestito rosso.

Nella frase precedente, *red* descrive *suit*. Ci sono però due tipi di descrizioni che tendono a causare problemi: i participi e gli infiniti. Queste descrizioni sembrano verbi ma non funzionano come verbi. In termini grammaticali si chiamano *verbals*, nomi verbali. (Ne parlo nei Capitoli 13 e 14.)

In questa sezione vi indicherò gli errori più comuni che riguardano i participi e gli infiniti: si chiamano modificatori non connessi sintatticamente, in inglese *danglers* o *dangling modifiers*. Ma non preoccupatevi troppo della terminologia, non vi serve. Basta che mettiate queste descrizioni al posto giusto.

Il participio assoluto

Leggete questa frase:

> *Munching a buttered sausage, the cholesterol really builds up.* Masticando una salsiccia imburrata il colesterolo sale un bel po'.

Come potete vedere, la frase comincia con una forma verbale, *munching*, ma *munching* non è il verbo della frase. È un participio, una forma verbale descrittiva. (Il vero verbo della frase è *builds*.) Ma i participi devono descrivere qualcosa o qualcuno. *Munching* deve accompagnare un *muncher*, un masticatore. Chi sta masticando? Voi? Eggworthy? I clienti del centro di dimagrimento? Nella frase non mastica proprio nessuno. Quando un participio, una forma verbale descrittiva, non ha niente di adeguato da descrivere è chiamato participio assoluto. Per correggere la frase aggiungete un masticatore:

> *Munching a buttered sausage, Eggworthy smiled and waved to his cardiologist.* Masticando una salsiccia imburrata, Eggworthy sorrise e salutò con la mano il suo cardiologo.

CONSIGLIO

Nelle frasi che iniziano con una forma verbale descrittiva (come un participio), il soggetto deve compiere l'azione menzionata nella forma verbale descrittiva. Nella frase che abbiamo appena visto, Eggworthy è il soggetto. La frase inizia con una forma verbale descrittiva, *munching a buttered sausage*, pertanto, Eggworthy è quello che sta masticando. (Al Capitolo 4 trovate ulteriori informazioni su come identificare il soggetto di una frase.)

Se volete che a masticare sia il cardiologo, dite:

> *Munching a buttered sausage, the cardiologist returned Eggworthy's wave.* Masticando una salsiccia imburrata, il cardiologo ricambiò il saluto di Eggworthy.

Ecco un altro esempio:

> *Sitting on the park bench, the soaring space shuttle briefly delighted the little girl.* Seduta sulla panchina del parco, la navetta spaziale che si alzava nel cielo allietò brevemente la ragazzina.

Ah, davvero? La navetta spaziale sta seduta sulla panchina e si alza nel cielo? Una piccola sfida alle leggi della fisica, non vi pare? (Anche i regolamenti dei parchi avrebbero qualcosa da ridire sui veicoli intergalattici che sostano sulle panchine.) Riprovate:

> *Sitting on the park bench, the little girl was briefly delighted by the soaring space shuttle.* Seduta sulla panchina del parco, la ragazzina fu brevemente allietata dalla navetta spaziale che si alzava nel cielo.

Adesso il soggetto della frase è *little girl*, dunque la descrizione all'inizio della frase si riferisce a lei, non alla navetta spaziale. Un'altra correzione potrebbe essere

> *The soaring space shuttle briefly delighted the little girl who was sitting on the park bench.* La navetta spaziale che si alzava nel cielo allietò brevemente la ragazzina seduta sulla panchina del parco.

Adesso le parole descrittive *sitting on the park bench* sono collocate accanto a *little girl*, che in effetti è seduta sulla panchina ed è allietata dalla visione della navetta spaziale.

Ultimo esempio:

> *Skidding over the icy pavement, the old oak tree couldn't escape the speeding sports car.* Sbandando sull'asfalto ghiacciato, la vecchia quercia non poté sfuggire all'auto sportiva che procedeva a tutta velocità.

Avete notato il problema, vero? L'albero è il soggetto della frase, ma un albero non può sbandare sull'asfalto ghiacciato. Non siamo in un film di Harry Potter. Ecco allora la versione corretta:

> *Skidding over the icy pavement, the speeding sports car slammed into the old oak tree.* Sbandando sull'asfalto ghiacciato, l'auto sportiva che procedeva a tutta velocità andò a sbattere contro la vecchia quercia.

Adesso è l'auto sportiva a sbandare. Nessun problema. Nessun problema per la grammatica, voglio dire. La polizia stradale la pensa un po' diversamente.

Qual è la frase corretta?

A. *Sailing swiftly across the sea, Samantha's boat was surely a beautiful sight.* Solcando agilmente il mare, la barca di Samantha era certamente una bella visione.

B. *Sailing swiftly across the sea, the sight of the beautiful boat made Samantha sob.* Solcando agilmente il mare, la vista della bella barca fece singhiozzare Samantha.

Risposta: la frase corretta è la A. *Sailing swiftly across the sea* descrive la barca di Samantha. La barca di Samantha sta compiendo l'azione. La frase B non è corretta perché a solcare il mare è *sight*, che è il soggetto. (E naturalmente una vista non può andar per mare.)

L'infinito assoluto

Un altro modificatore non connesso sintatticamente è il cosiddetto infinito assoluto: un infinito (to + verbo) che inizia una frase.

> *To sew well, a strong light is necessary.* Per cucire bene è necessaria una luce forte.

Questa frase potrà sembrarvi corretta. In effetti cucire al buio è difficile. Ma fermatevi un istante a riflettere sul significato della frase. Chi sta cucendo? Nessuno, almeno per come è scritta la frase. Spostando l'infinito la frase suona meglio ma il problema non è risolto:

> A strong light is necessary to sew well.

Continua a non esserci nessuno che cuce, dunque la frase è ancora scorretta. Per risolvere il problema dovete aggiungere una persona:

> *To sew well, you need a strong light.* Per cucire bene hai bisogno di una luce forte. (Stai cucendo tu.) *To sew well, sit near a strong light.* Per cucire bene siediti accanto a una luce forte. (In questa frase con l'imperativo, il tu è sottinteso.)

> *To sew well, everyone needs a strong light.* Per cucire bene, tutti hanno bisogno di una luce forte. (Il soggetto è tutti.)

> *To sew well, Betsy insists on at least a 75-watt bulb.* Per cucire bene, Betsy insiste sul fatto che è necessaria almeno una lampadina da 75 watt. (A cucire è Betsy.)

Un infinito all'inizio di una frase può anche essere grammaticalmente corretto. Date un'occhiata a questo esempio:

> *To sew well is Betsy's goal.* Cucire bene è l'obiettivo di Betsy.

Qui *to sew well* non è una descrizione. È un'attività, il fine di Betsy. In altri termini, *to sew well* è il soggetto della frase.

Come si fa a capire la differenza tra un soggetto e una descrizione? Un soggetto si accompagna a un verbo (*is*, nella frase in questione) e risponde alle domande *who?* o *what?*. (Per sapere come individuare il soggetto di una frase andate al Capitolo 4.)

Una descrizione è un'aggiunta che fornisce un supplemento di informazione su un altro elemento della frase.

Qual è la frase corretta?

A. *To enjoy a good cup of coffee, a clean coffeepot is essential.* Per godersi una buona tazza di caffè è essenziale una caffettiera pulita.

B. *A clean coffeepot is essential to enjoy a good cup of coffee.* Una caffettiera pulita è essenziale per godersi una buona tazza di caffè.

Risposta: nessuna delle due. (Sì, vi ho teso una trappola.) In nessuna delle due frasi c'è qualcuno che beve il caffè. E allora chi è che si gode una buona tazza di caffè? Nessuno. Nella frase corretta dovrà esserci una persona:

> *To enjoy a good cup of coffee,* you *start with a clean coffeepot.* Per godersi una buona tazza di caffè, si comincia con una caffettiera pulita.
>
> *To enjoy a good cup of coffee, caffeine* addicts *start with a clean coffeepot.* Per godersi una buona tazza di caffè, i caffeinomani cominciano con una caffettiera pulita.
>
> *To enjoy a good cup of coffee,* Anna *starts with a clean coffeepot.* Per godersi una buona tazza di caffè, Anna comincia con una caffettiera pulita.
>
> *To enjoy a good cup of coffee, start with a clean coffeepot.* Per goderti una buona tazza di caffè, comincia con una caffettiera pulita. (Il bevitore di caffè, qui, è il tu sottinteso.)

Riproviamo. Qual è la frase corretta?

A. *To enjoy his morning coffee was Malachy's greatest pleasure.* Godersi il suo caffé mattutino era il più grande piacere di Malachy.

B. *To enjoy his morning coffee, Malachy got up an hour earlier than his annoying little brother.* Per godersi il suo caffè mattutino, Malachy si alzava un'ora prima del suo fratellino rompiscatole.

Risposta: sono entrambe corrette. (Altro trabocchetto, scusate.) Nella frase A, *to enjoy his morning coffee* è il soggetto del verbo *was*. (*What was? To enjoy his morning coffee was.*) Nella frase B non c'è un infinito assoluto. *Malachy* è la persona che *got up early.*

Evitare le descrizioni che confondono le idee

La posizione, la posizione! È questo che conta, secondo gli agenti immobiliari. Lo pensano anche gli insegnanti di grammatica. In questa sezione esaminerò il punto critico situato tra due azioni. Una descrizione posizionata lì può disorientare il vostro lettore. Date un'occhiata a questa frase:

The teacher that Roger annoyed often assigned detention to him.
L'insegnante che Roger infastidiva spesso lo metteva in castigo.

Cosa significa questa frase? Roger infastidiva spesso l'insegnante? (Sono un'insegnante, e Roger di sicuro mi infastidirebbe... ma torniamo alla grammatica.) Forse l'insegnante metteva spesso in punizione Roger.

Vedete il problema della frase? Ha due possibili significati. Dato che *often* sta tra *annoying* e *assigning*, può riferirsi all'uno come all'altro. La frase infrange una regola fondamentale delle descrizioni: le descrizioni devono essere chiare. Non dovete mai mettere una descrizione dove può avere due possibili significati. Come correggere la frase? Spostando *often* in modo che sia più vicino a uno dei due verbi, indicando senza ambiguità a quali di essi si riferisce. Ecco due versioni corrette, con significati diversi a seconda della posizione di *often*:

The teacher that Roger often annoyed assigned detention to him.
L'insegnante che Roger spesso infastidiva lo mise in punizione.

In questa frase *often* è più vicino ad *annoyed*. Pertanto, *often* descrive *annoyed*. La frase dice al lettore che alla fine l'insegnante ne ha avuto abbastanza e ha sospeso Roger per tutto l'anno scolastico.

Ecco un'altra variante:

The teacher that Roger annoyed assigned detention to him often.
L'insegnante che Roger infastidiva lo ha spesso messo in punizione.

Adesso *often* è più vicino ad *assigned*. Il lettore capisce che *often* descrive *assigned*.

Giusto o sbagliato? Decidete voi.

> *The pig chewing on pig chow happily burped and made us all run for gas masks.* Il maiale masticando il mangime felicemente ruttò e noi corremmo a prendere le maschere antigas.

Risposta: sbagliato. Non si riesce a capire se il maiale sta *chewing happily* o *burping happily*. Ecco come si può correggere la frase:

> *The pig chewing happily on pig chow burped and made us all run for gas masks.* Il maiale masticando felicemente il mangime ruttò e noi corremmo a prendere le maschere antigas.

oppure

> *The pig chewing on pig chow burped happily and made us all run for gas masks.* Il maiale masticando il mangime ruttò felicemente e noi corremmo a prendere le maschere antigas.

Qui è possibile un'altra correzione: l'aggiunta di due virgole. Se isolate la descrizione per mezzo di virgole, il lettore collegherà la descrizione al verbo giusto. Pertanto, anche queste due frasi sono corrette:

> *The pig, chewing on pig chow happily, burped and made us all run for gas masks.* Il maiale, masticando il mangime felicemente, ruttò e noi corremmo a prendere le maschere antigas.

> *The pig, chewing on pig chow, happily burped and made us all run for gas masks.* Il maiale, masticando il mangime, felicemente ruttò e noi corremmo a prendere le maschere antigas.

Devo mettervi in guardia a proposito delle virgole: non è sempre sufficiente buttare in una frase una manciata di virgole per risolvere un problema. Anzi, con l'aggiunta delle virgole rischiate di aggravarlo! (Il Capitolo 11 contiene utili suggerimenti sulle virgole.)

Potreste avere la tentazione di infilare una descrizione in mezzo a un infinito:

> *Betsy's song is strange enough to intensely captivate creative musicians.* La canzone di Betsy è abbastanza bizzarra da incantare profondamente i musicisti creativi.

Tecnicamente non dovreste spezzare un infinito (to + verbo, in questo caso *to captivate*).

GIUSTO: *to captivate intensely*

SBAGLIATO: *to intensely captivate*

Questa regola viene spesso ignorata e probabilmente verrà presto omessa dai libri di grammatica. Ma se il vostro interlocutore è estremamente attento alle regole evitate di spezzare gli infiniti.

ATTENZIONE!

Le descrizioni che finiscono più frequentemente nel posto sbagliato sono parole singole: *only*, *just*, *almost* e *even*. Per saperne di più loro sulla loro corretta collocazione andate al Capitolo 7.

Trovare il soggetto quando nella frase mancano alcune parole

Nella nostra lotta quotidiana contro il tempo siamo abituati a confezionare frasi corte e stringate, soprattutto se ci troviamo a scrivere un sms al volo mentre corriamo a prendere l'autobus sorseggiando un cappuccino decaffeinato con latte scremato e cacao (pessima idea, come ho cercato recentemente di spiegare alla signora che mi ha rovesciato addosso il suo cappuccino). In linea di massima non è sbagliato accorciare le frasi eliminando alcune parole, purché si sappia cosa si può tagliare e cosa va lasciato dov'è. Date un'occhiata a questi esempi:

> *While sleeping, Johann dreamed that he was a giant cappuccino.* Dormendo, Johann sognò di essere un gigantesco cappuccino.
>
> *Although screaming in rage, Lola managed to keep an eye on the clock.* Pur strillando per la collera, Lola riuscì a tener d'occhio l'orologio.
>
> *If caught, Roger will probably deny everything.* Se preso, Roger probabilmente negherà tutto.
>
> *Lulu snored when dreaming of little sheep.* Lulu russava sognando pecorelle.

Capite il senso di queste frasi? Rieccole, con l'aggiunta delle parole mancanti (in tondo nel testo):

> *While* he was *sleeping, Johann dreamed that he was a giant cappuccino.* Mentre stava dormendo, Johann sognò di essere un gigantesco cappuccino.

> *Although* she was *screaming in rage, Lola managed to keep an eye on the clock.* Benché stesse strillando per la collera, Lola riuscì a tener d'occhio l'orologio.
>
> *If* he is *caught, Roger will probably deny everything.* Se verrà preso, Roger probabilmente negherà tutto.
>
> *Lulu snored when* she was *dreaming of little sheep.* Lulu russava mentre sognava pecorelle.

Come vedete, negli esempi mancano il soggetto e parte del verbo, ma il lettore è in grado di ricostruirne il senso.

Dovete ricordare solo una regola per queste frasi: il soggetto mancante deve essere lo stesso che è presente nell'altra parte della vostra frase. In altri termini, se nella vostra frase non ci sono delle informazioni, il vostro interlocutore darà per scontato che stiate parlando della stessa persona (o cosa) in entrambe le parti della frase.

Ecco alcuni esempi:

> SBAGLIATO: *While missing a shovel, the hole in Lulu's backyard was dug by a backhoe.* Mancando di un badile, il buco nel cortile di Lulu è stato fatto con un escavatore.
>
> SIGNIFICATO INDESIDERATO: *While the hole was missing a shovel, the hole in Lulu's backyard was dug by a backhoe.* Poiché al buco mancava un badile, il buco nel cortile di Lulu è stato fatto con un escavatore.
>
> CORREZIONE: *While missing a shovel, Lulu rented a backhoe to dig a hole in her backyard.* Non avendo un badile, Lulu noleggiò un escavatore per fare un buco in cortile.
>
> SIGNIFICATO DELLA FRASE CORRETTA: *While she was missing a shovel, Lulu rented a backhoe to dig a hole in her backyard.* Dato che non aveva un badile, Lulu ha affittato un escavatore per fare un buco in cortile.
>
> CONSEGUENZA INDESIDERATA: *Lulu, not knowing how to drive a backhoe, hit a power line and brought down the entire electrical system of the Northeast.* Lulu, non sapendo guidare un escavatore, ha colpito una linea elettrica e ha fatto crollare la rete di tutto il Nord-Est.
>
> SBAGLIATO: *When showering, Roger's beauty routine requires industrial strength cleaning products.* Facendosi la doccia, la cura di bellezza quotidiana di Roger richiede prodotti di pulizia superconcentrati.

SIGNIFICATO INDESIDERATO: *When Roger's beauty routine is showering, the beauty routine requires industrial-strength cleaning products.* Quando la cura di bellezza quotidiana di Roger si fa la doccia, essa richiede prodotti di pulizia superconcentrati.

CORREZIONE: *When showering, Roger requires industrial-strength cleaning products.* Quando si fa la doccia, Roger richiede prodotti di pulizia superconcentrati.

SIGNIFICATO DELLA FRASE CORRETTA: *For each of his twice-yearly showers, Roger has to apply the kind of glop that removes rust from old battleships.* Le due volte all'anno che si fa la doccia, Roger deve applicare quella specie di brodaglia che serve a togliere la ruggine dalle vecchie navi da guerra.

CONSEGUENZA INDESIDERATA: *Roger's bathtub is on the Environmental Protection Agency's list of toxic waste sites.* La vasca da bagno di Roger è sulla lista delle discariche di rifiuti tossici stilata dall'Agenzia per la Protezione dell'Ambiente.

Qual è la frase corretta?

A. *Since conducting the leak test, Dripless's pipe has been watertight.* Da quando ha effettuato la prova di tenuta, la tubatura di Dripless è a tenuta stagna.

B. *Since conducting the leak test, Dripless reported that the pipe was watertight.* Da quando ha effettuato la prova di tenuta, Dripless ha riferito che la tubatura era a tenuta stagna.

C. *Since he conducted the leak test, Dripless's pipe has been watertight.* Da quando Dripless ha effettuato il test di tenuta, la sua tubatura è a tenuta stagna.

Risposta: le frasi B e C sono entrambe corrette. Il soggetto mancante nelle frasi A e B è *Dripless*. Nella frase A, il soggetto mancante è Dripless, ma nella seconda parte *Dripless's pipe* è il soggetto, dunque c'è incongruenza tra le due parti. Nella frase B, *Dripless* è sia il soggetto mancante che il soggetto della seconda parte della frase e le due metà corrispondono. La frase C fornisce un soggetto (*he*) alla prima parte, così le due metà non hanno lo stesso soggetto.

DIAVOLETTI

Disinteressato o annoiato?

Se vi trascinano in tribunale per aver rotto una vetrata, volete *a disinterested jury* ma non un *uninterested lawyer*. Perché? Perché *disinterested* significa imparziale, senza pregiudizi. *Uninterested* significa "svegliatemi alla fine dell'udienza perché non me ne importa niente". Non confondete le due parole.

Ecco un esempio:

SBAGLIATO: *Lulu tried to catch Roger's attention, but he was* disinterested *in what she had to say.* Lulu cercava di attirare l'attenzione di Roger, ma lui era imparziale nei confronti di quello che lei voleva dirgli.

PERCHÉ È SBAGLIATO: Roger non è disinteressato. Semmai è un egocentrico. In questa frase chi scrive intende dire che Roger sta ignorando Lulu.

GIUSTO: *Lulu tried to catch Roger's attention, but he was* uninterested *in what she had to say.* Lulu cercava di attirare l'attenzione di Roger, ma lui non era interessato a quello che lei aveva da dire.

PERCHÉ È GIUSTO: Adesso Roger è annoiato, la sua condizione abituale quando non è intento a contemplare la propria meravigliosità.

Vediamo un altro esempio:

SBAGLIATO: *The* uninterested *executive made a decision based solely on the facts, not because of any special relationship with the seller, who happened to be her mother-in-law.* La dirigente annoiata prese una decisione basata solo sui fatti e non sui rapporti con il venditore, che guarda caso era sua suocera.

PERCHÉ È SBAGLIATO: Se il dirigente è *uninterested* non prenderà nessuna decisione. Andrà a giocare a golf con tutti gli altri manager annoiati.

GIUSTO: *The* disinterested *executive made a decision based solely on the facts, not because of any special relationship with the seller, who happened to be her mother-in-law.* La dirigente disinteressata prese una decisione basata solo sui fatti e non sui rapporti con il venditore, che guarda caso era sua suocera.

PERCHÉ È GIUSTO: Adesso la dirigente è imparziale, decide liberamente e senza farsi influenzare dal fatto che sua suocera non le rivolgerà più la parola se la trattativa non va in porto.

Capitolo 17

Good, better, best: le comparazioni

In questo capitolo

- Aggiungere *-er* e *-est* alle descrizioni
- Usare correttamente *more/less* e *most/least*
- Comprendere alcune comparazioni irregolari
- Identificare le parole che non possono essere comparate
- Evitare le comparazioni illogiche
- Scrivere correttamente le doppie comparazioni

La vostra conoscenza delle comparazioni è *more better* o *less worse*? Se avete scelto una delle due alternative questo capitolo fa proprio per voi, perché *more better* e *less worse* sono entrambe scorrette. L'inglese ha due modi per formare le comparazioni, ma non potete usarli insieme e non sono intercambiabili. In questo capitolo vi spiego come distinguere tra i due tipi di comparazioni, come usarli correttamente e come evitare alcuni degli errori più frequenti. Non entrerò, però, nel merito delle comparazioni. Di fronte alle domande *Which stock is a better buy?* (Quali sono le migliori azioni sul mercato?) e *Am I a better dancer than your last date?* (Ballo meglio della tua ex?) dovrete cercare di cavarvela da soli.

Aggiungere -er o usare more

Osservate attentamente le comparazioni in queste frasi:

> *Roger's smile is* more evil *than Michael's, but Michael's giggle sounds* cuter. Il sorriso di Roger è più malvagio di quello di Michael, ma la risatina di Michael è più carina.

> *Eggworthy searched for the least efficient sports utility vehicle, believing that global warming is less important than having the raciest image in the parking lot.* Eggworthy cercava il SUV meno efficiente, convinto che il riscaldamento globale conti meno che possedere la macchina più grintosa del parcheggio.
>
> *Betsy's* most recent *symphony was* less successful *than her* earlier *composition.* La più recente sinfonia di Betsy ebbe meno successo delle sue precedenti composizioni.
>
> *Anna's* older *sister is an even* greater *mathematician than Anna herself, though Anna has the edge in geometry.* La sorella maggiore di Anna è una matematica ancora più eccelsa di Anna stessa, anche se Anna è più brava in geometria.
>
> *Lulu's* latest *tattoo is* grosser *than her first, but Lulu, not the* shyest *girl in the class, is looking for the* most extreme *design for her next effort.* L'ultimo tatuaggio di Lulu è più volgare del primo, ma Lulu, che non è certo la ragazza più timida della classe, per la sua prossima impresa si è già messa alla ricerca della creazione più audace.

Cos'avete notato in questi esempi?

Ecco la lista ridotta al minimo delle comparazioni: *more evil*, *cuter*, *least efficient*, *less important*, *raciest*, *most recent*, *less successful*, *earlier*, *older*, *greater*, *grosser*, *latest*, *shyest*, *most extreme*.

Alcune comparazioni vengono espresse aggiungendo *-er* o *-est* e altre aggiungendo *more*, *most*, *less* o *least* alla qualità che viene paragonata. Come si fa a sapere quale metodo usare? (Oppure, per usare una comparazione, come si fa a sapere *which is better?*, qual è il migliore?) Il dizionario ha sempre l'ultima parola in merito, e va consultato in caso di dubbi. Ci sono però alcune linee guida generali:

- ✓ Aggiungete *-er* ed *-est* alla maggior parte delle parole con una sola sillaba.
- ✓ Se la parola termina già in *e*, non raddoppiatela aggiungendo *-er* o *-est*. Limitatevi ad aggiungere *-r* oppure *-st*.
- ✓ Solitamente *-er* ed *-est* non si applicano alle parole che terminano in *-ly*.

Il dizionario è vostro amico

Potete sapere molte cose di una parola grazie al dizionario, che sia sotto forma di sito internet o di un volume cartaceo. Una normale voce di dizionario vi dice:

- ✓ Il ruolo della parola nella frase
- ✓ La sua pronuncia
- ✓ Le definizioni, elencate in ordine d'importanza
- ✓ L'uso della parola in alcune espressioni correnti
- ✓ Altre sue forme
- ✓ Qualcosa della sua storia: le sue forme più antiche o i suoi antenati linguistici
- ✓ La sua accettabilità dal punto di vista della lingua formale

Dato che per secoli i dizionari sono esistiti esclusivamente in forma cartacea, gli editori hanno privilegiato una serie di abbreviazioni che condensano il massimo delle informazioni nello spazio più ridotto possibile. La maggior parte di quelle abbreviazioni è stata conservata dai media elettronici, anche se la rete non pone problemi di spazio. Per questo motivo, leggere un dizionario può essere come un viaggio in una terra straniera, un luogo in cui tutti sembrano conoscere la lingua e i costumi locali e sono più che felici di lasciarvi nell'ignoranza e di escludervi. Permettetemi di accompagnarvi in quella terra straniera. Questa è una voce di dizionario molto particolare, decifrata per il lettore medio. (A proposito, non cercate questa parola in un vero dizionario; me la sono inventata.)

A. chukblok **B**. (chuck-blahk) **C**. n. **D**. *pl.* chukbloks. **E**. 1. La valuta nazionale di Larencia. 2. La banca nazionale di Larencia. 3. In economia, una tariffa estremamente protezionistica: *a chukblok against imported bananas* (un chukblock contro le banane importate). **F**. 4. *Informale* persona estremamente ricca: *he's a walking chukblok* (è un chukblok ambulante). **G**. 5. *Obs.* Una moneta fatta di chewing gum. **H.** – *adj.* 1. ricco: *She put a chukblok icing on that cake* (Ha messo una glassa chukblok su quella torta). 2. Illegale: *The chukblok plan was bound to backfire* (Quel piano chukblok era destinato a essere controproducente.) **I.** [<O.L. *chublah*<M.L. chubare *a coin* (una monetina).] **J.** Syn. n. *coins, money, moolah, spending green* (soldi, denaro, verdoni, bigliettoni). adj. *wellheeled, well-off, illicit* (ricco, benestante, illegale). **K.** – *to see chukbloks in the trees* (vedere chukbloks sugli alberi). *Slang.* Credere che qualcuno stia per diventare ricco. – *to flip one's chukblok* (lanciare il proprio chukblok) *Informale.* Affidare tutto il proprio denaro alla sorte.

Ecco la legenda:

A. La parola.

B. La pronuncia. I simboli qui lasciano un po' confusi, ma la maggior parte dei dizionari fornisce una legenda. La legenda spiega i simboli fonetici mostrandovi lo stesso suono in alcune parole facilmente riconoscibili.

C. La parte del discorso.

D. L'abbreviazione *pl.* significa plurale, e questa parte della voce indica come si forma il plurale della parola.

E. Le definizioni. La precedenza viene data alle più comuni.

F. *Informale* vi dice che quel termine non va usato nella lingua formale scritta. Se la parola non è così contrassegnata, è accettabile nella lingua formale scritta.

G. *Obs.* significa obsoleto e indica che il termine non viene più usato in quell'accezione.

H. Un'altra parte del discorso. L'abbreviazione *adj.* indica che è possibile usare *chukblok* anche come aggettivo. I significati elencati dopo *adj.* spiegano qual è il significato della parola quando viene usata come aggettivo. Viene data la precedenza alle definizioni più comuni.

I. Questi simboli indicano l'albero genealogico del termine *chukblok*. L'abbreviazione *O.L.* si riferisce a *Old Larencian*, Larenciano antico, una lingua che mi sono inventata. L'abbreviazione *ML.* si riferisce a *Middle Larencian*, Larenciano medio, altra lingua di fantasia. Nelle parentesi si informa che *chukblok* risale al termine del Larenciano antico *chublah*, che si ritrova nel temine del Larenciano medio *chubare* con il significato di soldo, moneta.

J. *Syn.* significa sinonimo. Dopo questo simbolo ci sono parole che hanno lo stesso significato di *chukblok*.

K. Il significato di espressioni comuni che impiegano il termine *chukblok*. Una è slang e l'altra informale; nessuna delle due è accettabile nella lingua formale scritta.

La Tabella 17.1 riunisce alcune descrizioni riferite a Lola, con le forme in *-er* e in *-est*.

Nota: per capire la personalità di Lola dovete conoscere le cose o le persone a cui viene paragonata. Per questo vi fornisco alcune indicazioni.

Tabella 17.1

Descrizione di Lola	*forma in –ER*	*forma in -EST*
able (capace)	*abler than Lulu* (più capace di Lulu)	*ablest of all the budding scientists in her atom-splitting class* (la più capace degli scienziati in erba del suo corso di fissione nucleare)
bald (calva)	*balder than an eagle* (più calva di un'aquila)	*baldest of the models* (la più calva tra le modelle)
cute (carina)	*cuter than an elf* (più carina di un elfo)	*cutest of all the assassins* (la più carina degli assassini)
dumb (stupida)	*dumber than a sea slug* (più stupida di una lumaca marina)	*dumbest of the congressional candidates* (la più stupida dei candidati al congresso)

Descrizione di Lola	*forma in –ER*	*forma in -EST*
edgy (nervosa)	*edgier than caffeine* (più nervosa della caffeina)	*edgiest of the atom splitters* (la più nervosa tra gli scienziati nucleari in erba)
friendly (amichevole)	*friendlier than a grizzly bear* (più amichevole di un grizzly)	*friendliest person on the block* (la persona più amichevole in circolazione)
glad (contenta)	*gladder than the loser* (più contenta del perdente)	*gladdest of all the lottery winners* (la più contenta tra i vincitori della lotteria)
heavy (pesante)	*heavier than a "before" ad for a diet book* (più pesante del "prima della cura" in un libro di diete)	*heaviest of all the sumo wrestlers* (la più pesante dei lottatori di sumo)
itchy (tormentata dal prurito)	*itchier than she was before she sat in poison ivy* (più tormentata dal prurito di quanto fosse prima di sedersi sulle ortiche)	*itchiest of all the patients in the skin clinic* (la più tormentata dal prurito tra i pazienti della clinica dermatologica)

CONSIGLIO

Osservate che quando l'ultima lettera è *y* dovete spesso trasformarla in *i* prima di aggiungere la terminazione desiderata.

La Tabella 17.2 contiene altre descrizioni della nostra Lola, questa volta con *more*, *less*, *most* e *least*:

Tabella 17.2

Descrizione di Lola	*forma con more/less*	*forma con most/least*
(Lola runs) jerkily ([Lola corre] goffamente)	*more jerkily than the old horse* (più goffamente del vecchio cavallo)	*most jerkily of all the racers* (più goffamente di tutti i corridori)
knock-kneed (ha le gambe storte)	*less knock-kneed than an old sailor* (ha le gambe meno storte di un vecchio marinaio)	*least knock-kneed of all the beauty pageant contestants* (ha le gambe meno storte di tutte le partecipanti al concorso di bellezza)

Descrizione di Lola	***forma con more/less***	***forma con most/least***
lily-livered (codarda)	*less lily-livered than the saloon owner in an old movie* (meno codarda del proprietario di un saloon in un vecchio film)	*least lily-livered of all the florists* (la meno codarda di tutti i fioristi)
magnificent (magnifica)	*more magnificent than a work of art* (più magnifica di un'opera d'arte)	*most magnificent of all the ninjas* (la più magnifica di tutti i ninja)
notorious (famigerata)	*more notorious than a princess* (più famigerata di una principessa)	*most notorious of the florists* (la più famigerata dei fioristi)
oafish (zotica)	*less oafish than the young prince* (meno zotica del giovane principe)	least oafish of all the cab drivers (la meno zotica di tutti i tassisti)
prune-faced (ha il viso raggrinzito)	*less prune-faced than her teacher* (ha il viso meno raggrinzito della sua insegnante)	*least prune-faced of the grammar students* (ha il viso meno raggrinzito di tutti gli studenti di grammatica)
queenly (regale)	*more queenly than Queen Elizabeth* (più regale della regina Elisabetta)	*most queenly of all the models* (la più regale di tutte le modelle)
rigid (rigida)	*less rigid than a grammarian* (meno rigida di uno studioso di grammatica)	*least rigid of the traffic cops* (la meno rigida dei vigili urbani)

Queste due tabelle vi offrono alcune indicazioni su un'altra importante caratteristica delle comparazioni. Vi siete accorti che la seconda colonna è sempre una comparazione tra Lola e un'altra persona o cosa? L'aggiunta di *-er* o *more/less* paragona due cose. Nell'ultima colonna di ciascuna tabella, Lola viene paragonata a un gruppo con più di due membri. Quando il gruppo è composto da più di due persone, *-est* o *most/least* crea la comparazione e identifica il caso estremo.

Per riassumere le regole:

- ✓ Usate *-er* oppure *more/less* quando paragonate solo due cose.
- ✓ Usate *-est* o *most/least* quando isolate il caso estremo in un gruppo composto da più unità.
- ✓ Non mescolate mai due metodi di comparazione come *-er* e *more*.

Per gli appassionati di grammatica: la forma con *-er* o *less/more* è chiamata *comparative*, comparativo, e la forma con *-est* o *least/most* è chiamata *superlative*, superlativo.

Qual è la frase corretta?

A. *Lola, fresh from drinking a cup of cream, was the more cheerful of all her friends in the dairy bar.* Lola, che aveva appena bevuto una tazza di panna, era la più allegra di tutti i suoi amici riuniti nella latteria.

B. *Lola, fresh from drinking a cup of cream, was the most cheerful of all her friends in the dairy bar.*

Risposta: la frase corretta è la B. La frase identifica Lola come il caso estremo di un gruppo (come sempre succede con Lola), dunque qui dovete usare *most*, non *more*.

Qual è la frase corretta?

A. *Eggworthy's design for a new carton is simpler than the one his competitor hatched.* Il bozzetto di Eggowrthy per una nuova confezione per le uova è più semplice di quello sviluppato dal suo concorrente.

B. *Eggworthy's design for a new carton is more simpler than the one his competitor hatched.*

Risposta: la frase giusta è la A. Non mescolate mai due forme di comparazione. La frase B mescola la forma in *-er* con la parola *more*.

Qual è la frase corretta?

A. *Of all the cars in the parking lot, Eggworthy's is the newer.* Tra tutte le macchine presenti nel parcheggio, quella di Eggworthy è la più nuova.

B. *Of all the cars in the parking lot, Eggworthy's is the newest.*

Risposta: la frase corretta è la B. La macchina di Eggworthy è paragonata a più di un'altra macchina.

Infrangere le regole: le comparazioni irregolari

Ogni volta che la grammatica inglese vi fornisce una serie di regole sensate, sapete già che sono in arrivo le eccezioni. Non sorprende allora che spuntino alcune comparazioni d'uso comune che non ricorrono a *-er*, *-est*, *more/less* o *most/least*, cioè alle comparazioni regolari che vi ho appena spiegato.

Good, bad, well

Queste comparazioni riguardano la qualità. La prima parola fornisce una descrizione, la seconda vi mostra quella descrizione quando vengono paragonati due elementi. L'ultima parola è usata nelle comparazioni tra tre o più elementi.

- ✓ *Good, better, best* – Buono, migliore, il migliore
- ✓ *Bad, worse, worst* – Cattivo, peggiore, il peggiore
- ✓ *Well, better, best* – Bene, meglio, benissimo/al meglio

È ora di vedere *good*, *bad* e *well* in azione:

> *Although Michael's trumpet solo is* good *and Roger's is* better, *Lulu's trumpet solo is the* best *of all.* Anche se l'assolo di tromba di Michael è buono e quello di Roger è migliore, l'assolo di Lulu è il migliore di tutti.

> *Lulu's habit of picking at her tattoo is* bad, *but Ralph's constant sneezing is* worse. *Eggworthy's tendency to crack jokes is the* worst *habit of all.* Lulu ha la cattiva abitudine di pizzicare il suo tatuaggio, ma i costanti starnuti di Ralph sono peggio. La tendenza di Eggworthy a fare battute è l'abitudine peggiore di tutte.

> *Lola sings* well *in the shower, but Max sings* better *in the bathtub. Ralph croons* best *in the hot tub.* Lola canta bene sotto la doccia ma Max canta meglio nella vasca da bagno. Ralph canticchia al meglio nell'idromassaggio.

CONSIGLIO

Qual è la differenza tra *good* e *well*? *Good* è un aggettivo e descrive nomi (persone, luoghi, cose, idee). *Well* è un avverbio e descrive verbi (stati o azioni), tranne quando state parlando di salute. Per maggiori informazioni su *good* e *well* andate al Capitolo 7.

QUIZ A SORPRESA

Rispondete a questa domanda in inglese corretto (e poi correggete la domanda).

> *Who's the baddest kid in the playground?* Chi è il peggior ragazzino del parco giochi?

Risposta: *The worst* (non *baddest*) *kid in the playground is Roger, unless Lola is in one of her moods.* Il peggior ragazzino del parco giochi è Roger, a meno che Lola non abbia la luna storta. La domanda corretta è *Who's the worst kid in the playground?*

Eccone un'altra:

> *Who plays more better blues?* Chi suona meglio il blues?

Risposta: *No one.* Nessuno. Non potete usare *more* e *better* nella stessa frase.

Altri modi di formulare la domanda:

> *Who plays better blues — Michael or Lulu?* Chi suona meglio il blues: Michael o Lulu?
>
> *Who plays the best blues?* Chi suona i migliori blues?
>
> *Who plays the blues best?* Chi suona il blues meglio di tutti?
>
> *Of the two saxophonists, who plays better blues?* Quale dei due sassofonisti suona i migliori blues?

Ultimo quiz. Qual è la frase corretta?

A. *Michael says that he is feeling worse today than yesterday, but his statement must be considered in light of the fact that today is the algebra final.* Michael dice che oggi si sente peggio di ieri, ma le sue parole vanno considerate alla luce del fatto che oggi c'è la finale di algebra.

B. *Michael says that he is feeling more bad today than yesterday, but his statement must be considered in light of the fact that today is the algebra final.*

Risposta: la frase giusta è la A. *More bad* è scorretto; usate *worse*.

Little, many, much

Queste comparazioni si riferiscono alla quantità. La prima parola è la descrizione, la seconda crea una comparazione tra due elementi e la terza si applica alle comparazioni con tre o più elementi.

- ✓ *Little, less, least* – Poco, meno, il meno
- ✓ *Many, more, most* – Molti, più, i più
- ✓ *Much, more, most* – Molto, più, il più

Date un'occhiata a queste parole in azione:

> *Lulu likes a* little *grape jelly on her pizza, but Eggworthy prefers* less *exotic toppings. Of all his creations, Lulu likes chocolate pizza* least. A Lulu piace un po' di marmellata d'uva sulla pizza, ma Eggworthy preferisce farciture meno esotiche. Tra tutte le sue creazioni, quella che piace meno a Lulu è la pizza al cioccolato.

Roger spies on many *occasions, but he seldom uncovers* more *secrets than his brother Al. Lola is the* most *successful spy of all.* Roger fa la spia in molte occasioni, ma raramente scopre più segreti di suo fratello Al. Lola è la spia più apprezzata di tutte.

Anna has much *interest in mathematics, though she's* more *devoted to her trumpet lessons. Of all the musical mathematicians I know, Anna is the* most *likely to succeed in both careers.* Anna è molto interessata alla matematica, anche se è più affezionata alle lezioni di tromba. Tra tutti i matematici portati per la musica che conosco, Anna è quella che ha la maggiore probabilità di successo.

Many o *much*? Come fate a decidere quale parola serve? Facile. *Many* precede i plurali degli elementi che si possono contare (*many crickets*, *many shoes*, ecc.) e *much* precede ciò che non può essere contato, anche se può talvolta essere misurato (*much noise*, *much sugar*, ecc.).

Qual è la frase corretta?

A. *Anna and Michael studied together for the algebra final, but Michael is the least prepared.* Anna e Michael hanno studiato insieme per la finale di algebra, ma Michael è meno preparato.

B. *Anna and Michael studied together for the algebra final, but Michael is less prepared.*

Risposta: la frase corretta è la B. *Less* è la parola che vi serve quando state comparando due elementi. Dato che state comparando solo Anna e Michael, *less* vince su *least*, che va bene se state paragonando Anna, Michael, Lola e il resto del gruppo di studio (in altri termini, tre o più elementi).

Never more perfect: le parole che non potete comparare

Questo capitolo è più unico del capitolo precedente? Decisamente no. Perché? Perché niente è *più unico*. O una cosa è unica o non lo è. Non ci sono vie di mezzo o gradi di unicità. Ciò che è unico può essere paragonato solo a se stesso. Date un'occhiata a queste frasi:

SBAGLIATO: *The vase that Eggworthy cracked was* more unique *than the Grecian urn.* Il vaso rotto da Eggworthy era più unico dell'urna greca.

SBAGLIATO: *The vase that Eggworthy cracked was* fairly unique. Il vaso rotto da Eggworthy era piuttosto unico.

SBAGLIATO: *The vase that Eggworthy cracked was* very unique. Il vaso rotto da Eggworthy era molto unico.

GIUSTO: *The vase that Eggworthy cracked was* unique. Il vaso rotto da Eggworthy era unico.

GIUSTO: *The vase that Eggworthy cracked was* unique, *as was the Grecian urn.* Il vaso rotto da Eggworthy era unico, come lo era l'urna greca.

GIUSTO: *The vase that Eggworthy cracked was* more unusual *than the Grecian urn.* Il vaso rotto da Eggworthy era più insolito dell'urna greca.

PERCHÉ È GIUSTO: *Unusual* non è un termine assoluto e dunque può essere usato nelle comparazioni.

La parola *unique* non è unica. Ci sono diverse altre parole che possiedono la stessa qualità assoluta. Una di esse è *perfect.* O una cosa è perfetta o non lo è; niente è *molto* perfetto o *incredibilmente* perfetto o *in un certo senso* perfetto. (C'è un'eccezione: la Costituzione degli Stati Uniti auspica "*a more perfect union*", "una più perfetta unione".) Un'altra parola assoluta è *round* (rotondo). Una forma può essere *round* o *not round.* Non potrà essere *a bit round*, *rounder* o *roundest*. Un po' di esempi:

SBAGLIATO: *"Lola is* extremely perfect *when it comes to grammar, as I am" said Lulu.* Lola è estremamente perfetta in fatto di grammatica, come me" disse Lulu.

PERCHÉ È SBAGLIATO: *Perfect* è assoluto; non ci sono gradi di perfezione.

GIUSTO: *"Lola is* nearly perfect *when it comes to grammar, as I am," said Lulu.* Lola è quasi perfetta in fatto di grammatica, come me", disse Lulu.

PERCHÉ È GIUSTO: Potete avvicinarvi a una qualità assoluta, e dunque dire quanto vicino è qualcuno o qualcosa a tale qualità. Lola e Lulu si avvicinano alla perfezione ma nessuna delle due la raggiunge.

GIUSTO: *"Lola is* perfect *when it comes to grammar, as I am," said Lulu.* "Lola è perfetta nelle questioni di grammatica, come me", disse Lulu.

PERCHÉ È GIUSTO: Si può essere semplicemente *perfect*, senza ulteriori qualifiche.

SBAGLIATO: *Of the two circles drawn on the chalkboard, mine is* rounder. Dei due cerchi disegnati sulla lavagna il mio è più rotondo.

PERCHÉ È SBAGLIATO: La forma è rotonda oppure non lo è. Non può essere più rotonda. Inoltre, i cerchi sono rotondi per definizione.

GIUSTO: *Of the two shapes drawn on the chalkboard, mine is* more nearly round. Delle due forme disegnate sulla lavagna la mia si avvicina di più alla forma rotonda.

GIUSTO: *Neither of the two shapes drawn on the chalkboard is* round, *but mine approaches* roundness. Nessuna delle due forme disegnate sulla lavagna è rotonda, ma la mia si avvicina alla rotondità.

Come illustrano alcune delle frasi corrette, non potete paragonare qualità assolute ma potete paragonare quanto le persone o le cose si avvicinino a tali qualità. Osservate questi esempi:

Lola thinks that her latest nose ring is an almost perfect *accessory.* Lola pensa che il suo più recente anello per il naso sia un accessorio quasi perfetto.

Ralph's new hooked rug is more nearly circular *than his previous effort.* Il nuovo tappetino all'uncinetto di Ralph si avvicina più del suo precedente esperimento a una forma circolare.

Lulu's style of relaxation approaches uniqueness. Lo stile di rilassamento di Lulu sfiora l'unicità.

C'è un'altra parola che crea un po' di problemi nelle comparazioni: *equally*, ugualmente. Si sente spesso dire *equally as.* Ma non avete bisogno di *as*, perché *equally* contiene già l'idea della comparazione. Per esempio:

SBAGLIATO: *Roger got a lighter sentence than Lulu, but he is* equally as *guilty because he stole as many doughnuts as she did.* Roger ha ricevuto una condanna più lieve di Lulu, ma è ugualmente colpevole perché ha rubato tanti bomboloni quanti lei.

GIUSTO: *Roger got a lighter sentence than Lulu, but he is* equally *guilty because he stole as many doughnuts as she did.*

GIUSTO: *Roger got a lighter sentence than Lulu, but he is as guilty as she is because he stole the same number of doughnuts.*

Qual è la frase corretta?

A. *Michael's recent drama is even more unique than his last play.* Il recente dramma di Michael è perfino più unico del suo ultimo lavoro teatrale.

B. *Michael's recent drama is even more unusual than his last play.* Il recente dramma di Michael è perfino più insolito del suo ultimo lavoro teatrale.

C. *Michael's recent drama is unique, as was his last play.* Il recente dramma di Michael è unico, come il suo ultimo lavoro teatrale.

Risposta: sono corrette sia la B che la C. La frase A è scorretta perché paragona un assoluto (*unique*). Nella frase B *more unusual* esprime una comparazione corretta, mentre la frase C vi dice che il recente dramma di Michael è unico e che anche il suo ultimo lavoro teatrale lo era: la qualità assoluta non viene paragonata ma semplicemente applicata a due cose diverse.

Qual è la frase corretta?

A. *Anna's last chess move, when compared to the grandmaster's, is equally mistaken.* L'ultima mossa scacchistica di Anna, se paragonata a quella del maestro, è ugualmente erronea.

B. *Anna's last chess move, when compared to the grandmaster's, is equally as mistaken.*

Risposta: la frase corretta è la A. Non dite *equally as* perché la parola *equally* esprime già il concetto della comparazione.

Lasciare il vostro pubblico in sospeso: comparazioni incomplete

Cosa c'è che non va in questa frase?

> *Octavia screamed more chillingly.* Octavia urlò in maniera più agghiacciante.

Forse questi indizi possono aiutarvi:

> *Octavia screamed more chillingly. Uh oh, thought Max, yesterday I thought she would burst my eardrum. If she screamed more chillingly today, I'd better get my earplugs out before it's time for tomorrow's lungfest.* L'urlo di Octavia era più agghiacciante. Oh, pensò Max, ieri pensavo che mi avrebbe rotto un timpano. Se oggi ha urlato in maniera più agghiacciante farei meglio a preparare i tappi per le orecchie in vista dell'urlata a pieni polmoni di domani.

oppure

> *Octavia screamed more chillingly. Max, rushing to aid Carmen, whose scream of terror had turned his blood to ice, stopped dead. Octavia sounds even worse, he thought. I'd better go to her first.* L'urlo di Octavia era più agghiacciante. Mentre si precipitava a soccorrere Carmen, il cui urlo di terrore gli aveva gelato il sangue, Max si fermò di colpo. Il grido di Ottavia è ancora peggiore, pensò. Farei meglio ad andare prima da lei.

oppure

> *Octavia screamed more chillingly. "Please," said the director "I know that you have just completed take 99 of this extremely taxing verbal exercise, but if you are going to star in my horror movie, you'll have to put a little more into it. Try again!"* L'urlo di Octavia era più agghiacciante. "La prego," disse il regista, "so che è già la novantanovesima volta che fa questo faticoso esercizio verbale, ma se vuole interpretare il mio film dell'orrore deve metterci un po' più d'impegno. Riprovi!"

Adesso il problema è chiaro. Il paragone contenuto nelle frasi di esempio è incompleto. *Octavia screamed more chillingly than... than what?* L'urlo di Octavia era più agghiacciante di... di cosa? Finché non terminate la frase, per i vostri lettori tutte le possibilità sono aperte. Morale: non smettete di spiegare la vostra comparazione finché non vi siete fatti capire. Osservate questa frase:

> SBAGLIATO: *Octavia screamed more chillingly.* L'urlo di Octavia era più agghiacciante.

> GIUSTO: *Octavia screamed more chillingly than I did the day Lulu drove a truck over my toe.* L'urlo di Octavia era più agghiacciante del mio il giorno in cui Lulu passò con un camion sopra il mio alluce.

> GIUSTO: *Octavia screamed more chillingly than she ever had before, and Max resolved to come to her aid as soon as he had finished all five courses of his lunch.* L'urlo di Octavia era più agghiacciante che mai, e Max decise di precipitarsi a soccorrerla non appena ebbe consumato tutte le cinque portate del suo pasto.

> GIUSTO: *Octavia screamed more chillingly than she had in the previous takes, but the director still decided to hire a different actress.* L'urlo di Octavia era più agghiacciante di quanto fosse stato nelle riprese precedenti, ma il regista decise comunque di scritturare un'altra attrice.

Ecco un'altra comparazione contenente un errore fatale. Riuscite a vederlo?

Lulu loved sky-diving more than Lola. Lulu amava il paracadutismo acrobatico più di Lola.

Avete bisogno di un aiuto? Eccolo:

Lulu loved sky-diving more than Lola. Lola sobbed uncontrollably as she realized that Lulu, whom she had always considered her best friend, was on the way to the airport instead of on the way to Lola's party. What a disappointment! Lulu amava il paracadutismo acrobatico più di Lola. Lola singhiozzò disperatamente quando si accorse che Lulu, che aveva sempre considerato la sua migliore amica, stava andando al campo di volo invece che alla festa di Lola. Che delusione!

oppure

Lulu loved sky-diving more than Lola. Lola was fine for the first 409 jumps, but then her enthusiasm began to flag. Lulu, on the other hand, was climbing into the airplane eagerly, as if it were her first jump of the day and as if the rattle snake had not crawled into her parachute on the last landing. Lulu amava il paracadutismo acrobatico più di Lola. A Lola piacquero i primi 409 lanci, ma poi il suo entusiasmo cominciò a vacillare. Lulu invece continuava insaziabilmente a salire sull'aereo come se fosse ancora al primo lancio della giornata e come se durante l'ultimo atterraggio non le fosse entrato un serpente a sonagli nel paracadute.

Capite qual è il problema? *Lulu loved sky-diving more than Lola* è una frase incompleta. Il vostro lettore può intendere il paragone in due modi diversi, come illustrano le due storie. La regola qui è semplice: non omettete parole che sono necessarie a comprendere il senso della comparazione.

SBAGLIATO: *Lulu loved sky-diving more than Lola.* Lulu amava il paracadutismo acrobatico più di Lola.

GIUSTO: *Lulu loved sky-diving more than she loved Lola.* Lulu amava il paracadutismo acrobatico più di quanto amasse Lola.

GIUSTO: *Lulu loved sky-diving more than Lola did.* Lulu amava il paracadutismo acrobatico più di quanto lo amasse Lola.

Riproviamo. Qual è il problema, in questa frase?

"My life is the best" explained Ralph. "La mia vita è il meglio" spiegò Ralph.

Questa è così facile che non è nemmeno necessari soffermarcisi a lungo. *Best* come? In quanto a fama, amore, salute, assenza di odori personali sgradevoli, vincite alla lotteria, accesso al backstage dei concerti? Gli amici di Ralph possono capire cosa intende dire, ma tutte le altre persone no.

Ricordate: quando fate una comparazione siate chiari e completi.

Siete così stanchi delle comparazioni che vi sentite pronti a infilare questo capitolo nel distruggidocumenti? Aspettate, dobbiamo ancora parlare di *so*: tecnicamente *so* dovrebbe far parte di una coppia, una comparazione composta da *so* e *that*. Molte persone usano *so* da solo per esprimere intensità:

> *Lulu's last sky dive was so spectacular.* L'ultimo lancio di Lulu fu così spettacolare.

Dal punto di vista dell'inglese colloquiale questa frase va benissimo. Nell'inglese formale, invece, *so* non va lasciato solo. Dovete concludere la comparazione, come in questa frase:

> *Lulu's last sky dive was so spectacular that the pilot begged her to fly away with him.* L'ultimo lancio di Lulu fu così spettacolare che il pilota la supplicò di scappare con lui.

Qual è la frase corretta?

A. *My cat Agatha slapped her tail more quickly.* La mia gatta Agatha agitò la coda più rapidamente.

B. *My cat Agatha slapped her tail more quickly than Dorothy.* La mia gatta Agatha agitò la coda più rapidamente di Dorothy.

Risposta: sono entrambe scorrette. Il significato è poco chiaro sia nella frase A che nella frase B. Nella frase A il lettore si chiede *more quickly than what?* mentre la frase B può significare sia *my cat Agatha slapped her tail more quickly than she slapped Dorothy* (la mia gatta Agatha diede un colpo di coda più rapido di quello con cui aveva colpito Dorothy), sia *my cat Agatha slapped her tail more quickly than Dorothy slapped the cat's tail* (la mia gatta Agatha diede un colpo di coda più rapidamente di quanto Dorothy avesse colpito la coda della gatta). Né l'uno né l'altro paragone è completo.

Qual è la frase corretta?

A. *Betsy played that piano concerto as emotionally as Michael did, but with fewer mistakes.* Betsy ha eseguito il concerto per pianoforte con un trasporto pari a quello di Michael, ma con meno errori.

B. *Betsy played that piano concerto just as emotionally, despite the fact that she has no real feeling for "The Homework Blues #3."* Betsy ha eseguito il concerto per pianoforte con altrettanto trasporto, malgrado non provasse un vero entusiasmo per "Il blues dei compiti per casa n° 3".

Risposta: la frase corretta è la A. Nella frase B il lettore si chiede quale sia il termine di paragone per le emozioni di Betsy. Ha eseguito il concerto con lo stesso trasporto riservato alle altre composizioni in programma? O ha eseguito il concerto con un'emozione pari a quella di Michael (meno dotato musicalmente ma animato da un profondo odio per i compiti)? La frase A fornisce il termine di paragone.

Joe DiMaggio played better than any baseball player: comparazioni illogiche

Joe DiMaggio era un giocatore di baseball. Un grande giocatore di baseball, uno dei migliori. Allora cosa c'è di sbagliato nella frase *Joe DiMaggio played better than any baseball player*? Toglie il leggendario Joe dal gruppo dei giocatori di baseball, fa di lui un *non*-giocatore di baseball. Per restituirgli il ruolo che si merita dovete aggiungere *other*.

SBAGLIATO: *Joe DiMaggio played better than any baseball player.* Joe DiMaggio giocava meglio di qualsiasi giocatore di baseball.

GIUSTO: *Joe DiMaggio played better than any* other *baseball player.* Joe DiMaggio giocava meglio di qualsiasi altro giocatore di baseball.

La regola qui è molto semplice: usate la parola *other* o *else* quando paragonate qualcosa o qualcuno ad altri membri dello stesso gruppo. Osservate queste frasi:

SBAGLIATO: *The star soprano of the Santa Lola Opera, Sarah Screema, sings louder than anyone in the cast.* La soprano dell'Opera Santa Lola, la primadonna Sarah Screema, ha un volume di voce più alto di qualsiasi cantante del cast.

PERCHÉ È SBAGLIATO: La frase fa capire che Sarah fa parte del cast ma la comparazione suggerisce che non ne fa parte. È illogica.

GIUSTO: *The star soprano of the Santa Lola Opera, Sarah Screema, sings louder than anyone* else *in the cast.* La soprano dell'Opera

Santa Lola, la primadonna Sarah Screema, ha un volume di voce più alto di qualsiasi altro cantante del cast.

SBAGLIATO: *That robot short-circuits more frequently than any mechanical device.* Quel robot va in cortocircuito più spesso di qualsiasi dispositivo meccanico.

PERCHÉ È SBAGLIATO: Un robot è, per definizione, un dispositivo meccanico, ma la comparazione lo esclude dal gruppo dei dispositivi meccanici.

GIUSTO: *That robot short-circuits more frequently than any* other *mechanical device.* Il robot va in cortocircuito più spesso di qualsiasi altro dispositivo meccanico.

Qui c'è un altro problema. Riuscite a trovarlo?

Max's nose is longer than Michael. Il naso di Max è più lungo di Michael.

Devo avvertirvi che Michael è alto. Non alto come un grattacielo, ma sarà almeno un metro e ottanta. Adesso capite cosa c'è che non va nella frase? Il naso di Max, una vera attrazione turistica per le sue dimensioni, è lungo circa dieci centimetri. Non è più lungo di Michael, è più lungo del *naso* di Michael.

SBAGLIATO: *Max's nose is longer than Michael.*

GIUSTO: *Max's nose is longer than Michael's nose.* Il naso di Max è più lungo del naso di Michael.

GIUSTO: *Max's nose is longer than Michael's.* Il naso di Max è più lungo di quello di Michael.

Ancora un esempio:

Al's toe ring is as wide as Denny. L'anello che Al porta all'alluce è largo quanto Denny.

Non penso proprio. Denny è magrolino, ma ha comunque un girovita di 85 centimetri. L'anello di Al non può essere così largo.

SBAGLIATO: *Al's toe ring is as wide as Denny.*

GIUSTO: *Al's toe ring is as wide as Denny's toe ring.* L'anello che Al porta all'alluce è largo quanto l'anello sull'alluce di Denny.

GIUSTO: *Al's toe ring is as wide as Denny's.* L'anello che Al porta all'alluce è largo quanto quello di Denny.

Morale:

- ✓ Fate in modo che le vostre comparazioni siano logiche.
- ✓ Verificate di aver comparato ciò che volete comparare: due cose, cioè, che sono almeno remotamente collegate.
- ✓ Se la prima parte della comparazione coinvolge un nome o un possessivo (cioè che indica proprietà o possesso), probabilmente anche la seconda parte della comparazione necessita di un possessivo.

Qual è la frase corretta?

A. *The pug is cuter than any breed of dog.* Il carlino è più carino di qualsiasi altra razza canina.

B. *The pug is cuter than any other breed of dog.*

Risposta: la frase corretta è la B, almeno dal punto di vista grammaticale. (Non esitate a barrare *pug* e a sostituirlo con la vostra razza preferita.) Per definizione un carlino è un cane, e la frase A suggerisce che non lo sia. La parola *other* nella frase B restituisce i carlini al regno canino.

Due al prezzo di una: doppie comparazioni

Se infrangete questa regola nessuno vi fraintenderà, ma indispettirete gli insegnanti di grammatica: quando state facendo due comparazioni contemporaneamente, finite la prima e poi passate alla seconda. In altri termini, non dite:

> *Dimwit is as dumb, if not dumber than Elvin.* Dimwit è altrettanto scemo se non più scemo di Elvin.

In questa frase state cercando di dire due cose diverse:

1. Dimwit è scemo quanto Elvin.
2. Forse Dimwit è più scemo di Elvin.

Innanzitutto, e questo non c'entra con la grammatica, dovete decidervi. Altrettanto scemo o più scemo? Non confondete il vostro lettore, dite quello che pensate. Dal punto di vista grammaticale potete tenere il piede in due scarpe, ma solo se concludete una comparazione prima di cominciare l'altra.

Risultato:

Dimwit is as dumb as Elvin, if not dumber. Dimwit è scemo quanto Elvin, se non più scemo.

Che differenza fa un *as*! Adesso la frase è completa.

Qual è la frase corretta?

A. *The winner of this year's "Prettiest Dog Contest" is as pretty as, if not prettier than, last year's champion.* Il vincitore del "Concorso per il cane più bello" di quest'anno è altrettanto carino, se non più carino, del campione dello scorso anno.

B. *The winner of this year's "Prettiest Dog Contest" is as pretty, or even prettier, than last year's champion.*

Risposta: la frase corretta è la A. La frase B è una comparazione incompleta, *as pretty*. La comparazione completa è *as pretty as*, che trovate nella frase A.

Capitolo 18

L'ultima parola sui pronomi

In questo capitolo

- Scegliere tra *who/whoever* e *whom/whomever*
- Accordare i pronomi ai nomi di cui fanno le veci
- Capire l'uso dei pronomi nelle frasi più complesse
- Decifrare il senso di *who, which* e *that*
- Evitare i pronomi vaghi

Ed eccolo, il fatidico e temuto capitolo in cui scopriamo tutto quel che c'è da sapere su *who/whom* e compagnia bella. Attenzione: in tre nanosecondi potete trovare sicuramente qualcosa di più interessante da fare.

Siete ancora qui, vero? Allora ve la siete cercata.

La differenza tra who e whom

La regola per distinguere *who* e *whom* è semplice; la sua applicazione però non lo è. La regola, innanzitutto:

- ✓ *Who* e *whoever* si usano come soggetti.
- ✓ *Who* e *whoever*, inoltre, seguono e completano il significato dei verbi copulativi. (In grammatichese, *who* e *whoever* fanno da complementi dei verbi copulativi.)
- ✓ *Whom* e *whomever* si usano come complementi oggetto – tutti i tipi di complemento oggetto (diretto, indiretto, di preposizioni, di infiniti, e via dicendo).

Per maggiori informazioni sui soggetti andate al Capitolo 4. Per saperne di più sui complementi andate al Capitolo 6.

Prima di applicare la regola riguardante *who/whoever* e *whom/whomever*, date un'occhiata a questi esempi:

> Whoever *needs help from Roger is going to wait a long time.* Chiunque necessiti dell'aiuto di Roger è destinato ad aspettare a lungo. (*Whoever* è il soggetto del verbo *needs.*)
>
> Who *is calling Lulu at this time of night?* Chi è che sta chiamando Lulu a quest'ora della notte? (*Who* è il soggetto del verbo *is calling.*)
>
> *"I don't care* whom *you ask to the prom" exclaimed Michael unconvincingly.* "Non mi importa niente di chi inviterai al ballo studentesco" esclamò Michael in maniera poco convincente. (*Whom* è il complemento oggetto diretto del verbo *ask.*)
>
> *The mustard-yellow belt is for* whomever *she designates as the hot dog eating champion.* La cintura color senape è destinata a chiunque lei designerà vincitore della gara di hot dog. (*Whomever* è il complemento oggetto diretto del verbo *designates.*)
>
> *For* whom *are you bellowing?* Per chi ti stai sgolando? (*Whom* è l'oggetto della proposizione *for.*)

Adesso che conoscete la regola e l'avete vista in azione, ecco due trucchi per scegliere tra *who/whoever* e *whom/whomever*. Se vi sembra che un trucco funzioni, usate quello e ignorate l'altro.

Trucco n. 1: horse and carriage

Secondo una vecchia canzone, "*love and marriage go together like a horse and carriage*", "l'amore e il matrimonio vanno insieme come un cavallo e una carrozza". In grammatica potrebbe valere qualcosa di molto simile: "*A subject and verb go together like a horse and carriage*". Soggetto e verbo sono fatti l'uno per l'altro, vanno insieme come cavallo e carrozza. Per usare questo trucco seguite questi passi:

1. Individuate tutti i verbi della frase.
2. Non separate gli ausiliari dal verbo principale. Considerate il verbo principale e i suoi ausiliari come un unico verbo.
3. Adesso accoppiate ciascun verbo con un soggetto.
4. Se vi ritrovate con un verbo che va a spasso senza soggetto, è probabile che *who* o *whoever* sia il soggetto che vi manca.
5. Se tutti i verbi hanno un soggetto, ricontrollateli tutti. Avete dei verbi copulativi privi di complementi? (Per maggiori informazioni

sui complementi andate al Capitolo 6.) Se vi ritrovate con un verbo copulativo tutto solo, avete bisogno di *who* o *whoever.*

Ecco due esempi, analizzati in base al Trucco n. 1:

FRASE 1: Who/Whom *shall I say is calling?* Chi devo dire?

I verbi = *shall say*, *is calling.*

Il soggetto di *shall say* = *I.*

Il soggetto di *is calling* = ? Eccoci: vi serve un soggetto per *is calling.* Avete una sola scelta: *who.*

FRASE CORRETTA: Who *shall I say is calling?*

FRASE 2: *Derek is the ballplayer* who/whom *everyone thinks plays best.* Derek è il giocatore di baseball che a detta di tutti gioca meglio.

I verbi = *is*, *thinks*, *plays.*

Il soggetto di *is* = *Derek.*

Il soggetto di *thinks* = *everyone.*

Il soggetto di *plays* = ? Ancora una volta manca qualcosa. Avete bisogno di *who.*

FRASE CORRETTA: *Derek is the ballplayer* who *everyone thinks plays best.*

Adesso provate voi. Qual è la parola corretta?

Agnes buys detergent in one-ton boxes for Roger, who/whom *she adores in spite of his odor problem.* Agnes acquista tonnellate di detergente per Roger, che adora nonostante il problema del cattivo odore.

Risposta: *Whom*, perché è il complemento oggetto diretto di *adores. Agnes buys*, *she adores* = due coppie soggetto-verbo. Entrambi sono verbi d'azione, dunque avete bisogno di un pronome oggetto, *whom.*

Riprovate. Qual è la parola corretta?

Anna solves math problems for whoever/whomever *heads the Olympic Math Team.* Anna risolve problemi di matematica per chiunque guidi la Squadra olimpica di matematica.

Risposta: *Whoever.* Sorpresi? La preposizione *for* ha bisogno di un oggetto, e potreste aver creduto che quell'oggetto fosse *whomever.* Ma se usate il metodo cavallo e carrozza capirete che *whoever* è la scelta migliore. La frase ha due verbi, *solves* e *heads. Anna* è il soggetto di *solves*. Qual è il soggetto di *heads*? Deve essere per forza *whoever*. Il vero oggetto della preposizione *for* è l'intero gruppo soggetto-verbo: *whoever heads the Olympic Math Team*.

Trucco n. 2: segui il ritmo

Questo trucco fa affidamento sul vostro orecchio. La maggior parte delle frasi inglesi segue uno schema collaudato: Soggetto-Verbo-Complemento oggetto o complemento predicativo del soggetto.

Il Trucco n. 2 consiste nel ripetere a voce alta le tre parti della frase nel loro ordine tipico, anche se significa riorganizzare un po' la disposizione delle parole. Ecco i passi da seguire:

1. Identificate il verbo che sembra essere legato alla scelta *who/whom*. Solitamente è il verbo più vicino a *who/whom*. È anche il verbo connesso logicamente a esso.
2. Pronunciate le tre parti della frase nell'ordine Soggetto-Verbo-Complemento.

Ciò che sta prima del verbo è *who* o *whoever*.

Se avete a che fare con un verbo d'azione, ciò che segue il verbo è probabilmente *whom* o *whomever*.

Se avete a che fare con un verbo copulativo, cio che segue il verbo è probabilmente *who* o *whoever*.

Ecco due frasi analizzate in base al Trucco n. 2:

> FRASE 1: Who/Whom *will Roger choose for the vacancy in his nuclear spy ring?* Chi sceglierà Roger per coprire il posto vacante nel suo giro di spie esperte in segreti atomici?
>
> Il verbo è *will choose*.
>
> *Will choose* è un verbo d'azione, dunque scordatevi i complementi dei verbi copulativi.
>
> Dite a voce alta: *Roger will choose* who/whom.
>
> Scelta = *whom* perché la parola segue il verbo.
>
> *Whom* = complemento oggetto diretto di *will choose*.
>
> FRASE CORRETTA: Whom *will Roger choose for the vacancy in his nuclear spy ring?*

FRASE 2: *Michael will dance the tango with* whoever/whomever *wins the lottery.* Michael ballerà il tango con chiunque sia il vincitore della lotteria.

Qui è più complicato, perché nella frase ci sono due verbi e due concetti separati. Per fortuna non dovete fare altro che concentrarvi sulla parte della frase che contiene il *whoever/whomever*. In altri termini, la parte della frase che vi interessa è *whoever/whomever wins the lottery*. Il verbo è *wins*.

Wins è un verbo d'azione, dunque scordatevi i complementi dei verbi copulativi.

Dite a voce alta: *whoever/whomever wins the lottery.*

Scelta = *whoever* perché la parola precede il verbo.

Whoever = soggetto di *wins*.

FRASE CORRETTA: *Michael will dance the tango with* whoever *wins the lottery.*

Qual è la parola corretta?

Who/Whom *do you like better, Roger or Michael?* Chi ti piace di più, Roger o Michael?

Risposta: la parola corretta è *whom*. Trasformate la disposizione delle parole in *you do like whom*. Dopo un verbo d'azione scegliete *whom*. In questa frase *whom* è il complemento oggetto diretto. (Comunque la risposta è Michael, non c'è gara. È molto più carino di Roger.)

Ancora una volta per farmi contenta: qual è la parola corretta?

The ballerina who/whom *asked Michael to dance has two left feet.* La ballerina che ha invitato Michael a ballare ha due piedi sinistri.

Risposta: la parola corretta è *who*. La frase esprime due concetti: *the ballerina has two left feet* e *who/whom asked Michael to dance*. Non dovete fare altro che concentrarvi sulla parte di frase che contiene il problema *who/whom*.

Dite a voce alta: *who/whom asked Michael*.

Scelta: *who* perché precede il verbo. *Who*, naturalmente, è il soggetto del verbo *asked*.

Sostituire antecedenti impropri

L'antecedente di un pronome è la parola di cui il pronome fa le veci. L'antecedente e il pronome devono essere perfettamente intercambiabili. In altri termini, dovete essere in grado di sostituire il pronome con il suo antecedente (o l'antecedente con il pronome) senza cambiare il senso della frase.

Per seguire questa regola dovete far sì che il pronome abbia un antecedente da sostituire. Se il pronome non ha antecedente significa che è un povero naufrago su un isola deserta. Un pronome naufrago è un pronome infelice. E non è tutto: il pronome è un ragazzo dai gusti difficili. Non sostituisce parole qualsiasi. L'antecedente deve avere le carte in regola.

A volte il modo migliore per evitare di commettere errori è scrivere una frase che non ha bisogno di pronomi. Ma mettiamoci al lavoro:

> SBAGLIATO: *Lola's a lawyer, and I want to study it.* Lola è avvocato, e voglio studiarla.

Cosa sostituisce *it*? *Law* (legge), credo. Ma la parola *law* è assente; c'è invece *lawyer*. *Law* e *lawyer* sono simili, ma non coincidono.

> GIUSTO: *Lola's a lawyer, and I want to be one also*. Lola è avvocato, e anch'io voglio esserlo.
>
> PERCHÉ È GIUSTO: *One* si riferisce a *lawyer.*
>
> GIUSTO: *I'd like to study law, as Lola did.* Mi piacerebbe studiare legge come ha fatto Lola.
>
> PERCHÉ È GIUSTO: Non ci sono pronomi.
>
> GIUSTO: *I want to make a lot of money, so I'm going to law school.* Voglio fare un sacco di soldi, per questo studierò legge.

Altro (e più insidioso) esempio:

> SBAGLIATO: *In Max's poetry, he frequently uses cow imagery.* Nella poesia di Max, usa spesso immagini bovine.

Chi è *he*? Max, suppongo. Ma *Max* non c'è. C'è *Max's*, il genitivo sassone di Max. Potete sostituire *Max's* con *his* (perché *his* è un possessivo) ma non con *he*.

> GIUSTO: *Max frequently writes poetry with cow imagery.* Max usa spesso immagini bovine nelle sue poesie.
>
> PERCHÉ È GIUSTO: Non ci sono pronomi.

GIUSTO: *Stay away from Max's poetry readings unless you are really, really, really fond of cows.* Tenetevi alla larga dai reading di Max se le mucche non vi piacciono veramente ma veramente tanto.

Qual è la frase corretta?

A. *Lola has always been interested in archaeology because she thinks they spend a lot of time in the dirt.* Lola è sempre stata appassionata di archeologia perché ritiene che passino tanto tempo in mezzo alla sporcizia.

B. *Lola has always been interested in archaeology because she thinks archaeologists spend a lot of time in the dirt.* Lola è sempre stata appassionata di archeologia perché pensa che gli archeologi passino tanto tempo in mezzo alla sporcizia.

Risposta: la frase corretta è la B. Nella frase A, *they* non ha un antecedente. La frase B sostituisce giustamente *they* con il sostantivo *archaeologists*.

Se siete ancora svegli continuiamo. Trovate la frase corretta.

A. *In Lulu's sonnets, she compares love to an unopened can of sardines.* Nei sonetti di Lulu, paragona l'amore a una scatoletta di sardine non ancora aperta.

B. *In Lulu's sonnets, the poet compares love to an unopened can of sardines.* Nei sonetti di Lulu, la poetessa paragona l'amore a una scatoletta di sardine non ancora aperta.

Risposta: la frase corretta è la B. Nella frase A, *she* è privo di antecedente. La frase B, non usando un pronome, evita l'errore.

Concordare verbi e pronomi in frasi complesse

I pronomi singolari devono accompagnarsi a verbi singolari e i pronomi plurali a verbi plurali. Facilissimo, no? *He says. They say.* Nessun problema.

Ma non tutti i pronomi sono semplici come *he* e *they*. Alcuni – *who, which* e *that* – sono veri e propri camaleonti. Pur non cambiando aspetto possono trovarsi al singolare o al plurale a seconda dei loro antecedenti. Dovete decifrare il senso della frase per capire se l'antecedente è singolare o plurale. Poi dovete accordare il verbo con l'antecedente. Se la frase ha una struttura semplice, la scelta è ovvia. Per esempio:

> English Grammar for Dummies *is the book that you're reading.* La *Grammatica inglese for Dummies* è il libro che state leggendo (*that* = libro = singolare)
>
> *The tax guides that fell off the shelf cost me a million dollars.* Le guide fiscali che sono cadute dallo scaffale mi sono costate un milione di dollari (*that* = guide fiscali = plurale)

Nelle frasi più complesse, quelle che identificano un singolo rispetto a un gruppo, la scelta non viene così naturale. Per accordare il pronome con il giusto verbo dovete capire il senso del pronome. Quando lo avrete capito, la scelta tra verbo singolare o plurale sarà chiarissima. Date un'occhiata a questi esempi:

> FRASE 1: *Lulu is one of the few choir members who* has/have *more than 11 tattoos.* Lulu è uno dei pochi membri del coro ad avere più di 11 tatuaggi.

Quanti membri del coro hanno più di 11 tatuaggi? Uno o più di uno? Più di uno. Il *who* si riferisce a *choir members*. Scegliete il verbo al plurale, *have*.

> FRASE CORRETTA: *Lulu is one of the few choir members who* have *more than 11 tattoos.*
>
> FRASE 2: *Lulu is the only one of the choir members who* has/have *a tattoo of a motorcycle on her arm.* Lulu è l'unico membro del coro ad avere una motocicletta tatuata sul braccio.

Quanti membri del coro hanno una motocicletta tatuata sul braccio? Solo Lulu. *Who* è singolare, perché si riferisce a lei. Scegliete il verbo al singolare (*has*).

> FRASE CORRETTA: *Lulu is the only one of the choir members who* has *a tattoo of a motorcycle on her arm.*
>
> FRASE 3: *I love the Grammar Channel, which is one of the many channels that* broadcast/broadcasts *a hit show about pronouns.* Adoro il Grammar Channel, che è uno dei tanti canali che trasmettono uno show di successo sui pronomi.

Quanti canali trasmettono uno show di successo sui pronomi? Molti. *Which* è plurale, perché si riferisce a *many channels*. Scegliete il verbo al plurale *broadcast*.

FRASE CORRETTA: *I love the Grammar Channel, which is one of the many channels that* broadcast *a hit show about pronouns.*

Qual è la forma corretta?

Ned claims he is one of the many men who has/have *been unfairly rejected by Lola.* Ned sostiene di essere uno dei tanti uomini ingiustamente respinti da Lola.

Risposta: *have*. Lola ha respinto più di un pretendente, dunque il pronome *who* e il verbo che lo accompagna devono andare entrambi al plurale.

Qual è la forma corretta?

Ned is the only one of the motorcyclists who still tries/try *to date Lola.* Ned è l'unico motociclista a cercare ancora di uscire con Lola.

Risposta: *tries*. La frase ci dice che nessun altro è così stupido da chiedere a Lola di uscire dopo essere stato respinto già una volta. Pertanto, *who* è al singolare, come lo è il verbo *tries*.

This, which e that: rendere più precisi i riferimenti pronominali vaghi

Un pronome può riferirsi a un nome. Un pronome plurale può riferirsi a più di un nome. Ma nessun pronome può riferirsi a un'intera frase o a un intero paragrafo. Prendiamo in considerazione questa situazione:

Lulu likes to arrive at school around 11 each day because she thinks that getting up at any hour earlier than 10 is barbaric. The principal, not surprisingly, thinks that arriving two hours late each day is not a good idea. A Lulu piace arrivare a scuola alle 11 perché ritiene che alzarsi prima delle 10 sia un'usanza barbara. Il preside, naturalmente, pensa che arrivare sempre con due ore di ritardo non sia una buona idea.

This is a problem. Questo è un problema.

È un problema non per le abitudini di Lulu o per le convinzioni del preside, ma perché l'antecedente della parola *this* è incerto. Cosa significa *this*? Il fatto che Lulu arrivi verso le 11? Che Lulu consideri un'usanza barbara alzarsi prima delle 10? O che il preside e Lulu non la pensino allo stcsso modo? O tutto insieme?

Chi scrive probabilmente intende dire che tutta la situazione è un problema. Ma non è la risposta migliore alla domanda "Qual è il significato del pronome?".

Pertanto:

> SBAGLIATO: *The new orange dye Lola's hairdresser selected looks horrible, and the cut looks as though it were done by a kindergartener.* This *persuaded Lola to attend the dance wearing her purple wig.* La nuova tinta arancione scelta dal parrucchiere di Lola ha un aspetto orribile, e il taglio sembra opera di un bambino dell'asilo. Questo ha convinto Lola a indossare la sua parrucca color porpora per andare a ballare.
>
> PERCHÉ È SBAGLIATO: *This* si riferisce alle 21 parole della frase precedente, non a un singolo nome.
>
> GIUSTO: *Because the new orange dye Lola's hairdresser selected looks horrible and the cut looks as thought it were done by a kindergartener, Lola decided to attend the dance wearing her purple wig.* Dato che la nuova tinta arancione scelta dal parrucchiere di Lola ha un aspetto orribile e il taglio sembra opera di un bambino dell'asilo, Lola ha deciso di indossare la sua parrucca color porpora per andare a ballare.
>
> GIUSTO: *The fact that the new orange dye her hairdresser selected looks horrible and the cut looks as though it were done by a kindergartener persuaded Lola to attend the dance wearing her purple wig.* Il fatto che la nuova tinta arancione scelta dal parrucchiere di Lola abbia un aspetto orribile e il taglio sembri opera di un bambino dell'asilo ha convinto Lola a indossare la sua parrucca color porpora per andare a ballare.
>
> PERCHÉ È GIUSTO: Eliminando *this* si elimina il problema.

CONSIGLIO

A volte l'unico modo per evitare questo tipo di errore è scrivere una frase che fa a meno del pronome e basta.

Nella parlata di tutti i giorni (l'inglese colloquiale) potete usare *this*, *which* o *that* per riferirvi a più di una parola, purché il senso resti chiaro. Esempio:

> *Roger refused to defuse the explosive postage stamp, which angered all the postal workers.* Roger si rifiutò di disinnescare il francobollo esplosivo, il che infuriò tutti gli impiegati della posta.

Il pronome *which* si riferisce al rifiuto di Roger di disinnescare il francobollo esplosivo. Il vostro interlocutore lo capisce facilmente. Dal punto di vista grammaticale però la frase è scorretta perché *which* dovrebbe sostituire un nome solo. Morale: nella lingua scritta formale dovete seguire la regola e correggere la frase. Nelle situazioni informali la frase è accettabile.

Nell'inglese formale e colloquiale evitate la vaghezza. Non usate mai un pronome che può riferirsi a due o più concetti. La vaghezza provoca perdita di senso.

Qual è la frase corretta?

A. *The roof leaked and the floor creaked, which kept Ned up all night.* Il tetto perdeva e il pavimento scricchiolava, il che impedì a Ned di chiudere occhio.

B. *The leaky roof and the creaky floor kept Ned up all night.* Il tetto che perdeva e il pavimento scricchiolante impedirono a Ned di chiudere occhio.

Risposta: la frase B, eliminando il pronome, evita di incorrere in un errore. La frase A è scorretta perché *which* si riferisce a due idee, non a un nome.

Trovate la frase corretta.

A. *Anna carved a pumpkin and made a pie from the leftovers, which is her favorite Halloween tradition.* Anna intagliò una zucca e preparò una torta con gli avanzi, la tradizione di Halloween che preferisce.

B. *Anna carved a pumpkin and made a pie from the leftovers. That's her favorite Halloween tradition.* Anna intagliò una zucca e preparò una torta con gli avanzi. È la tradizione di Halloween che preferisce.

Risposta: sono entrambe sbagliate. Nella frase A, *which* si riferisce all'intaglio della zucca e alla preparazione della torta, non a un singolo nome. Nella frase B, *that* (che fa parte della contrazione *that's*) si riferisce anch'esso a più di un nome. Le due frasi sono entrambe accettabili, ma solo dal punto di vista dell'inglese informale.

Parte V

I dieci metodi

Rusty uscire?
Rusty fare passeggiata?
Rusty prendere palla?

Provare a coniugare i verbi, magari?

In questa parte...

Questa sezione si propone di andare oltre la Grammatica inglese for Dummies. Avete acquisito le regole della grammatica e ora dovete metterle in pratica. Il Capitolo 19 vi offre dieci strategie per migliorare le revisioni dei vostri testi (dopo averlo letto non chiuderete mai più una lettera con "Yurs turly", "Cari slauti"). Il Capitolo 20 invece elenca dieci metodi per abituare il vostro orecchio al buon inglese, processo che finirà per migliorare la vostra lingua parlata e scritta. Forse non seguirete proprio tutte le mie indicazioni, ma ne troverete senz'altro qualcuna utile.

Capitolo 19

Dieci modi per migliorare la rilettura dei vostri testi

In questo capitolo

- Controllare i testi con l'ausilio di un computer
- Rendere più efficaci le revisioni

Avete letto il vostro testo cinquanta volte e poi avete premuto il tasto "Invia". Ma il messaggio andava bene? Siete riusciti a spiegarvi? Come reagirà il destinatario? Incapaci di tenere a bada le vostre paure, avete riletto il testo per la cinquantunesima volta. Ed eccolo. Un errore. Non un errore da poco, un errore grave, imbarazzante. L'equivalente grammaticale di un brufolo sulla punta del naso. La situazione che ho appena descritto vi suona familiare? Sicuramente, perché l'abbiamo vissuta tutti. In questo capitolo vi fornirò dieci suggerimenti per migliorare quell'importantissima rilettura finale.

Leggete a ritroso

Va bene, so che leggere a ritroso sembra un po' da pazzi, ma per effettuare una buona revisione bisogna saper infrangere le regole. Se leggete lo stesso testo più e più volte, dopo un po' inserite il pilota automatico. Il vostro occhio salta esattamente nello stesso punto semplicemente perché l'ha già fatto prima. Se la prima volta l'errore vi è sfuggito, vi sfuggirà nuovamente. Dovete fare qualcosa di diverso per rompere la monotonia della rilettura. Se leggete a ritroso (parola per parola, non lettera per lettera), avete la giusta disposizione mentale per individuare gli errori ortografici: leggere a ritroso significa che dovete trattare separatamente ciascuna parola. Se andate all'indietro non potete scorrere una frase saltando direttamente alla quinta o alla sesta parola.

Aspettate un momento

Il vostro testo è terminato, l'avete riletto, avete apportato le correzioni. Adesso cosa fate? Salvate la bozza e dedicatevi a qualcos'altro. Andate a fare sci d'acqua, candidatevi alla presidenza, pulite i cassetti. Poi tornate al vostro testo. Lo vedrete con occhi nuovi e individuerete gli errori. Naturalmente questo metodo funziona solo vi resta un po' di tempo prima della scadenza. Se finite il vostro testo tre nanosecondi prima della consegna al vostro principale o al vostro insegnante, dovrete fare a meno di questo metodo di rilettura.

Leggete ad alta voce

Lo so, lo so. Non volete fare la figura degli scemi. Ma leggere ad alta voce vi aiuta a *sentire* in maniera diversa il vostro testo. E allora mettete la musica a palla e chiudetevi in bagno. Leggete il vostro testo normalmente. Siete incespicati da qualche parte? Se sì, forse lì c'è un errore. Fermatevi, sottolineate quel punto e continuate. Poi controllate tutte le sottolineature. È possibile che troviate qualcosa che va cambiato.

Eliminate metà delle virgole

Nelle ultime due settimane prima degli esami gli studenti mi portano le loro brutte copie per un rapido controllo prima di mettere tutto in bella. Tra me e me chiamo questo periodo *Comma Season*, la stagione della virgola. Passo gran parte della giornata a cancellare centinaia di segni di interpunzione. (E ne aggiungo un paio o una manciata.) Se siete come la maggior parte delle persone, i vostri testi contengono virgole superflue. Rileggete e controllatele una per una. Quella virgola ha una ragione? Se non riuscite a giustificarla, cancellatela.

Fatevi aiutare da un amico

Una buona rilettura richiede un paio d'occhi in più. Dopo aver terminato il vostro testo fatelo rileggere a un amico mentre voi rileggete il suo. Dovrete entrambi sottolineare i possibili errori, che andranno poi verificati con particolare attenzione.

Lasciate che il computer vi dia una mano

I programmi di correzione ortografica e grammaticale non sono a prova di stupido ma risultano molto utili. Dopo aver terminato il vostro testo rileggetelo e verificate le parti sottolineate in rosso e in verde. Non lasciate che sia il computer a fare le correzioni: la macchina fa troppi errori e identifica solo i *possibili* problemi. Saranno la vostra competenza grammaticale e un buon dizionario a dirvi se dovete cambiare qualcosa.

Controllate i verbi

Vere e proprie trappole disseminate in ciascuna frase: è così che dovete considerare i verbi. Fate sempre un'ultima verifica dei verbi prima di dichiarare concluso il vostro lavoro. Guardate il numero: il verbo va al singolare o al plurale? Guardate il tempo: avete scelto quello giusto? Ci sono frasi prive di verbi? Se sì, occupatevene.

Controllate i pronomi

Anche i pronomi rappresentano potenziali trabocchetti e meritano attenzione. Rileggete il vostro testo ancora una volta, concentrandovi su tutti i pronomi. Singolare o plurale: avete scelto il numero corretto? Ciascun pronome si riferisce a un nome specifico? Avete assegnato a un pronome soggetto il compito di un pronome oggetto o viceversa?

Imparate a conoscere il vostro stile di battitura

Io ho la tendenza a tenere schiacciato un po' troppo a lungo il tasto delle maiuscole, e così le mie parole hanno spesso due maiuscole: THe, KNow, e via dicendo. Fate anche voi un errore ricorrente che deriva dal vostro stile di battitura? Fateci caso e poi cercate questo tipo di errore durante la rilettura.

I soliti sospetti

Esaminate i vostri vecchi testi, preferibilmente quelli corretti da un insegnante. Dove si concentrano i segni rossi? Ecco i vostri soliti sospetti: per esempio, se in un vecchio compito tendevate a fare troppe *run-on sentences* è possibile che anche nel vostro nuovo testo ce ne siano. Mettete le *run-on sentences* nella lista dei vostri errori ricorrenti.

Capitolo 20

Dieci modi per imparare una grammatica migliore

In questo capitolo

- Andare oltre la *Grammatica inglese for Dummies*
- Usare le risorse del mondo reale per abituarsi a "sentire" il buon inglese

Lo ammetto. Questo libro vi aiuta a imparare la grammatica, ma (purtroppo) questo non è l'unico modo per affinare le vostre competenze comunicative. Ci sono altre risorse che possono aiutarvi nella ricerca dell'inglese impeccabile. In questo capitolo suggerisco dieci metodi per migliorare le vostre conoscenze.

Leggete buoni libri

Probabilmente non andrete molto lontano con libri come *Biker Babes and Their Turn-ons* o *You're a Butthead: The Sequel to Snot-Nose* (*Cose che fanno perdere la testa alle bellezze in motocicletta* e *Sei un cretino: il seguito di Moccio al Naso*). Ma i buoni libri solitamente sono scritti bene, e la vostra lingua parlata e scritta ne trarrà presto beneficio.

Come si fa a sapere se un libro è scritto bene? Leggete le recensioni, chiedete consiglio al vostro libraio di fiducia o leggete la fascetta pubblicitaria (in inglese, *blurb*). Con i classici andrete sul sicuro, ma potete orientarvi anche su testi moderni, sia di narrativa che di saggistica. Quello che dovete fare è abituare la mente a un inglese grammaticalmente corretto. Ascoltate la voce dell'autore. Dopo un po' le sue scelte linguistiche vi suoneranno corrette e sarete in grado di individuare più facilmente i vostri errori.

Guardate programmi televisivi di qualità

Quando parlo di programmi televisivi di qualità non mi riferisco a quelli in cui prevalgono i grugniti, come gli incontri di wrestling, ma ai programmi in cui le persone conversano normalmente. I programmi dei canali culturali fanno al caso vostro: qui i produttori danno per scontato che il loro pubblico voglia imparare qualcosa. Lo schermo vi presenterà un'ampia scelta di esperti e commentatori. Se temete per la vostra reputazione osservateli di nascosto e prestate attenzione alle parole. Grazie alla televisione non coglierete gli aspetti grammaticali più delicati, ma ricaverete certamente buone indicazioni sui principi di base.

Seguite i telegiornali

I programmi di informazione alla radio, alla tv e su Internet offrono spesso buoni modelli di correttezza grammaticale. Grazie a essi potrete esercitare il vostro orecchio e nello stesso tempo tenervi aggiornati sulle notizie. Ne trarrete un sacco di spunti per la conversazione. Invece di "Vieni spesso qui?" o "Di che segno sei?" potrete parlare dei rapporti tra gli Stati Uniti e l'Iran. (Ripensandoci, forse è meglio l'astrologia.)

Leggete il giornale

Anni fa mi è venuta l'idea di "premiare" i miei studenti con un punto per ciascun errore di grammatica che trovavano sulla carta stampata. Ho poi dovuto escludere un paio di pubblicazioni perché facilitavano troppo il loro lavoro. Evitate le testate che hanno un debole per gli avvistamenti di Elvis Presley e sfoggiano titoli quali "Man with Four Arms Tests Deodorant for a Living" ("Uomo con quattro braccia si guadagna da vivere testando deodoranti"). Leggete prestando attenzione alla grammatica e cercate di capire il modo in cui vengono espressi i concetti.

Sfogliate le riviste

Se una rivista si presenta con tutte le parole racchiuse in piccole bolle che aleggiano su immagini a colori vivaci, probabilmente non vi troverete frasi compiute e in un uso ortodosso della lingua inglese. Ma la maggior parte degli autori che scrivono sulle riviste possiede almeno le basi della grammatica corretta. Potrete imparare molto da pubblicazioni destinate a lettori colti. Come si fa a sapere se una pubblicazione è mirata a un pubblico istruito? Guardate gli articoli. Se vi sembra che trattino argomenti per un pubblico attento e ragionante, siete a posto. La lettura di riviste scritte bene vi fornirà modelli di grammatica corretta a cui ispirarvi. Ne approfitterete anche per imparare qualcosa, che come effetto secondario non è male.

Scaricate podcast

Anche se i più feroci oppositori della tecnologia accusano Internet di aver accelerato la morte del linguaggio, in rete potete trovare materiali preziosissimi. Scaricate podcast sui vostri argomenti preferiti e fate attenzione al linguaggio, a ciò che viene detto e a *come* viene detto. L'ascolto affinerà il vostro orecchio. Non vi raccomando esclusivamente materiale in un inglese impeccabile. Dovete anche divertirvi. Un podcast che dichiari "*The defense creamed us last night*" ("Ieri sera i difensori ci hanno fatti neri") può fare moltissimo per la vostra salute mentale, per non parlare della vostra vita sociale. Ricordate semplicemente di ascoltare buoni programmi, di tanto in tanto.

Leggete Strunk and White

Il miglior libro di tutti i tempi sulla lingua inglese scritta – con particolare riferimento all'inglese americano – è, a mio modesto avviso, *The Elements of Style* (pubblicato da Allyn and Bacon). È un volumetto così sottile da stare comodamente in un taschino. William Strunk, Jr. e E.B. White (sì, proprio l'autore di *Stuart Little*) affrontano otto "elementari regole d'uso", dieci "principi elementari di composizione", alcune "questioni formali", un elenco di quarantanove "parole ed espressioni spesso usate impropriamente" e cinquantasette "errori ortografici correnti". Impiegherete un'ora del vostro tempo a leggere questo libro e un'intera vita ad acquisirne gli insegnamenti.

Ascoltate chi ne sa più di voi

"Ascoltate!" Il vostro insegnante o il vostro superiore ve lo dicono spesso, e voi dovreste seguire i consigli di chi ne sa più di voi. Ascoltare vi insegnerà a esprimervi più correttamente. Se il vostro superiore usa un buon inglese, non si limiterà a istruirvi sulle leggi tariffarie e sulle proiezioni di vendita ma vi offrirà un buon modello di lingua parlata.

Consultate i manuali di stile

No, i manuali di stile non vi dicono quali sono i locali di tendenza e quali colori andranno di moda quest'autunno-inverno. I manuali di stile vi spiegano diffusamente e talvolta pedantemente dove collocare i segni di interpunzione e le maiuscole, quale formula adottare per rivolgersi a un ambasciatore e molte altre cose. Se state scrivendo un testo in inglese, chiedete al vostro insegnante indicazioni sul manuale di stile da adottare e usatelo come riferimento nelle piccole e nelle grandi questioni della lingua scritta.

Navigate in rete

La rete è importante, anche se contiene potenziali trappole. Digitate english *grammar* in un motore di ricerca, premete invio e preparatevi a scoprire una miriade di siti dedicati alle regole grammaticali. Alcuni di questi sono ottimi, altri pessimi. Privilegiate i siti consigliati dalle università e dalle scuole di lingue. Troverete materiali preziosi anche all'indirizzo *www.dummies.com*.

Indice analitico

• E •

• F •

• G •

• H •

• I •

• W •

• Y •